【新装版】

京都の歴史を足元からさぐる

嵯峨・嵐山・花園・松尾の巻

森浩一――著

学生社

ぼくが大学生のときに古代学を提唱しだした。
そのころ父の於菟《おと》次郎《じろう》がぼくの編集していた雑誌の表紙に書いてくれた。
自由奔放な姿は今のぼくの理想である。

新装版　再刊に寄せて

同志社女子大学名誉教授　森　淑子

夫・森浩一が七十歳代の半ばから八十歳代にかけて取り組んだ『京都の歴史を足元からさぐる』シリーズが新装版として再刊されることになり、大変うれしく思います。

夫は人工透析の治療を受けるようになって、それまでのように遠方まで赴くことが難しくなりました。かつて訪ねた地であっても、文章に書く以上は、現状を自分の眼で確かめたい。それができるのは京都だ、ということで、長年住んでいながらあまり文章に書いてこなかった京都を対象に選んだのです。

夫が体調を崩したころ、私は大学の教員を定年退職しました。専門は全く違う分野で、在職中は「あなたはあなた、私は私」という夫婦でした。新婚旅行と中国への団体旅行しか一緒に旅したことはありませんでしたが、夫が京都の調査に私を誘ったのは、自分の仕事を見せたい気持ちもあったのでしょう。夫の解説を聞きながら遺跡や社寺を巡るのは、歴史に疎い私にも面白い体験でした。

嵯峨野の落柿舎では、松尾芭蕉が滞在した四畳半の部屋を訪ねて夫が俳句を詠みました（「嵯峨・嵐山・花園・松尾の巻」所収）。親しかった作家の金達寿さんに「俳句を作るな」と言われていたそうですが、「自分の本だから芭蕉の句と並べて書ける」と愉快そうでした。上醍醐を訪れた折は、弱った脚が山道で音を上げて、教え子の鋤柄俊夫さんと地元の方に両脇から支えられ下山しました。「疲れたけど、今日は行けて良かった」と喜んでいたのを思い出します。

目的地に着いて車を降りると、「この空気を昔の人も吸ったんだ」と感激する。そんなロマンチックな一面が夫にあることに気付きました。地元の資料館など行ける範囲はとにかく回る熱心さも。「洛北・上京・山科の巻」の「はじめに」にも書いていますが、執筆中に二階の書斎から降りてきて「こんなことが分かった、七十歳まで生きてきてよかった」と、とてもうれしそうに話していたのも忘れられません。

これも「丹後・丹波・乙訓の巻」の「はじめに」にありますが、偶然乗ったタクシーの運転手さんに「京都の本、次はいつ出ますか」と尋ねられ、とても喜んでいました。若い研究者からも「そこかしこに考えさせる材料がちりばめられている」との感想をいただきました。今回は軽装となるので、いろいろな方にご活用いただけるよう願っています。再刊を一番喜んでいるのは浩一だと思います。ご尽力くださった皆さまに心より感謝を申し上げます。

はじめに

この巻のサブタイトルは「嵯峨・嵐山・花園・松尾の巻」である。本当は「嵯峨・水尾・高尾（雄）・栂尾・嵐山・太秦・花園・御室・桂・松尾の巻」としたかった。しかしそれではあまりにも長すぎるので、残念ではあったが四つの土地でこの地域を代表させた。

『京都の歴史を足元からさぐる』はこの巻で四冊めとなる。病とたたかいながら思ったより早くできた。四冊のなかではこの巻の執筆に妙に力がはいった。力がはいったというより、書くうちにこの土地に住んだ人たちに魅了されてしまうことが連続し、つい没入してしまった。もちろん、そのために訪れ直した土地や初めて訪れた土地も今までの巻にくらべ抽《ぬき》んでて多くなった。

嵯峨天皇、清和天皇、和気清麻呂《わけのきよまろ》、奝然《ちょうねん》、明恵《みょうえ》、西行、藤原定家、宇都宮頼綱、角倉了以《すみのくらりょうい》、芭蕉、去来《きょらい》などの名は知っていたが、今回調べているうちに、この人たちの生きざまの清々《すがすが》しさに改めて感じるところがあった。

従来の日本の思想史ではこれらの人をあまり取りあげないが、どの人も深い思想に到達したといってよかろう。ぼくのように高齢になってからそのことに気づけたのは、人生の幸運というよりほかない。長く生きたことへの天からのご褒美なのだろう。

今まで関心をもったことはなかったが、源　融《みなもとのとおる》、花園法皇、妙心寺の無相、天竜寺の策彦《さくげん》などの生きざまにも共感がもてたし、ぼくも今回を機として、さらにこの人たちの軌跡を追ってみたい。このように、この巻はぼくにとっては〝人間の発見〟でもあった。


人間の生きざまの掘りおこしにぼくの関心が強いため、つい寺社にある古建築、仏像、仏画などへの切り込みは浅いものとなった。今までにふれたことだが、ぼくは信仰財としての仏像を守りつづけている寺には敬意を払うけれども、仏像をたんなる文化財として保存しているだけの寺には落胆を禁じえない。

ぼくは仏教徒ではなく、他の宗教にも組していない。とはいえ仏像を信仰財として敬《うやま》い、それに対峙することを認めている寺には共感をおぼえる。対峙とはきつい表現のようではあるが、仏像とは観賞する対象ではなく、自分をぶつけてみて、なおそれから、感じるところがあるのがよい作品である。仏師が全力を注ぎこんで造りあげた情熱を共感できたら、ぼくは満足である。

本文で述べるけれども、日本の神社や寺院は本来は開かれた空間であった。保存や維持のために自由な立入りを制限する個所がでるのはやむをえないが、そのことに営利を疑わせるようになると、そこに堕落を感じる。

史料を読んでいると、今はなくなっている寺が次から次へとでてくる。そのような寺が廃絶した理由としては、寺の維持に努力が足りなかったとか、僧の堕落が原因となっていることだろう。

『洛東の巻』でふれたことだが、法勝寺の九重の塔の九輪の金物を寺の僧の子らが盗んだことがあった。これでは寺が廃絶するのは当り前である。ぼくはこのようにして廃絶した寺の、元の状況を知るのに時間はかけなかった。廃絶した大寺より、今日なお法燈を守っているささやかな寺のほうに関心がある。

今回で京都市域の大半は書き終わった。ここまでくると急に気が抜けて、疲れを感じるようになった。しばらく時間をおいてから、最後の『宇治・筒木・南山城の巻』にとりかかろう。

この地域は、六世紀に新王朝の始祖としての継体大王が地盤とした、筒城《つつき》（綴喜）の地である。それより先に、ヤマト政権の支配に立ちはだかった武埴安彦《たけはにやすひこ》の勢力の地でもある。ヤマト政権の一応の出発とは武埴安彦勢力を屈伏させたことで可能となったのであり、南山城の歴史は抵抗の歴史でもあった。このエネルギーは戦国時代の南山城の国人一揆でも噴出した。このほかこの地域からは、じつに多くの歴史を足元からさぐることができるだろう。一息いれてから『京都の歴史を足元からさぐる』の総集篇にとりかかるつもりである。

森　浩　一

二〇〇八年一〇月三日

京都の歴史を足元からさぐる［嵯峨・嵐山・花園・松尾の巻］——目次

第1章　嵯峨という土地の力

第2章　葛野川から大堰（井）川へ

第3章　愛宕山と奥嵯峨

第4章　嵯峨野巡礼

第5章　太秦・花園・御室

第6章　桂と松尾

［編集部注　新装版にあたって初版の口絵を割愛した。］

第1章　嵯峨という土地の力

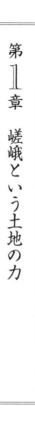

愛宕山
愛宕神社
栂尾
高山寺
月輪寺
高雄山
高尾
神護寺
大文字山
大
平岡八幡宮
金閣寺
清和天皇社
水尾
竜安寺
御室
直指庵
仁和寺
等持院
大覚寺
鳥居本
広沢池
大沢池
化野念仏寺
清凉寺
嵯峨
妙心寺
二尊院
落柿舎
丸太町通
双ケ丘
法金鋼院
小倉山
嵯峨嵐山駅
太秦駅
花園駅
花園
天竜寺
大井神社
大悲閣
太秦
嵐山
蛇塚古墳
桂川（大堰川）
法輪寺
松尾大社
月読神社
西芳寺
松尾
桂
桂離宮
桂駅

嵯峨は京都市の北東部を占め、古代には山背《やましろ》（城）国葛野《かどの》郡に属していた。『和名抄』には葛野郡に葛野郷があって郡の首邑があったと推定される。平安時代になると葛野に代わって嵯峨や嵯峨野（『枕草子』一六九段）の地名がよく使われるようになり、葛野は葛野川（大堰川・桂川）としてしばらく使われた。

嵯峨の地名を考えるとき、字は違うけれども今は県名になっている佐賀が参考になる。古代の肥前国には佐嘉（賀）郡があった。『肥前国風土記』は、昔この地には大きな樟《くすのき》が茂り〝栄〟えていた。日本武尊が巡幸のさいその土地を見て、〝この国を栄国（さかのくに）というべし〟といったとする伝承を記している。山背（城）の嵯峨もこれから順次説明するように、古代や中世には経済的繁栄の土地であり、栄というのにふさわしい土地とみてよかろう。

鴨長明が『方丈記』のなかで、京都に都が定まったのは「嵯峨の御時」で、その時からすでに四百余歳がたっていると書いていた。このことについては『北野・紫野・洛中の巻』で紹介した。鴨長明の意識では平安京の創始者は桓武天皇ではなく皇子の嵯峨天皇だった。

嵯峨院と嵯峨天皇

すでにしばしば天皇名全体について注意したように、嵯峨という天皇名は諡《しごう（おくりな）》号であり、生存中は賀美能《かみの》（神野）親王であった。

この天皇は皇子のころから嵯峨の大沢池の畔《ほとり》に山荘を造り、譲位後にこの離宮を嵯峨院と称した。ここが嵯峨天皇の死後に皇女正子《せいし》によって大覚寺に改められた。正子は淳和天皇の皇后でもある。嵯峨院にいた天皇として、嵯峨天皇という呼称は他の天皇よりも早くにでき、死後八年の嘉祥三年（八五〇）の『文徳実録』にみられる。

ある日の大沢池

大沢池は灌漑用の池として造られたのではなく、嵯峨院の庭の池として造られたものであるから、歴史的な遺跡でもある。藤原俊成をはじめ大沢池を歌に詠《よ》んだ歌人は多い。

平安京を安定させるうえで、大きな力のあった嵯峨天皇の諡号は、離宮のあった嵯峨の地名にちなむのである。

平安時代以来の天皇名で、京都や近郊の地名によるものがある。醍醐天皇と後醍醐天皇、白河天皇と後白河天皇、鳥羽天皇と後鳥羽天皇、堀河天皇と後堀河天皇、深草天皇と後深草天皇、伏見天皇と後伏見天皇、花園天皇と後花園天皇、それに水尾天皇はないけれども後水尾天皇はあるし、今とりあげている嵯峨天皇にも後嵯峨天皇がでていた。

徹底した薄葬思想

嵯峨天皇（このときは上皇）は承和《じょうわ》九年（八四二）七月に嵯峨院で亡くなった。歳は五七だった。嵯峨天皇はこの地で培《つちか》った高邁《こうまい》な信条（思想というべきか）によって、自分の死後には「不封不樹」、つまり墳丘を築かず墓に目印の樹木を植えない、とする魏の文帝以来の薄葬主義をさらに徹底することを遺言（遺詔）した。文帝の言葉は『日本書紀』にも「西土の君、その民を戒めて曰く」以下の文を引用している。

薄葬の反対が厚葬で、日本の古墳は厚葬主義のもと造営されたのである。考古学では「大化」の薄葬令をよく使うが、この場合の薄葬は本当の意味の薄葬ではない。嵯峨天皇の場合は埋葬後に土地を平にしたため、墓の場所もわからなくなり、そのため『延喜式』の諸陵寮の項には嵯峨天皇陵の記載がない。

『延喜式』の諸陵式の項に嵯峨陵がある。これは嵯峨天皇の皇后橘嘉智子の陵で、山城国葛野郡にあって兆域東西六町、南二町、北五町、守戸三烟と定められていた。今日では宮内庁は嵯峨天皇の陵を嵯峨山上陵とよんで区別している。嵯峨陵は兆域の記載から山地形に営まれたと推定される。

橘嘉智子は檀林皇后といい、尼寺の檀林寺を秦家継の協力をえて嵯峨に建立している。その功で秦家継は朝原宿禰の姓を与えられた（『続日本後紀』）。朝原山は広沢池の北西にあるので、秦氏を構成する有力な氏人が広沢池付近にいたとみてよかろう。なお檀林寺は今日では廃絶している。

嵯峨天皇の墓は古墳や墳墓ではなく、天皇の希望では、埋葬地についてその記憶をも無くすことだった。しかし大沢池の北東の御廟山山頂を嵯峨天皇を葬った土地とみなして、嵯峨山陵とよぶようになった。嵯峨天皇の遺志はなかなか理解されなかったのである。

嵯峨天皇の死の直後におこった承和《じょうわ》の変のあと、皇太子恒貞親王（淳和《じゅんな》天皇の皇子）を廃したことを嵯峨山陵に報告している（以上『続日本後紀』）。さらに嘉祥三年（八五〇）三月に近陵のある七つの寺に使いを遣わしたとき、七陵ではない嵯峨山陵にも使いを遣わしたとみられ、「嵯峨山陵の樹木が暴風雷雨で倒れている」ことが報告されている（『文徳実録』）。これ以来しばしば嵯峨山陵への使者の派遣がおこなわれた。

嵯峨天皇は三筆の一人に数えられるほどの能筆家で、漢詩を作ることにもすぐれ、弘仁七年（八一六）に嵯峨院でつくった漢詩が『文華秀麗集』の巻頭におさめられている。この漢詩では、この離宮を嵯峨山院といっている。さらに空海を信頼して、東寺を密教の道場として与えたことは『北野・紫野・洛中の巻』で述べた。

天皇といえば、死後に広大な土地を墓として占有し無用な大きさの古墳を築くという長年の伝統に抗し、死後には墓を造らず遺骸を土に返すとする信念はどのようにして体得したのであろうか。これは難問だけれども嵯峨の土地の風土がそのことに役立ったことは認めてよかろう。

嵯峨のなかでも、もっとも山間部にあるのが水尾《みずお》の集落である。嵯峨には栂尾《とがのお》、高尾、槇尾《まきのお》など尾のつく地名があるし、嵐山の南方には松尾《まつお》がある。これらの地名は栂雄や高雄と書かれることもあり、水尾も水雄とすることがあった。

司馬遼太郎はなぜ水尾から書いたか

作家の司馬遼太郎さんは「街道をゆく」で、『嵯峨散歩』を書くにさいして「水尾の村」から書きだした。今回『嵯峨散歩』を読み直すと、司馬さんの意図がわかるように思えた。

水尾は京都市右京区にあるけれども、僻遠の地で、ぼくは一度だけ越畑へ行くとき訪れたことがある。水尾の西側は丹波《たんば》になっていて、水尾が山背《やましろ》（城）でなく、丹波にあるとされたこともある。

理解しがたいことがあった。都が平城京だった宝亀三年（七七二）一二月に、光仁天皇（桓武天皇の父）が山背国水雄岡《みずのおのおか》に幸《みゆき》している。水尾のことであり、尾（雄）は小高い岡のことであるから、言語を重ねた結果となっている。

行幸の目的や道筋については述べられていない。このとき、山背の国司で介《すけ》だった正六位上の大宅《おおやけ》真人真木《まき》が従五位下を授けられている。大宅氏は『洛北・上京・山科の巻』でみたように宇治郡にいた和珥《わに》系の豪族であり、水尾へ行くことを勧《すす》め案内したのであろう。

桓武天皇も延暦四年（七八五）九月に山背国水雄岡へ遊猟に行っている。このとき巨勢朝臣嶋人《こせのあそんしまひと》と池原公縄主《いけはらのきみただぬし》がより高い位を授かっている（以上『続日本紀』）。

このうちの巨勢嶋人は、のちに光仁天皇の中宮の高野新笠《たかののにいかさ》の死にさいして作路司をしている。高野新笠については前に述べたように、百済の武寧王の後裔という和乙継《やまとのおとつぐ》と土師《はじ》真妹のあいだに生まれ、山部王（桓武）の母であり、山背の大枝《おおえ》に陵が営まれた。

延暦四年はすでに山背国の長岡京に都はあったから、長岡京に住みだしてまっさきに水雄（尾）へ行ったのであり、その地への関心は父の光仁天皇のときから始まっているのである。

水尾を終焉の地と定めた清和天皇

嵯峨天皇が強く嵯峨の地に執着したように、水尾の地に強烈な愛着をもった天皇がいる。水尾帝とか水尾御門《みかど》といわれるようになる清和天皇である。

清和天皇は清和源氏の出発点となる人物だが、武士としての猛々《たけだけ》しさはまったくなく、学問を愛し「風儀はなはだ美しく、端儼なること神の如し」と評された（『三代実録』、以下の清和に関することも同じ）。だがぼくからみると、生まれたときから自分の意志を通せない人生を送った悲劇の人、しかも薄命の人だった。

悲劇というのは、生まれて九ケ月つまり満一歳にも足らずで皇太子とされ、九歳という幼さで天皇にされてしまった。だから普通の人のような、子供らしい幼少期をおくれなかった。

子供の天皇としての清和に実際の政治がとれるわけがなく、外祖父としての藤原良房を摂政にして実務をおこなわせた。とはいえ、その治世は貞観の治と後世から称《たた》えられている。

清和は鷹狩をはじめ漁や猟など生物の命を奪う娯楽には関心がなく、二七歳で天皇の位を長子の陽成天皇に譲り、三〇歳で仏門に入った。はげしい難行をつづけ、近畿の寺々を行脚し、西山城の海印寺（長岡京市）を訪れたあと、にわかに丹波の水尾山へ行き、ここを「終焉の地」と定めささやかな寺を造りはじめた。水尾山寺である。なおこのときは、水尾は丹波にあると意識された。

清和は体力が弱かったが、これは身体を鍛えるべき幼少期や少年期を、皇太子さらに天皇として暮らさねばならないという、いびつな生活がそうさせたのであろう。

水尾山での生活は、酒や酢、塩や豉《くき》（浜納豆の類）を抜き、飯も二、三日に一度とるというような、死を覚悟したかのような暮らしぶりだった。水尾での生活はごく短く、水尾山寺ができるまで、嵯峨の棲霞観《せいかかん》に仮住した。棲霞観は嵯峨天皇の息子の左大臣源融《みなもとのとおる》の山荘で、そのあとに清凉寺ができた。

清和は嵯峨で発病し、体力の衰弱を心配した人たちが、清和を愛宕郡の粟田口にあった円覚寺に移した。円覚寺は永観堂の付近にあったと推定される。

円覚寺でも、清和は療養にはげんだ気配はない。早くこの世から去りたいといわんばかりだった。金剛陀羅尼《だらに》経をとなえ、正しく西方を向いて結跏趺座《けっかふざ》をし、手には定印《じょういん》を結んだまま息が絶えた。元慶四年（八八〇）一二月四日のことで、壮絶な死のむかえ方であった。

死後その地で火葬にした。宮内庁の『陵墓要覧』には、清和天皇火葬塚が左京区の黒谷墓地内に定められている。山陵は造らず清和の生前の希望によると推定されるが、骸《なきがら》（火葬骨か）を水尾山上に置いた。嵯峨天皇の薄葬思想を継承したのだった。その地を清和山とよび、宮内庁は水尾山陵として管理している。

水尾天皇という諡号はなぜないのか

清和天皇は水尾でかなりの日数を過した気配はない。にもかかわらず死後に遺骨を水尾の地に置くことを願い、建立をしかけていた水尾山寺（水尾寺とも）も出来あがり、元慶六年（八八二）一二月の天皇の三回忌にさいしては、水尾寺へ使を遣わし新綿を維持費として納めている。室町時代になると粟田口の円覚寺を水尾山寺の跡地へ移し現代におよんでいる。

清和は若くして仏門に入り、そのあと近畿の有名な寺々を巡礼し、最後にどうして「俄《にわかにして》而入㆓丹波国水尾山㆒定為㆓終焉之地㆒」としたのであろう。これは『三代実録』の一節であるが〝にわかに〟という字からその真相が解けそうである。

清和が突然に水尾行を決心した当時、水尾には名高い寺はなく、おそらく山間に村落があっただけだろう。後でのべるように信仰で名高い愛宕山がその北北東に聳えているとはいえ、そのことが水尾行の第一の動機ではなかろう。この点については司馬さんも『嵯峨散歩』では解き明かせてはいない。

司馬さんが『嵯峨散歩』を書き始めるにあたって、随分の頁を水尾に割いた。水尾に清和天皇社があることと、江戸時代初期に後水尾天皇はでたけれども、元となる水尾天皇ができなかったこと、さらに清和天皇が水尾御門（『愚管抄』）とか水尾の帝（『大鏡』）とよばれていたことなどが、司馬さんの脳裏にあったから水尾から始めたのであろう。今回も司馬さんの歴史をさぐる勘のよさに感心した。

水尾の清和天皇社

水尾の清和天皇社へ急に行ってみたくなった。そこで嵯峨の野宮《ののみや》神社の宮司の懸野直樹君に同道してもらうことになった。懸野君はぼくのゼミの出身者で、ぼくの意識ではまだ若者であり君をつけてよんでしまう。

野宮神社で落合うことにしていた。途中に渡月橋から北へのびるバスの走る長辻通にでると、菓子屋の老松《おいまつ》があるのに気づく。店の奥の庭に面した茶店で名物のわらび餅を食べる。かなり値ははったが、本わらび粉を使ってあって舌にとろける感触がよい。わらびも山村の産物であり、これから向かう水尾への想いがつのる。

野宮神社近くに待たせてあったタクシーに乗り、まず近くの向井去来《きょらい》の落柿舎《らくししゃ》に寄る。ここには松尾芭蕉も滞在している。そのあと去来の質素な墓と、近くにある西行法師の住居にあったと伝える井戸を見る。それからその近くの藤原定家の厭離庵《えんりあん》の跡に寄る。定家はこの地で「小倉百人一首」を選んだ。

このように五〇〇メートルほどの狭い範囲に、西行、定家、芭蕉、去来という歌や俳諧の巨人が住んだことがあるのは、不思議なことである。このことには後でふれるけれども、偶然にそのような結果になったのではなく、先人を次々に慕う心からそうなったのであろう。嵯峨の地には求心力がある。

一の鳥居のたつ鳥居本

愛宕神社の赤い一の鳥居のたつ鳥居本《とりいもと》で本道と分かれた山道を西へとる。道の南側には海抜二八三メートルの小倉山があってその山麓を通っている。定家は厭離庵から小倉山を眺めながら、百人一首を選ぶため古今の歌を色紙に書いて壁に貼ったという。

二〇年ほど前に、古民家がのこる越畑へ行くのに通ったときよりは道はよくなっていた。それでも水尾へつくまでに四、五台の車とすれ違い、その度に停車してどちらかの車が片側に寄った。

行手の左側に、崖にへばりつくようにして一軒の小さな家があった。司馬さんの「水尾の村」に主人が川でとった鮎を食べさせる店とでているが、懸野君によると嵯峨の文人が時々句会をここでひらいているという。

峠をすぎると、間もなく前方の下方に水尾の民家が見えだした。シーズンは終っていたけれども、柚《ゆず》の木が道の左右にある。実をつけたままになった木や落下した柚の実が道ばたに転がっていた。〝柚のジャムを売っている店があったら寄って下さい〟とはいったが、どこも店は閉まっていてそれは果たせなかった。「柚の里」の幟《のぼり》は集落のあちこちに立っていたが、実態はなかった。それに水尾での柚の歴史はそれほど古くはなく、それ以前は枇杷《びわ》の産地だったと読んだことがある。

今〝それほど古くはなく〟とつい書いてしまったが、江戸前期の『毛吹草』には大井川の鮎のあとに水尾の柚と樒《しきみ》をのせている。

水尾の集落は京都府で最高峰の愛宕山（八九〇メートル）の南南西の麓にあって、すぐ下に愛宕山に水源のある渓流がある。この渓流は桂川の上流の保津川に合している。集落のある場所は、山麓ではあるがわずかばかりの平坦地になっていて、そこに三〇戸ばかりの家が点在している。このような地形を「尾」というのであろう。

集落とは渓流をへだてた、向かいの山の斜面にある清和天皇陵へ行くことになった。急な斜面を下ってから対岸の山を登るので、ぼくの足では無理とみたのか、懸野君が〝写真をとってきます〟とぼくのカメラを持って消えて行った。この陵は、清和の遺骨を水尾の山へ置いただけだから、本来は陵というほどの構築物はなかったとみられる。現在では御陵らしくしてあるが、これは近年になってのことである。道ばたに座って御陵のあるほうの山を眺めるうちに、清和という人が水尾の山に融けこんで、念願どおりに自然に帰ったことを実感しだした。

三〇分ほどすると懸野君が汗をふきながら戻ってきた。それから集落中央の山手にある小学校の隣の円覚寺と清和天皇社へと坂道を登る。この坂道の入口に「愛宕神社へ三・五キロ」の標識があったから愛宕神社へ詣る脇道のようである。小学校の校庭のすぐ隣に円覚寺があって、境内に古そうな宝篋印塔と板碑が立っている。

清和天皇社（上）と清和天皇社への参道（下）

円覚寺の隣に小ぢんまりとした老人ホームがあって、数人の老人が日向ぼっこをしている。本を読んでいる人もいるし、車椅子で散策している人もいる。どの人の顔も温和で、山村の老人ホームのよさが伝わってくる。

清和天皇社の古めかしい鳥居は、老人ホームのすぐ隣にあった。鳥居には「清和天皇社」と書いた扁額をあげていて、その左手に枇杷の木が一本あった。そこから先は丸太を置いた段々になっていて、登りつめると清和天皇を祠る小さな社殿があった。水尾の里の氏神で脇に四所《ししょ》神社がある。祭神は不明だが、古くからの社のようである。最近はおこなわれていないが昔は花笠踊があったという。

水尾には右家《うけ》と左家《さけ》からなる古老制があって、右家と左家それぞれ六人ずつ合わせて一二人の古老が清和天皇社や御陵のことを掌ったという。これは清和天皇の生活を支えたころからの仕来《しきた》りという。

水尾の女と樒

水尾は柚のほか樒《しきみ》を出すので名高く、「水尾の村」でも司馬さんは樒について薀蓄を披露しておられる。清和天皇社の境内も樒の木が繁茂していて、水尾から越畑への途中に樒原の名のついた山村がある。

「しきみ」は「しきび」とか「香の木」ともよばれる常緑樹で、春にクリーム色の花をつける。花として仏前に葉のついた樒の枝を供える。このほか乾かした樹皮を粉にして線香にするという。

落柿舎の第九世庵主を務めた堀永休氏(昭和一八年他界)が、昭和六年に出版した『嵯峨誌』に水尾の樒の項目があり、平安中期の歌人の曽根好忠の次の歌を紹介している。曽根は丹後の掾《じょう》(判官)を務めたことがあるので曽丹とよばれ、歌集に『曽丹集』がある。

愛宕山　樒か原に　雪つもり　花つむ人の　跡だにもなし

堀氏はここにいう樒か原を特定の地名とはみないで、水尾の里のうちで樒の繁茂するところと

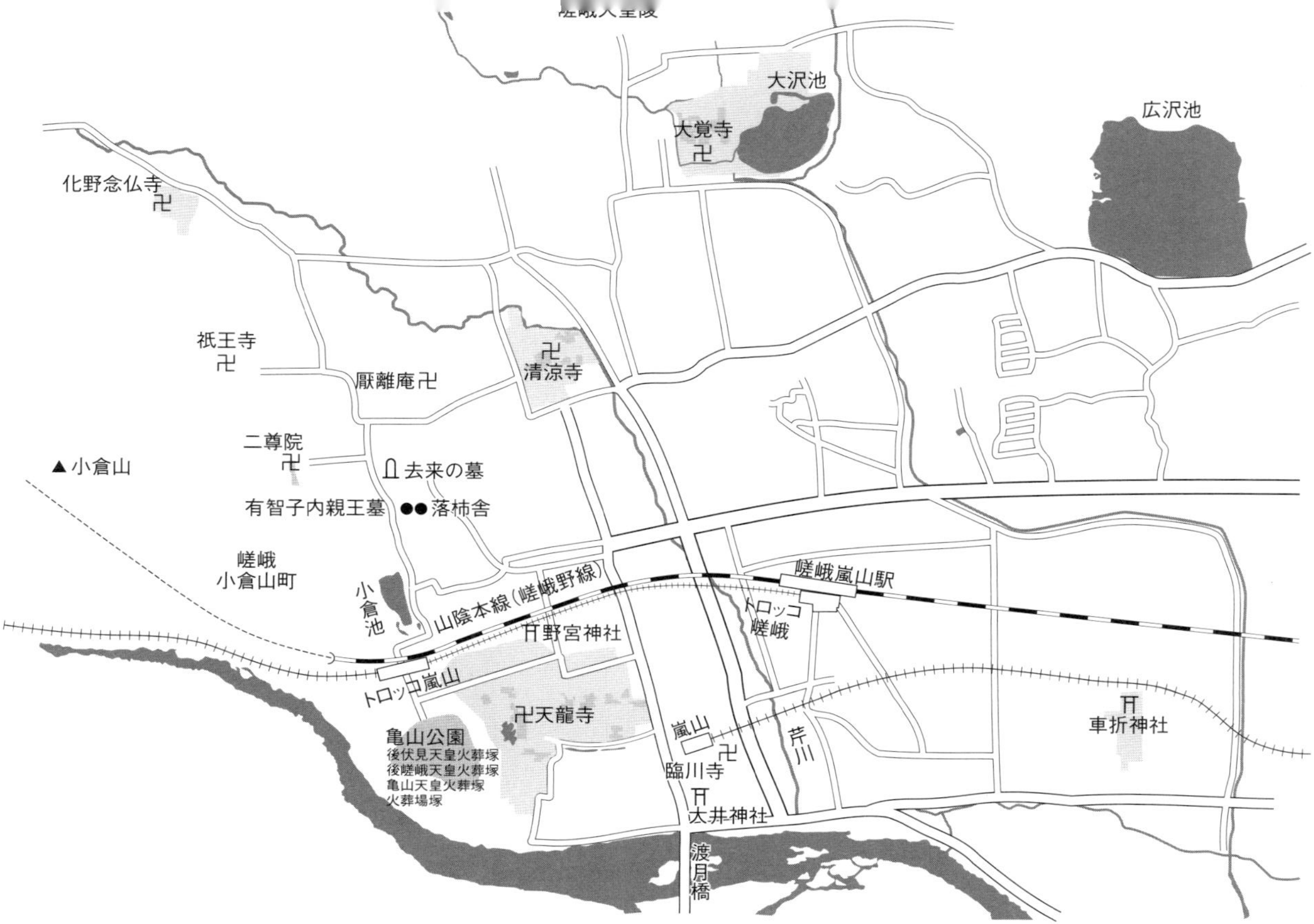

化野念仏寺
祇王寺
二尊院
厭離庵
小倉山
有智子内親王墓
去来の墓
落柿舎
嵯峨小倉山町
小倉池
清涼寺
大覚寺
大沢池
広沢池
山陰本線（嵯峨野線）
嵯峨嵐山駅
トロッコ嵯峨
トロッコ嵐山
野宮神社
天龍寺
亀山公園
後伏見天皇火葬塚
後嵯峨天皇火葬塚
亀山天皇火葬塚
火葬場塚
嵐山
臨川寺
太井神社
渡月橋
芹川
車折神社

みておられる。この歌のなかの〃花つむ人〃の花とは、仏に供える花としての樒のことだろう。さらに堀氏はつづけて

古来、水尾の里の女は毎朝この樒の枝を採って頭に戴いて御社へ参り、まず神前に供えて、その後参詣者に授与したのである。樒を受けた人々はそれを家に持ち帰って清い所に供え、火伏せの神花とした

と記している。

仏前に供える花としての樒を愛宕神社の神前に供えるのを変だとおもう人もあるだろうが、後に述べるように愛宕神社も明治時代以前には神仏習合していて、社僧が社務をおこなっていた。先ほど水尾の集落から愛宕神社への山道があるといったが、その道でこの里の女は毎朝、樒を愛宕神社までとどけたのであろう。

樒（しきみ）

日本文化にとっての和歌と俳句

落柿舎《らくししゃ》は野宮神社の北北東約二五〇メートルにある。名高い歴史遺産ではあるが、大覚寺や天竜寺、醍醐寺や東福寺にくらべると敷地は狭く、一昔前の農家のような質素な藁葺屋根の建物である。だが今日までに人々にあたえている精神的

な影響は、大伽藍をもつ寺々にもけっして引けをとらない。

古代から詩歌は日本文化の強靭な地盤となっている。詩歌をひっくるめて「うた」ということもできる。それと京都でも嵯峨ほど多くの和歌や漢詩、それに俳句に詠まれた土地はない。歌人やそれに俳人たちが、吸い寄せられるようにして嵯峨の地へ集った。死後には嵯峨に墓をのこすことを強く憧れた。

奈良時代の遺産を例にとっても、『古事記』や『日本書紀』よりも『万葉集』を読む現代人ははるかに多いし、『万葉集』に歌ののっている人には天皇や貴族だけではなく、多くの農民や防人《さきもり》などの兵士もいる。それに女性も少なくはない。和歌づくりは国民的なひろがりがあったのである。

平安時代になると上層階級では漢詩づくりが流行し、室町時代には五山の禅僧たちがうけつぎ、江戸時代からは詩吟《しぎん》が武士のあいだで流行した。現在でも作家の陳舜臣氏のように、漢詩づくりに秀でた人もいる。

漢詩づくりも日本文化の底流にあるとはいえ、平安時代になっても和歌づくりは広い階層から支持された。『古今和歌集』や『千載集』、さらに『新古今和歌集』をはじめ、嵯峨で創られた藤原定家の「小倉百人一首」は今日でも国民的な教養となっている。

江戸前期に松尾芭蕉があらわれると状況は一変し、俳句に人気が移った。ぼくを例にとっても、江戸時代の代表的な和歌となるとすぐには想いだせないが、俳句は一〇も二〇も頭に浮ぶ。ただしこれは、ぼくの性格が和歌よりも俳句に向いていることとも関係するのであろう。

五〇年ほど前だろうか、俳句について第二芸術論という批評が桑原武夫氏（故人）から発せられ、いっとき話題になった。だが芭蕉の俳句に接するうちに、芭蕉ほど巧にその時々の情景や心情をミックスさせて言葉として表せる人はいないとおもうようになり、俳句第二芸術論なる発想には組みせなくなった。

芭蕉は別格としても、与謝蕪村、小林一茶、尾崎放哉《ほうさい》、種田山頭火《さんとうか》の俳句にも、はっとすることがある。前に小豆島にある放哉の侘住居を訪れたことがある。

明治以降の歌人としては与謝野晶子に心ひかれるし、十年間におよぶ短い手紙としての「一筆啓上賞」の審査をともにした歌人の俵万智さんや川柳作家の時実新子《ときざね》さん（故人）からも多くを学んだ。また藤原定家を祖とする歌道の家としての冷泉《れいぜい》家の為人、貴実子夫妻とも昵懇《じっこん》にしてもらっていて、定家を身近な人に感じだしている。

漢詩や和歌、それに俳句のような約束事のもとに発したのではないが、『催馬楽《さいばら》』『梁塵秘抄《りょうじんひしょう》』『閑吟集』のリズム感のよい短詞もよく読むし、このシリーズでも何度か引用した。大岡信氏は『折々のうた』（岩波新書）では、これらを「うた」として包括しているし、なるほどと思う。ようするに古来日本人は「うた」好きで、嵯峨の地が「うた」づくりに適《かな》ったとおもわれたのである。落柿舎を訪れるための自分なりのおさらいをしてみた。

落柿舎、去来と芭蕉

水尾へ行ったとき落柿舎と向井去来の墓には寄ったけれども、この日は場所を頭に刻みこむのが目的であった。一週間のちの三月二二日にもう一度訪れてみた。

長辻通の野宮神社へ向う道の角にある嵯峨豆腐の三忠で昼飯代わりに湯豆腐を食べる。安くて旨くこれが嵯峨の豆腐と得心する。

小柴垣が両側にたつ竹藪のあいだの細い道を通って野宮神社により用件をすませ、あと落柿舎へと歩く。途中で二人ずつの客をのせた人力車とつぎつぎにすれ違う。嵯峨には狭い道が多く車では行けない場所があるので、いつの間にか人力車が五〇台に増えた。

小倉山がすぐ左手（西）に見えだしたところまで来ると、意外にも道端の溝で水のせせらぎの音が聞こえだした。菜の花の咲いた畠地形なのに、水の流れに勢いがあるようだ。去来は芭蕉の高弟で、生存していたころには、このあたりに麦畠がひろがっていたらしく、芭蕉も落柿舎では麦のことを俳句にしていて『嵯峨日記』にのせている。去来がつくったといわれる句にそれをおもわせる情景がある。

つかみあふ　子供の長《たけ》や　麦畠

道の向うに畠をへだてて、江戸時代のありふれた農家のような藁屋根の建物が見えだした。去来は自らこれを「小屋」といったことがある。落柿舎である。平均的な農家の家よりも少し小さく感じた。この庵は去来が古家を購入したのであり、元禄四年（一六九一）の四月一八日から五月四日まで芭蕉が滞在して、『嵯峨日記』をのこした。芭蕉四八歳のこと、それは芭蕉の死ぬ三年前のことだから、人生の円熟期だったといってよかろう。

日記のなかで、芭蕉は落柿舎という言葉を使っているし、日記の題を『落柿舎日記』とした写

見えはじめた落柿舎

本もあるので芭蕉もこの名称が気にいっていたとおもわれる。

芭蕉が滞在したころの落柿舎の様子を示す一節が『嵯峨日記』にある。「昔のあるじの作れるままにして、處々頽破《たいは》ス。中々に作りみがゝれたる昔のさまより、今のあはれなるさまこそ心とどまれ」と、かなり荒れかけていたことがわかる。

四月二〇日に弟子の野沢羽紅と凡兆の夫婦が訪ねてきた。すると芭蕉は帰るのをとどめて「蚊帳一はりに上下五人挙《こぞ》り伏《ふ》」したという。この五人のなかには羽紅夫妻や去来もいたのであろう。一張の蚊帳に上下《かみしも》となって五人が一緒に寝るとは今日いう雑魚寝《ざこね》である。

今日ある落柿舎は去来当時の建物ではなく、明和七年（一七七〇）に再興されてから何度か消滅の危機をのりこえ、昭和一〇年に社団法人落柿舎保存会が結成され現在におよんでいる。とはいえ間取などは元の様子を伝えているとみられる。

落柿舎は広い部屋といっても四畳半しかなく、おそらくこの部屋に芭蕉ら五人は一つの蚊帳で伏したのであろう。寝苦しかったのか羽紅尼がごく近くにいたということによったのかはともかく、芭蕉らは夜半すぎに起き出て、前日に用意された菓子と盃を取り出し、暁近くまで話あかしたと日記に書いている。四畳半の部屋を見ているとふと一句が浮んだ。

四畳半　芭蕉も寝たり　嵯峨の春

心のすむべき処

落柿舎に滞在していた芭蕉は、どのような日々を送ったのだろうか。二日目の四月一九日には臨川寺に詣り、大井川の対岸にある嵐山、松尾の里、虚空蔵を祠る法輪寺、小督《こごう》屋敷を話題にのせた。このうちいくつかを訪れたとみられ、「斜日ニ及ヒ落舎ニ帰ル」とある。とはいえ嵯峨の名所旧跡を訪れたのはこの日だけで、ほかの十数日は終日、落柿舎に籠《こも》りきりであった。

落柿舎にいた芭蕉を訪れる客は多く、その名を丁寧に日記に書きとめている。四月二七日は「人不来、終日得閑」とだけ書いていて淋しさがにじんでいる。芭蕉は人が訪れることを楽しんでいた節がある。

人が来るとさまざまの情報をもってくるし、その人たちが旅先で詠んだ俳句ももってくる。それらの俳句も芭蕉は日記に書きとめている。旅で歌や俳句を詠むというのは、今日での記念写真をとることと同じだから、他人の作った俳句からも旅を味わえるのである。

門弟らのもってくる情報には耳をかしたが、去来が書いた「落柿舎制札」の一条に、「世の理屈を言ふべからず」とあることから、わざとらしい議論は嫌がられたようである。ようするに、今日多くの人が嵯峨を訪れるのは名所旧跡めぐりだが、芭蕉の十数日にもおよぶ嵯峨滞在は、名所旧跡めぐりを目的としたのではなかったのである。

芭蕉はおくのほそ道の大旅行を終えた元禄二年（一六八九）の一二月二〇日に、京に上って落柿舎を初めて訪れ、空也忌の鉢叩きを見ている。このあと元禄四年の十数日の滞在となる。

芭蕉にとって人生最後の年となる元禄七年の五月二二日に、もう一度落柿舎を訪れている。このように落柿舎へは都合三度訪れたのである。その直後の九月に芭蕉は大坂で病の床につく。その知らせを聞いた去来はただちに大坂へ行き、芭蕉の臨終を見とどけ、芭蕉の遺骸を舟にのせて伏見へ運び、あと山越で近江の大津まで運び、芭蕉の遺言によって義仲寺にある木曽義仲の墓の傍に芭蕉を葬った。このあと去来は落柿舎を手放そうとした節もあるという。以上は昭和の評論家として知られる保田《やすだ》與重郎《よじゅうろう》氏（故人）が書いた『落柿舎のしるべ』を参考にした。

落柿舎に居つづけた芭蕉が、食物に特別の関心を示した様子はない。聖護院にあった去来の兄向井元端の家から時々菓子や調菜（調理した御馳走）が届けられていて、それに満足していたらしい。

五月二日にはおくのほそ道を一緒に旅した曽良《そら》が訪ねてきて、夕方に大井（堰）川に舟を浮かべて遊んでいる。この日のことを書いたとみられる意専あての手紙に、嵯峨の去来の下屋敷（落柿舎）に居て「養レ閑、竹の子を給《たべ》申候。大井川の舟あそび、俗客ニハあゆを振舞」とあって、

落柿舎

地元でとれる竹の子を、よく食べたとみられる。芭蕉の滞在したころは竹の子のシーズンだった。

面白いのは鮎を好んで食べる人を〝俗客〟といっていることである。このことからも食への関心はさほどなかったとみられる。

すでに述べたように落柿舎の建物は立派とはいいがたく、来客があると雑魚寝《ざこね》をしていた。それにもかかわらず、嵯峨の地にいると心が休まったのであった。芭蕉には嵯峨の地は〝心のすむべき処〟だったのであった。〝すむべき〟とは〝棲むべき〟であり〝澄むべき〟でもあろう。人生の総仕上げの時期を嵯峨にいて心を磨きたかったのであろう。

芭蕉は元禄四年五月四日に「明日は落柿舎を出んと名残をしかりければ、奥・口の一間一間を見廻りて」次の句を詠んだ。

五月雨や　色帋（紙）へぎたる　壁の跡

この句を『嵯峨日記』の締めの言葉に代えた。

〝へぎる〟とは〝剥げる〟の口語、今日でも食物をのせる薄板を〝へぎ〟というように、剥ぐとか剥げるは日常の言葉にのこっている。これは後に述べる藤原定家が、嵯峨の山荘で小倉百人一首を選んだときの故事が頭にあっての情景かとおもう。

ぼくを例にとるのは恐縮だが、読んでいてふとよいなとおもった短い詞を紙に書いて、書斎の壁やら障子にもたくさんはってある。それが時がたつと〝へげて〟くる。今は画鋲《がびょう》でとめるが昔は糊で壁に貼ったのだろうか。それにしてもこの句は余韻がある。この句を彫った句碑は落柿舎の庭にたっている。

落柿舎のすぐ裏手に落柿舎とほぼ同形同大の藁屋根の建物が近年つくられ、次庵とよばれている。申込むと部屋を借りることができ句会をひらくことができる。ぼくも一度この建物で瞑想の時間をすごしてみたい。次庵の傍には落柿舎の名にちなんで、十本ほどの柿の木が植えてあった。

向井去来という人

落柿舎の庵主だった向井去来は、肥前国長崎で生まれた。父は医者であり、去来が八歳のとき京都へ移った。やがて家業は兄がつぎ去来は生涯定職にはつかなかったが、そこそこの生活を保っていた。武士ではないのに武芸者に憧れをもっていて、去来の俳句には太刀、長刀、弓などの武具がよく詠まれた。これは去来が芭蕉の弟子となる前の作品に多いようである。

町人の身分であるのに強烈に武芸者に憧れていたけれども、芭蕉の弟子となってからは俳諧に人生のすべてを投入したようである。師弟といっても芭蕉のほうが七歳年上にすぎず、芭蕉も去来を頼りにしていた。去来についてもっと知りたくおもうが、今はこのシリーズの完成が大切なので先を急ぐ。

芭蕉の死後に去来が作ったのに次の句がある。

放すかと　とはるる家や　冬ごもり
やがて散る　柿の紅葉の　寝間の跡

先ほど旅先で詠む和歌や俳句は記念写真の意味があるといったが、家にいて作る和歌や俳句にはその時々の心情がよく吐露されている。

有智子内親王の墓

落柿舎を出て門前の道を西へとると姥芽樫《うばめがし》の生垣で囲まれた嵯峨天皇の皇女の有智子《うちこ》内親王の墓がある。嵯峨天皇は即位の翌年に、平城《へいぜい》上皇らによる平城京復活事件に遭遇した。世にいう「薬子《くすこ》の変」である。そのさい嵯峨天皇は賀茂社に戦勝を祈願し、平定の暁には皇女を賀茂社の斎院の斎王とすることを約束した。なおこのときの斎院の場所についてはよくわからない。

有智子は漢詩の才があって、一七歳のときに作り父を驚かせたという七律の漢詩が、承和一四年（八四七）一〇月二九日の有智子の薨伝に全文が載っているし、『経国集』にも収められている。この詩のなかで自分の住居を「寂々幽荘山樹裡」、つまり〝さびしい幽荘は森のなかにある〟

で書きはじめている。この状況は嵯峨の地のことではないかとぼくはみる。薨伝のなかでは、有智子は晩年を嵯峨西庄にいてそこで死んでいる（『続日本後紀』）。ことによると初代の賀茂斎王は、伊勢神宮の斎王が潔斎のため過す野宮の近くにいて、斎王をやめたあとも嵯峨西庄として居りつづけたのではなかろうか。このように落柿舎のごく近くに漢詩作りの天才少女がいて、この地で生涯を終えている。

天下に小さき去来の墓

有智子内親王の墓の傍で北へと向きをかえて一〇〇メートルほど行ったところに弘源寺墓地がある。この墓地の西よりに去来の墓がある。弘源寺は天竜寺の塔頭である。

墓というからそれなりの石塔を予想していたのに、なんと味噌をする棒（擂粉木《すりこぎ》）を大きくしたほどの自然石の墓で、去来の二字を彫ってあった。高さは三〇センチほどであろう。この墓を訪れた高浜虚子は散文のような句を詠み、去来の墓を見たときの驚きの気持をあらわしている。

凡そ天下に　去来ほどの小さき墓に　詣りけり

去来の墓はその人柄をおもわせるほど簡素ではあるが、この墓を囲むようにして去来ゆかりの人の墓が点在している。さらに昭和六四年（一九八九）に、全国の歌人や俳人が寄せてきた和歌や俳句を記した石碑が石垣のように墓地を囲んでいる。歌碑が一〇〇、俳句碑が一六〇あって壮観である。それらの作者のかなり多くはぼくもお名前を知っている。

去来の墓はちっぽけだが、これだけ多くの人が呈した和歌や俳句を刻んだ石碑で囲まれた例はない。

弘源寺墓地の東寄は現代人の墓地になっていて新墓がちらほらある。先ほどから一つの新墓を水で丁寧に拭きつづけている老夫婦が気になった。近くの二尊院でつく鐘の音がひびいてきた。ぼくは去来の墓の前からそれを見ていると次の句ができた。

鐘ひびく　誰の墓拭く　老夫婦

去来の落柿舎や墓を訪ねると、ぼくのなかにも俳句を作る気持がよみがえってきた。

小さな去来の墓標

放浪の歌人、西行と嵯峨

去来の墓のある弘源寺墓地の前の道を東へ歩くと、道に食出《はみだ》すようにして古井戸がある。乱石積の円形の井戸で、今は簀の子でふたをしてある。覗いてみると水がいっぱい溜まっている。西行法師の庵にあったとする伝説があって、西行井戸とよばれている。

井戸の横に、西行が嵯峨で詠

んだとみられる和歌を刻んだ歌碑がたっている。この歌は『山家集』におさめられたものである。

を鹿なく　小倉の山の　裾近み　ただひとりすむ　我が心かな

墓地の西方すぐの小倉山の麓に、鎌倉時代のほぼ同形同大の釈迦如来立像と阿弥陀如来立像を本堂に並べて祠る華台寺《けだいじ》があって、二尊院《にそんいん》の名で親しまれている。法然上人にもゆかりのある寺である。

この寺の総門を入ってすぐ左手に「西行法師庵の跡」と刻んだ石碑がある。先ほどの歌のように、西行は一人で住んでいたのである。

西行井戸から庵の跡の石碑まで直線距離で二〇〇メートルほどあって、この付近に西行が住んだ可能性はある。なお二尊院の総門は、伏見城の門を嵯峨の豪商、角倉了以《すみのくらりょうい》が移築したと伝えている。これも見落とせない伝説である。

西行には「を鹿なく小倉の山の裾近み」の和歌のほかにも、小倉山や、その東南にある亀山を詠んだ歌がある。なお小倉山とか亀山は現在の慣用にしたがう。

亀山の地名も注目してよい。この山の麓に亀山殿とよばれる亀山天皇の院御所があって、嵯峨殿ともよばれ、亀山上皇や後亀山天皇が利用し、二人とも諡号に亀山がつく結果となった。

亀山殿の跡地の一部は臨川寺《りんせんじ》となり、芭蕉が嵯峨でまっさきに訪れている。現在では非公開となっているのは残念である。臨川寺は、その名のごとくすぐ前が大堰川《おおいがわ》で、まさしく川に臨んだ寺である。

西行は「嵯峨に住みけるに、たはぶれ歌とて人々よみけるを」の前詞をつけた歌ものこしていて（『聞書集』）、しばらくの期間、嵯峨に住んだのは事実であろう。

放浪の歌人としての西行は旅が好きであるとともに旅が上手で、庵を作るよりも誰かの住居に居住した可能性がつよい。西行は人付合いがうまく、権力者にも知人が多くいた。

考えてみると、井戸はその地に定住する意志をもつ者が掘る構築物である。しかも伝西行井戸は中世の井戸としてもかなり大きく、わずかのあいだ滞在する西行が利用したことはあっても、西行が掘ったのではなかろう。

『京都の歴史』一巻の「芸術家の群像」の項では、西行が「嵯峨の風光を好んでか、小倉山麓へ、また法輪寺虚空蔵辺へと転々とし」たのは康治元年（一一四二）かと推定している。この項は横井清氏と赤井達郎氏との執筆である。

西行は俗名を佐藤義清といって、後鳥羽上皇に仕えた北面の武士だった。だが二三歳で父の死のあと出家し西行法師となった。それからは和歌づくりを仏道と考え、放浪の生活をつづけた。日本史上まれにみる大旅行者であって、東北へも二度の旅をした。

芭蕉が江戸時代になって西行の先例にならって東北への旅、つまり〝おくのほそ道〟の旅をしたことは有名だが、西行の足跡にくらべると芭蕉の旅はせいぜい〝おくのほそ道〟の入口の旅にすぎず、西行のたくましさの並々でないことがわかる。芭蕉は『嵯峨日記』のなかで西行の歌を引用し、「西上人のよみ侍《はべ》る」と書き、獨住《ひとりずまい》のさびしさを追憶している。

西行は諸国を遍歴したとはいえ、和歌の才能の秀でたことが早くから知られ、鎌倉では源頼朝に会ったことが『吾妻鏡』に記され、それからも足跡をたどることができる。文治二年（一一八六）、二度目の東北への旅にさいして西行は鎌倉に立寄った。たまたま頼朝が鶴岡宮（鶴岡八幡宮）に参詣すると「老僧一人が鳥居のあたりを徘徊していた。これを怪しんで景季《かげすえ》（梶原）に名字を問わすと、佐藤兵衛尉憲清《ひょうのえじょうのりきよ》法師なり。今、西行と号すという。よりて奉幣ののち、心静かに謁見をとげ、和歌のことを談ずべきの由、仰せ遣わさる」（文治二年八月一五日の条）。

この出会いは偶然のことではないようにおもわれる。西行は頼朝の館に泊まり、翌日退出するさい、頼朝からもらった銀の猫を門外で遊んでいた子供にやってしまったという有名な話は、この翌日のことである。

のこされた和歌の数もすこぶる多く、西行の死後に編まれた『新古今和歌集』にも九四首がとられていて、歌の内容からも旅で訪れた場所を辿ることができる。さらに西行伝説なるものも各地にのこっていて、それらの伝説からも足跡の一端を推測することができる。

西行の生活の跡を時間を追ってたどることは白雲をつかむようにむずかしいけれども、時には掌《たなごころ》のなかに雹《ひょう》のような実体を感じることもある。

男色のことを赤裸々に記したので名高い左大臣藤原頼長の日記『台記』に、西行と会った日のことが記録されている。康治元年（一一四二）三月一五日に「西行法師来りて曰く」で始まる文の後半に次の個所がある。このときは西行はすでに出家していた。

又余年を問う。答えて曰く、二五（去々年出家、二三と）。そもそも西行はもと兵衛尉義清なり（左衛門大夫康清の子）、重代の勇士なるをもって法皇に仕えり。俗時より心を仏道に入れ、家富み年若く心に愁い無きも遂に以て遁世せり。人これを歎美なりと（『台記』）。この文の始めの「余」とは頼長のこと、親しく西行と面談したさいのことを口語体を交えて書き記している。

この頼長の記録によって西行の家、つまり佐藤家はそれなりの財産があったことがわかり、西行の旅の資金もそれに負うところがあったと推測できる。

歌詰橋の西行伝説

ＪＲの嵯峨嵐山駅を出て南へ少し行くと、東のほうからのびてくる三条通へ出る。その道を西へ歩くと芹川が流れている。現在では川幅は狭いが深々と大地を刻んでいる。芹川は南流して大堰川に注ぐ。

芹川は紀伊郡にもあるが歴史的には葛野郡にある嵯峨の芹川が重要である。村上天皇の勅撰集である『後撰和歌集』に「仁和の帝（光孝天皇のこと）嵯峨の帝の御時の例にて芹川に行幸し給ひける日」の前詞のあと、在原行平の

さがの山　みゆき絶にし　芹川の　千代のふる道　あとはありけり

の歌をのせている。小さな川だが行幸する価値のある川であった。このときの行幸は『三代実録』にも記録されている（仁和二年一二月一四日条）。

先ほど亀山殿のことを書いたが、その一院として東寄りに芹川殿があった。芹川の地名にちなんだ建物で、おそらく芹川のほとりに位置したのであろう。

芹川にかかるのが竜門橋で、別名を歌詰橋《うたつめばし》という。この橋を渡った北側に説明板がある。西行

が土地の童子と歌の問答をして敗れたという伝説で歌詰橋といっている。このときの相手は童子ではなく女だったので、歌女《づめ》橋とする説もある（『山州名跡志』）。

西行が橋のたもとにあった酒屋によって、そこの女と問答をしたとする伝えである。ぼくはこのほうに真実味を感じる。西行が

壺のうち　にほひ来にけり　梅の花　まづさけ一つ　春のしるしに

と詠むと、女はすぐに

壺の内　にほひし色は　うつろひて　霞は残る　春のしるしに

と歌を返してきた。このような歌合戦をするうちに西行が返歌につまり、それにちなんで歌詰橋というようになったという。以上の歌は『嵯峨誌』にのせてあった。

嵯峨一帯、とくに天竜寺や臨川寺あたりには、室町時代に酒屋が点在していて賑っていた（北野神社文書の「酒屋名簿」）。このような様子はおそらく西行のころまでさかのぼるであろう。中世の酒屋とは造酒屋《つくりざけ》であり店先で酒を呑ませていた。

あるとき中世史研究者の仲村研さんと中世の酒屋のことが話題になった。研さんは出町商店街の近くに一軒だけ古くからの仕来りを伝えている酒屋があることを教えてくれたので、行ってみた。たしか菊養老という店だった。

店先での立呑みで、客はあらかじめ竹輪か何かを買って持参し、それを〝アテ〟にして一升買

をした酒を数人で分けて呑むのだった。この店はぼくが行ってから数年で店をたたんでしまった。中世風の酒屋は体験できたが何だか侘しかった。

以下は高橋秀夫氏の『西行』（岩波書店）に紹介されている民間伝承である。伊勢の雲出川のほとりの垂水の成就寺に西行が参詣したとき、一人の子供が木に登った。それを見た西行は、

さる稚児と　見るより早く　木に登る

と口ずさむと、子供は、

犬のやうなる　法師来れば

と下の句を付け、西行は逃げ帰ったという。先ほどの歌詰橋での酒屋の女との歌合戦といい、西行には民衆との接触の機会が多くあったことが、このような民間伝承をのこす素地だったのであろう。

芹川と歌詰橋

桜の花と西行

京都には嵯峨のほかにも、西行ゆかりと伝える場所がある。東山の円山公園にある双林寺である。円山は観桜の名所として知られているが、明治一九年に円山公園ができるまでは寺の境内だった。今

も円山の枝垂桜《しだれざくら》はよく知られている。

西行は桜をこよなく愛し吉野山の桜を人々に知らせた。また散る桜の花を多くの歌に詠んだ。このような西行にふさわしく、いつの頃か双林寺に西行庵が建てられ冷泉為村の筆になる「花月庵」の額をかけている。堂内には西行と西行を敬慕した南北朝期の歌人頓阿の像が安置されている。庵の前には西行桜の名のついた桜が植えられている。

洛西の大原野（西京区）の勝持寺も俗に「花の寺」の名で知られているように、西行桜がある。この寺にも西行庵があって西行の木像が安置されている。

魔術師のように死んだ西行

放浪の生活をしたのにもかかわらず、生きる達人として西行は長寿を保ち、七三歳で文治六年（一一九〇）二月一六日に亡くなっている。この死の年を建久元年としている本もあるが、文治から建久への改元は四月におこなわれているから、西行の死んだ二月一六日は文治六年だった。細かいことだとおもう人もいるだろうが、じつは二月一六日には深い意味があって、それについてはすぐ後で述べる。

西行が臨終をむかえたのは河内の弘《ひろ》（広）川寺《かわでら》である。この寺は龍池山弘川寺といって、醍醐派真言宗に属している。金剛・葛城山系の北西麓の山あいにあって、近くを谷川が流れている。南河内郡の河南町にあって、その前は河内村だった。

この地域は古墳時代には感玖《こむく》といわれ、のち紺口郷となり、寛弘と表記することもあった。朝鮮半島の影響が強くあって、地名に白木とあるのは新羅のことかとみられる。六世紀には倭人系百済人の高級官人として知られる日羅にゆかりのある土地でもあって、歴史的には注目してよい地域である。

ぼくは昭和三〇年ごろ、感玖の地をしばしば訪れ、白木村（当時）の古墳を見たあと弘川寺へ寄った。寺から少し離れた山脚上にぽつんと一基の小さな円墳があって、円位上人つまり西行法師の墓だとされていた。

その頃ぼくは二〇歳代で、まだ理解し切れていないことがらはいっぱいあった。しかし文庫本の『山家集』はもっていて、どうしたわけか西行には関心をもっていた。西行の墓とされている封土状構築物を訪れたのは夕刻で、それから富田林駅まで歩くので気持ちがあせっていて、よく観察することができなかった。それでも平安時代末の墓としては立派にすぎ、後世に誰かが造ったのではないかという感想をもった。ふり返るとしばらくの間、この墳丘が見えつづけたのが今でも脳裏にのこっている。

江戸時代に似雲《じうん》という僧がいた。歌人でもあって「今西行」とよばれた。西行を慕って弘川寺に入り、自らの墓も西行の墓の傍に造ったが、西行の墓を古墳状にしたのは似雲かもしれない。

西行は南河内の山寺で死んだ。だがその情報はいち早く都にもたらされ、藤原俊成や定家、さらに慈円など、和歌の道にたずさわる人たちが西行の死にざまを詳しく記録している。ということは西行がいつ死ぬかに関心がもたれていたようにおもわれる。

『愚管抄』の著者である慈円の歌集『拾玉集』でそのことをみよう。

文治六年二月十六日未時、円位上人入滅など、まことにめでたく存（放）生にふるまひおもはれたりしに、更にたかはす世のすゑに有かたきよしなん、申合ひけり。其後よみをきたりし歌とも思つ、けて寂蓮入道の許へ申侍し（句読点はいれた。未時は午後一時から三時のあいだ。円位上人は西行のこと。寂蓮入道とは藤原定長で藤原俊成の養子で歌人）。

二月一六日に西行が死んだことがどうして「まことにめでたく」、そのことが放生をするに値するとみられたのだろうか（この個所難解）。先の文につづいて慈円は次の歌を詠んだ。

君しるや　そのきさらきと　いひをきて　ことはにほへる　人の後の世（傍点は森註）

その後に慈円は西行の次の歌をものせている。

ねかはくは　花の下にて　われ《ママ》死なん　そのきさらきの　もち月のころ

この歌は西行の作品のなかでも人々によく知られた歌で『新古今和歌集』にもとられている。ただし〝われ〟の二字が〝春〟になっている。臨終の作ではなく死の年より一〇年ほど前の歌とみられ、死についての覚悟を歌にしたものとみられる。

如月《きさらぎ》の望月のころといえば旧暦の二月の満月のころ、つまり二月一五日前後であって、まさにその宿願どおりの日に死をむかえた。まるで魔術を使ったかのような死にざまで、都の人びとが驚嘆したのも当然であろう。現在では弘川寺には西行記念館ができて、西行の墓のまわりにも桜が植えられているそうである。

西行の項を書きだしたころ、毎日のように通る鴨川堤の桜の芽がふくらみ、書き終わったころには花盛りとなった。桜の木に混じって柳があって、若葉の緑があざやかだし、ところどころに雪柳の白い小花の大塊ができている。それを見て和歌ができた。

雪柳　桜柳を　織りまぜて　鴨の堤に　小雨そぼ降る

藤原定家と嵯峨山荘

藤原俊成の子の定家は西行法師より四四歳若い。西行はすでに述べたように長寿だったから、その晩年には定家も和歌の道で名を馳せていた。その意味では西行と定家とは同時代の人といってもよい。

西行も新進の歌人としての定家の才能を認めており、自分の歌の加判《かはん》を定家に託したことがある。これには俊成の子としての家筋をも考慮したのであろう。なお加判とは公文書に花押を書き加えることであり、この場合は推薦文の意味がある。西行と定家が会ったことがあるのかどうかについては調べていないが、お互い意識していたことは間違いない。

定家は『新古今和歌集』の撰者の一人であるが、ぼくには定家が治承四年（一一八〇）から嘉禎元年（一二三五）まで書きつづけた日記の『明月記』の筆者であることを早くから知っていた。『明月記』には、日本考古学史上名高い飛鳥の大内陵（天武・持統合葬陵）の盗掘事件の後始末についての記事があるので、利用したことがある。

余談を一つ書く。大内陵の盗掘事件のあと都から派遣された人（誰かは不明。公卿か）の書いた『阿不幾乃山陵記《あおきのさんりょうき》』が栂尾《とがのお》の高山寺《こうざんじ》で明治初年に見つかり、それを契機として今日の大内陵、つまり考古学でいう野口王墓古墳への指定替になった。どうしてそのような文書が嵯峨の地に伝えられてきたかについても興味がもたれる。このことについては高山寺の項で再度ふれる。なお

「阿不幾」は青木のこと、現在の天武・持統合葬陵は青木山陵ともよばれた。

定家は嵯峨に山荘を正治元年(一一九九)ごろに設けた。この山荘のことを定家は中院草庵とも嵯峨野の庵ともいっている。中院とは清凉寺と二尊院の中間にあって、ここに愛宕山の中院があったのでついた地名という。この山荘は庵とも草庵ともいっているように、簡素な建物だったと推定される。

定家の嵯峨山荘を厭離庵《えんりあん》ということがある。この名称は定家のころからあるのではなく、嵯峨山荘の跡地の荒廃を憂えた冷泉家が江戸時代に再興した。そのさい霊元天皇から厭離庵という名称をあたえられ、それが今日におよんでいる。明治末年からは尼寺となっている。

名称のことはともかく、どうして冷泉《れいぜい》家が嵯峨山荘を再興したかといえば、定家の孫の為相《ためすけ》が冷泉家の直接の祖であり、今日でも冷泉家では定家を遠祖として崇めている。『明月記』も冷泉家の時雨亭文庫に伝えられていて、それを朝日新聞社が六冊本として刊行した。小さなことだが冷泉家ではこの日記を〝めいげっき〟と発音しているそうである。

『藤原定家』(吉川弘文館)の著者の村山修一氏は、嵯峨山荘について『明月記』の記事を総合して「少し山手にかかっていて、土地は乾燥しているが、雨のあとでは山より水が出て庭を洗う。水は西の垣より入って北へ流出し、その間船・筏を浮かべてよいほどの水量になる」としている。さらにこのことからみて、現在の尼寺としての厭離庵よりは少し二尊院寄りにあったのではないかとみておられる。ぼくもこの意見に賛成で、定家の嵯峨山荘は前述の西行井戸から落柿舎にかけての地にあったようにおもう。

「落柿舎・去来と芭蕉」の項で、落柿舎の近くでは道端の溝にせせらぎの音が聞こえたと書いたが、小倉山の麓では山から滲みだす水が豊富だったことが定家の記述からもうかがえる。細かい場所まではわからないにしても、西行の庵と定家の嵯峨の山荘はきわめて近い土地だったのであって、このことも偶然にそうなったのではなく、定家が西行を偲んでのことであろう。

厭離庵の閉ざされた門

小倉百人一首と宇都宮頼綱

定家は八〇歳まで生きた。晩年は病気に苦しみ、それでも『源氏物語』や『伊勢物語』など古典の書写に励んだ。天福元年（一二三三）には出家し法名を明静とした。その二年あとの嘉禎元年（一二三五）に、山荘の近くに別荘（中院山荘）をもっていた宇都宮頼綱のたっての頼みによって、頼綱の山荘の障子に貼るために百人一首を撰び、それを色紙に書いた。それがのちに「小倉百人一首」といわれるようになる。

頼綱は定家の息子の為家の妻の父である。下野《しもつけ》の有力な武士で鎌倉幕府の御家人ではあるが、ある事件にかかわってからは法然の教をうけて出家し、法名を蓮生として京都に住んだ。歌人としても活躍し、その流れを宇都宮歌壇といって関東では重きをなした。なお宇都宮は下野《しもつけ》の一宮としての二荒山《ふたらさん》神社のことで、宇都宮家はその社家でもあった。

先ほど今日の厭離庵の場所は定家の嵯峨山荘ではなさそうだと書いたが、村山氏は宇都宮頼綱の山荘のあった場所かとみておられる。

関東や東北といえば、都の文化よりは低いとみられがちだが、下野の武士が嵯峨に別荘をもっていたこと、さらに定家と姻戚関係を結び「小倉百人一首」成立の契機をも作るなど、文化的役割を見落としてはいけない。

下野へのぼくの考えの一端を述べるまえに、「小倉百人一首」で気づいたことをいっておこう。『万葉集』は雄略天皇の少女に話しかける歌で始まっている。「小倉百人一首」の最初の歌は天智天皇の、

秋の田の　かりほの庵の　とまをあらみ　わがころもでは　露にぬれつつ

である。

この歌の原形とみられるのは『万葉集』巻第十に「露を詠む」歌の一つとして作者は明かさずに収められている（二一七四）。『新古今和歌集』にも少し言葉を変えて「秋歌」のなかにいれてある。

『洛北・上京・山科の巻』で山科にある天智陵（山科陵）のことにふれた。平安時代になると先帝たちの陵の筆頭にたえず山科陵、つまり天智陵があげられていると述べたけれども、そのこ

とと「小倉百人一首」での天智天皇の扱い方は軌を一にしているとみてよかろう。

もう一つ考えるのは、「『万葉集』にみる山科陵」の項でいったことだが、『万葉集』に収められた額田王《ぬかたのおおきみ》の有名な歌、

秋の野の　み草刈り葺き　宿れりし　兎道(宇治)の宮子(都)の　仮盧《かりほ》し思ほゆ

をぼくなりに解釈して、額田王が天智の陵地選定のため天皇とともに宇治郡にある山科へ行ったとき、仮盧《かりほ》を作って泊まった想い出を詠んだと推定した。

「小倉百人一首」冒頭の天智の歌は、額田王の「秋の野のみ草刈り葺き宿れりし」で詠んでいる情景とまったく同じであり、この歌も陵地選定の旅でつくられた歌とみられる。『万葉集』では天智の作った歌であることは伏せて、さりげなく収めたのだった。

以上述べたことを定家が気づいていたかどうかはわからないが、古歌からも多くの歴史がさぐれるとおもいだした。

「小倉百人一首」でもう一つ気づくのは、九九番目の歌が順徳院(順徳天〈上〉皇)の作であり、百番めが後鳥羽院(後鳥羽天〈上〉皇)の作である。いうまでもなく後鳥羽天皇と順徳天皇は鎌倉幕府を倒すために、承久三年(一二二一)に戦をおこした(承久の乱)。この戦は幕府が勝利をおさめ京都に六波羅探題が置かれ、後鳥羽上皇は隠岐島へ、順徳天皇は佐渡島へと流された。

このように後鳥羽と順徳とは、鎌倉幕府にとっては許すことのできない敵の立場の人物であった。その二人の歌を「小倉百人一首」に加えたのは、公卿としての定家の抵抗心のあらわれであ

ろう。定家には気性の激しい一面があって、若いときに殿上で暴力をふるって、しばらく自宅で謹慎させられたことがあった。定家の自然を詠んだ歌からはうかがえないことである。

下野の古代文化の水準

宇都宮氏の本拠地のあった下野国《しもつけのくに》（今日の栃木県）の古代文化についてのぼくの考えを、ごく簡単にいっておきたい。一つは仏教興隆の地であるということである。だれしも頭に浮かぶのは、日本三戒壇の一つがあったのは下野の薬師寺である（他の二つは奈良の東大寺と筑紫の観世音寺である）。

下野には近畿にあるような大伽藍は少ないけれども、最澄は東国への布教の拠点をつくるため下野と上野《こうずけ》に来ている。日光山を開き中禅寺を建てた勝道上人のために、空海が「沙門勝道厂山水瑩玄珠碑」の碑文を作っていることも名高い（『性霊集』）。

また『入唐求法巡礼行記』をのこした天台の僧円仁《えんにん》の俗姓は壬生《みぶ》氏であり、下野国都賀郡に生まれた。このような下野の古代仏教をさぐるにさいして、大きな伽藍とか大きな仏像、それも数多くの仏像などをキーワードにしては迫ることはできない。つまり視点を変えないと気づくはずのことも見逃してしまう。

下野は唐文化が直接に流入していたとみられる不思議な土地である。このことは渡来人を介してとみるより直接に摂取していた気配がある。

栃木県湯津上村に那須国造碑がある。この碑文の書き出しは永昌元年で、これは唐の則天武后のときの年号である。六八九年、持統天皇の三年にあたる。

ぼくは初めのころは六八九年には日本に年号がなかったので、中国年号を借用していたとおもっていた。だがこの碑文のなかには中国古典、それも唐代の文献が引用されているのを知るようになり、唐文化を畿内とは違った形で受容していることを強く感じだした。

下毛野朝臣古麻呂《しもつけのあそみこまろ》という下野の豪族がいた。持統天皇三年に「奴婢六百口を免《ゆる》さんと欲して奏してきた」（『日本書紀』）。この豪族の財力の一端をうかがうことができる。

下毛野古麻呂は豊かな財力があっただけではなく、政府が大宝律令を撰定するとき推進者となっているし、信じられないほど短期間に完成している。大宝律令の撰定には刑部《おさかべ》親王や藤原不比等が責任者ではあるが、実際の撰定作業や完成後にこの新令を親王、諸臣、百官らに伝習することは古麻呂がおこなった。意外なことかもしれないが、大宝律令を作るためには、下野が蓄えていた唐の知識が大きく役立ったのである。これについては『関東学をひらく』（朝日新聞社）に書いた。

時代は鎌倉時代のことだが、宇都宮頼綱が藤原定家と親しく、「小倉百人一首」成立の動機を作ったことには、以上述べたような奈良時代での下野の高い文化に端を発しているとぼくはみている。このことはさらに時間をかけて研究したい。

田村高広や富田渓仙そのほかの墓

小倉山の中腹にあたる二尊院の北西部には段々になって公卿や学者、画家や俳優さらに嵯峨の豪商などの墓地が群在している。嵯峨には多くの人が山荘を営んだように、死後にも墓が集まる傾向がある。

本堂の北方の比較的低いところに、昭和の映画俳優としてよく知られる阪東妻三郎《ばんどうつまさぶろう》、略して阪妻（ばんつま）の墓がある。阪妻の本名は田村伝吉である。その傍《かたわら》に二〇〇六年に亡くなった息子の田村高広さんの墓がある。高広さんはぼくと同い年で大学も一緒、だが在学中にはお互い知らなかった。高広さんの亡くなる四、五年前に知り合い、対談をしたあと祇園を飲み歩いたことをつい先日のように鮮烈におぼえている。

田村家の墓地より一段上に日本画家の富田渓仙《とみたけいせん》の墓がある。ぼくの子供のころに亡くなった人だから面識はないが、その画風が好きで、明治以降の画家としては富岡鉄斎と渓仙の二人にぼくは注目している。家に渓仙の描いた自由奔放な観世音菩薩の絵があった。残念なことに、姉の結婚のとき父は手放してしまった。

そののち、渓仙の筆になるという東福寺の通天橋を描いた墨一色のデッサンを手にいれ、大事にしている。

渓仙の墓地へ行く手前に「渓仙賛歌」と題する石碑があって、佐々木信綱、吉井勇、秋草道人（会津八一）三人の和歌を刻んでいる。この顔触れからみて渓仙が多くの人によって敬愛されていたことが偲べる。

渓仙の　墓をもとめて　言葉なく　我らのぼりゆく　落ち葉のみちを（勇）
こゝにして　君が描ける　明王の　ほのほ（炎）の墨の　いまだかわかず（八一）

この会津八一の歌にある不動明王の絵をぼくは見たことはないが、わが家にあった観世音菩薩の絵から想像することができる。一度どこかで渓仙の展覧会が開かれたら、いやというほどその絵を見てみたい。

渓仙の墓から上の段に、公卿の二条家と四条家の墓がある。さらに登ると多くの学者を出した伊藤家の墓地がある。そこには『紫野・北野・洛中の巻』で述べた古義堂をひらいた伊藤仁斎と、息子の東涯の墓がある。伊藤家は江戸時代の町人とはいえ学問が家業といってよかった。二人の墓にはそれぞれ長文の碑文を刻んだ石碑がある。

　伊藤家の墓より一段高く三条西家の墓があって、そのなかに準勅撰連歌集の『新撰菟玖波《つくば》集』の撰者の一人である三条西実隆の墓としての五輪塔がある。さらにその上の段に嵯峨の豪商　角《すみの》倉《くら》家の墓地がある。ここには角倉了以《すみのくらりょうい》の墓がある。了以は多方面での活動家で東南アジアとの朱印船貿易をおこなったし、すでに『紫野・北野・洛中の巻』で述べた高瀬川の開削をおこなったし、第2章で述べるように大堰《おおい》川に水路をひらき丹波との水運に成功するなど刮目すべき生涯をおくった。

　その傍に了以の弟の吉田宗恂の墓がある。宗恂は前にふれたように医者として豊臣秀次に仕え、その縁によって高瀬川開削にさいして秀次の妻子らが惨殺された場所に了以が瑞泉寺を建立した。これについてもすでに述べた。

　これらの墓地群の最上段の南側に公卿の鷹司《たかつかさ》家の墓がある。鷹司家で想いだすのは、戦後間もなく鷹司家から信濃の善光寺の大本願へ尼公上人として入られた鷹司誓玉《たかつかさせいぎょく》さんは、しばらくのあいだぼくと同学の道を志していた。何度か遺跡踏査をご一緒したこともある。善光寺に入られてから一度お会いしたし、文通がつづいていて、先年まとめられた大冊『善光寺智観上人』をおくってもらった。鷹司さんのこととは別に、善光寺は京都の歴史とも関係があるし、日本史にとって学問的にまだ解きえない不思議な大寺である。

墓地群最上段の北側に三帝の塔が並んでいる。三塔とも鎌倉時代の石塔だがそれぞれ形を異にしている。北が十三重の塔で嵯峨天皇、真中は五重の塔で土御門天皇、南は宝篋印塔《ほうきょういんとう》で後奈良天皇の、それぞれ供養塔である。誰が造立したのかはまだ調べていない。

野宮神社と小柴垣や竹

野宮《ののみや》とは嵯峨野の宮のことだろうか。長辻通のバス停「野の宮」から竹藪のあいだの細い道を西へと通り、突当りを少し北へ行くと野宮神社の黒木の鳥居が見えだす。

この付近の竹藪は手入れがよく、竹林というほうがふさわしい。道の両側には竹の枯枝を組んだ小柴垣がつづいていて、王朝時代に戻ったような風景がつづく。

小柴垣とは簡単な垣のようではあるが、垣に組むのにそれなりの技術とセンスがいりそうである。古墳時代中期に反正《はんぜい》天皇がいた。あまり注目される人ではないが、この治世を「風雨順時《ときにしたがい》、五穀成熟、人民富饒、天下太平」と『日本書紀』はまとめていて、落ちついた時代だったらしい。反正の都は河内の丹比《たじひ》にある「柴籬宮《しばかきのみや》」だったといわれるから、周囲に柴垣をめぐらせた質素な構造だったとみられる。

鎌倉時代の絵巻物に「小柴垣草子」がある。しっかりした筆致の作品だが、内容に露骨な男女の愛の描写があるため、公開されることはほとんどない。

この絵巻の内容は『十訓抄』にもでている。花山天皇の寛和のころ（九八五〜九八七）、斎宮となった済子女王が野宮で潔斎の生活をつづけているときに、警護の滝口の武士の平致光《むねみつ》と密会を重ねてしまい、そのため伊勢への下向がとりやめになり、野宮での公役も廃止されたという。済子女王は嵯峨天皇の孫である。

野宮神社周辺の竹は日本に古くからある真竹《まだけ》で、野宮竹《ののみやだけ》とよばれる。竹の研究家の室井綽《ひろし》氏はマダケとハチク（破竹）を日本の自生とみている（『竹』法政大学出版局）。丈が長く節が低く、しかも節間が長く弾力も強く竹細工に適しているという。とくに酒樽の「たが」の材として珍重された。

野宮神社への道
（道の両側に竹林がひろがり小柴垣がある。）

先日、二尊院の門前に竹細工を商う「定家」という店があるのを知った。二尊院を歩くのに疲れてしまい、この店で駅までのタクシーを手配してもらった。タクシーが来るあいだ竹のコップにいれた茶をだしてくれたが、竹のコップは軽くて掌でもちやすい。すっかり気にいって一つ求めた。家ではサイダーや冷やした水を飲むのに使いだしたが、陶器にない感触がよい。そのとき一緒に買った竹の箸も軽くて持ちやすい。竹のコップには小さく「定家」の銘がはいっていて、いっそうこの竹器への愛着をおぼえる。

芭蕉が嵯峨の竹を詠んだ句（ともに『嵯峨日記』）に、

ほととぎす　大竹藪《ママ》を　洩る月夜
うきふしや　竹の子となる　人の果

がある。あとの句は竹薮のなかに古い墓のあるのを見て詠んだのであろうか。

家が狭山にあったころ、飼っている犬が死んだ。庭の隅に穴を掘って埋めてやった。二、三年たってからその横一メートルほどのところに山芋の蔓が延びだした。秋に掘ってみると根が横へと延びて、犬を埋めた穴にとどいていた。もう犬の死骸はなくなっていた。うまそうな芋だったが食べなかった。そのとき「山芋となる犬の果て」を実感した。芭蕉もこんなことを感じていたのかどうかはわからない。

斎内親王と花や虫

平安時代の文献では、野宮は頻繁に登場する。まだ神社としての宮ではなく、伊勢神宮へ天皇の代わりに派遣される斎王が約一年間をすごす潔斎の場であった。斎王は未婚の内親王から選ばれるから斎内親王《いつきのみこ》とも書かれた。このように野宮は公的な施設ではあったが、絢爛豪華さはなく、自然のなかにひっそりと板葺の建物があったと推測できる。

平安時代の野宮は、嵯峨天皇のときに使われだしたとみられている。天皇の代が替わるたびに新しい斎王が選ばれ、まず宮中の便所《びんしょ》（雅楽寮や大膳職など）の初斎院で潔斎の日々を送り、それから鴨川か葛野川《かどの》（桂川）で禊《みそぎ》をしてから野宮へ入った。このことは『延喜式』をはじめ『類聚国史』や『三代実録』などに記録されている。

若者が多い野宮神社

野宮の跡地が野宮神社になったのは、野宮が後醍醐天皇のときに廃止されたあとのこととみられ、『都名所図会』には柴垣をめぐらし、黒木の鳥居の奥に三つの祠の並ぶ野々宮《ママ》が描かれていて、今日の社と同じ場所とみられる。

明治になってから村社となり、今日では若い男女の参詣者が多く賑っている。平安時代の野宮がいつもこの場所にあったのではないが、野宮を偲ぶのに適したところであることは間違いなかろう。

元慶七年（八八三）の史料に、野宮を造営するための人数がでている。元は工《く》が三〇一五人、夫《ふ》が一〇五四五人で、それらの工や夫は五畿内、近江、美濃、丹波、但馬、播磨の国々から一人一〇日ずつ徴発されていた。工は大工《だいく》や石工《いしく》などの技術者、夫は労働力の提供者である。そのうちの遠い土地としての美濃、但馬、播磨を免除してはという意見もあったが、作るところの屋舎の数が多いので元通りにした（『三代実録』）。

野宮神社の黒木の鳥居

今日の野宮神社の鳥居は黒木の鳥居である。荒木の鳥居といってもよく、樹皮のついたままのケヤキの木の鳥居である。『源氏物語』の賢木《さかき》の巻に、斎宮に選ばれた娘とともに伊勢に行くこととした六条御息所《みやすどころ》と光源氏が別れる場面に、野宮の様子のわかる描写がある。

御息所は天皇の寵愛をうけた女人のことであり、光源氏は前に述べた嵯峨の棲霞観に住んだ源融という見方がある。

物はかなげなる小柴を大垣にて、板屋ども、あたりあたり、いと、かりそめなめり。黒木の鳥居どもは、さすがに、神々しう見渡されて、〔戀の訪問は〕わづらはしき気色なるに、神官の者ども、ここかしこに、うちしはぶきて、おのがどち、物うち言ひたるけはひなども、外には、さま変りて見ゆ（山岸徳平校注の『源氏物語』岩波文庫）

とあって、すでに野宮で働く「神官」のいたことが注目される。この神官は『延喜式』の神祇の斎宮の項に「野宮主神司」とある司の役人のことである。

『源氏物語』にあるように、野宮には黒木の鳥居があった。黒木はアラキともいう。奈良時代以前の殯宮《もがりのみや》を「アラキノミヤ」というように、自然の材を建物に用い、もちろん瓦を使わなかった。垣もすでに述べたように柴垣であった。簡素な材料を用いていたが、建物の数はかなり多かったようである。

野宮での内親王の生活をうかがわせる記事が『古今著聞集』の「草木」の項にでている。天禄三年（九七二）八月二八日に規子内親王が野宮に薄《すすき》、蘭、紫苑《しおん》、草香、女郎花《おみなえし》、萩などを植え、松虫や鈴虫を放った。紫苑はキク科の多年草である。そのような風情を愛でて公卿が集まり歌合《うたあわせ》をした。この歌合では源順《みなもとのしたごう》が判者となり、加賀の掾《じょう》の橘正通が詠手《よみて》、源為憲が学生《がくしょう》（書き手）になった。

源順はこれまでもよく引用した『和名類聚抄』の著者で、和漢に通じた学者であり歌人でもあった。

『新古今和歌集』には「長月の頃、野宮に前栽《せんざい》植えけるに」の前詞のあと、順の歌をのせている。前栽は庭先の植込み。今日でもこの言葉は使われている。

　頼もしな　野の宮人の　植うる花　しぐるる月に　あへずなるとも

順らのような男性の公卿が野宮に出入りしているのだから、厳密な意味での男子禁制ではなかったのであり、斎王もそれなりに生活を楽しめたことであろう。

神仏協力の嵯峨祭

唐突なようだが歴史の古さでは、京都の三大祭といえば賀茂社の葵祭、祇園社の祇園祭、それと嵯峨祭だとぼくは考えるようになった。

嵯峨祭についてはぼくが知らなかっただけで、室町時代に山科言継や中原康富も見物にでかけて日記に書きとめている（『言継卿記』と『康富記』）。それとみごとに祭の様子を描いた絵巻物の「嵯峨祭絵巻」がある。残念なことにぼくは実物を未見であるが、アイルランドのダブリンにあるチェスター・ビーティー図書館に所蔵されている。アメリカの富豪チェスター・ビーティーが来日中に入手して、先祖の出身の地の図書館に寄贈したものという。江戸時代の作品とみられるが、これによると嵯峨祭の様子が克明にわかる。この祭は次に述べるような点によって、京都の歴史をさぐるうえで貴重と考えた。

近年、嵯峨の人びとの熱意でこの祭が復活し、五月の第三、四日曜日に神幸祭《しんこうさい》（おいで）と還幸祭《かんこうさい》（おかえり）がおこなわれている。まず注意してよいことは、この祭では愛宕神社と野宮神社の二基の御輿がでる。どちらも江戸時代のみごとな御輿で、愛宕神社の御輿の形は八角であることも珍しい。二基の御輿は清凉寺門前にあるお旅所に仲良く保管されていて、二つの神社が一つの祭の主役であることもあまり聞かない。

もう一つ珍しくおもうのは、大覚寺と清凉寺がこの祭で果す役割の大きいことである。祭にさいして御輿に祈祷するのは僧侶であり、剣鉾の勢揃いは大覚寺の境内でおこなわれている。まるで明治以前に神仏が習合していたころをおもわせる。

このような神仏の協力のやりようはきわめて自然のこととみられる。以上の理由でぼくには京都の三大祭としてもおかしくないと考えるようになった。

五月一八日に野宮神社の懸野宮司の好意で、野宮神社から人力車にのって祭の準備中のお旅所で二基の御輿を拝見した。そのさい『嵯峨祭の歩み—その起源、構造、変遷』を著した古川修氏にもお会いできた。この項はその本を参考にした。

第2章　葛野川から大堰（井）川へ

葛野川の鮎（年魚）

山背《やましろ》（城）国葛野《かどの》郡を、北から南へ流れるのが葛野《かどの》川である。すでに述べたように平安京では左京が繁栄して右京は一時すたれた。左京は主として愛宕《おたぎ》郡に属し、右京は主として葛野郡に属していた。

ところが延暦一二年（七九三）に、長岡京にいた桓武天皇が突然に新京を造ることを決心し、藤原小黒麻呂らを派遣したのは山背国葛野郡宇太《うだ》村であり、愛宕郡ではなかった。

このことについて、宇太村は平安京外の地で山背国の古くからの祭祀場であり、ここで新京造営に着手することを神に告げ加護を祈ったのではないか、とする私見は『紫野・北野・洛中の巻』で説明した。

葛野川は徐々に述べるけれども、平安時代になるとしだいに大堰《おおい》（井）川の地名が使われるようになる。さらに現在では、嵐山から下流で淀川に合流するまでのところを桂川とよんでいる。なお桂川という名は古く、承平五年（九三五）に紀貫之が任国の土佐からの帰りの二月一六日の夜に「桂川月の明きにぞ渡る」とあって、ある人（貫之か）の詠んだ、

桂川　わが心にも　通はねど　同じ深さに　流るべらなり

の歌をのせている（『土佐日記』）。

巨視的に平安京を眺めると、都の東側には鴨川が北から南へと流れ、都の西側には葛野川（大堰川・桂川）が北から南へと流れている。川幅と水量の点では、葛野川のほうがはるかに勝っている。

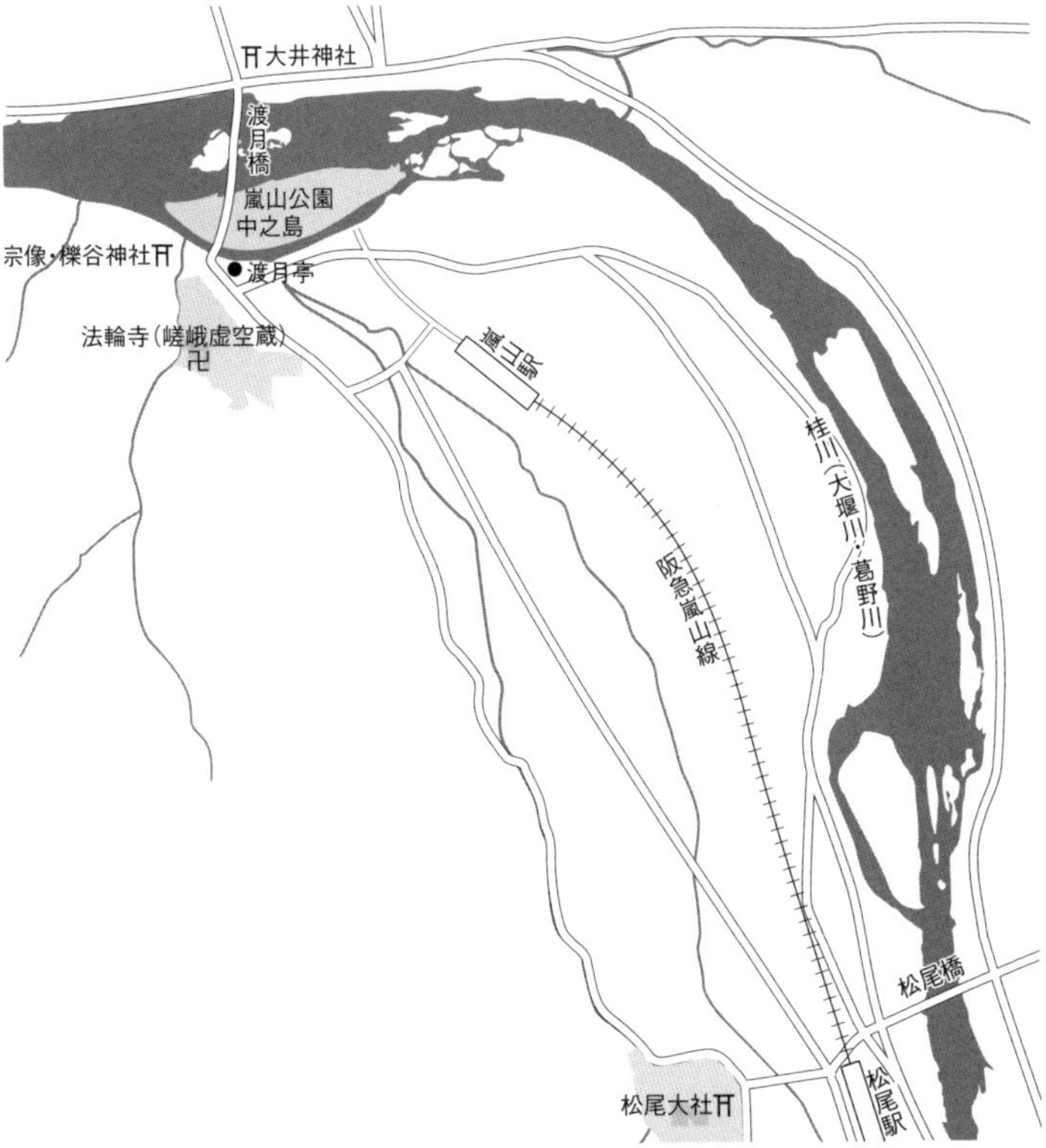

葛野川では鮎が捕れた。鮎は年魚とも書くように川と海のあいだを回遊し、人びとに一年ごとの経過を知らせてくれる魚でもある。八世紀に都が平城京だったときの、次のような木簡が発掘されている（平城京二条大路木簡）。

　葛野河年魚二百五十隻
　　四月十九日作

二条大路には長屋王邸があり、葛野川の鮎が長屋王邸かその隣接した邸に、今流にいえば鮎の解禁されるころに捕って都へ運んだことを物語っている。最後に「作」とあることから少し干してあったかとおもう。

平安時代になると、葛野川では鵜飼（今日の鵜匠）によって鮎を捕っていたことを示す史料がいくつかある。その一つが『西宮記《さいきゅうき》』の紙背文書である。葛野河の供御所の鵜飼が夏には鮎、冬には鮒《ふな》を朝廷におさめていた。鯉も進上していたが、これは鵜飼のほかの漁法で捕るもののようである。この供御所は桂御厨《みくりや》と同じで、施設があったのでなく鵜飼や漁夫を贄人《にえびと》として支配したのであろう。

『源氏物語』の松風の巻には、大井川、嵯峨野の御堂、桂の院（桂殿）などを舞台にして物語が展開するが、光源氏が「鵜飼どもを召したる」場面がある。かなりの人数の鵜飼がいて騒がしかったようである（あま（漁人）のさへずり）。

鵜飼は今日の京都でも、宇治川でおこなわれている。桂川でも復活しているが、鵜は毎年、岐阜の長良川のものを借りている。さらに本格化すると嵐山の風物詩になるだろう。室町時代の歌謡集『閑吟集』には、京都周辺の乗物を詠んだ歌として、

やれ　面白や　京には車　やれ　淀に舟　えん　桂の里の　鵜飼舟よ

と桂の里の鵜飼がでている。

鵜飼は中国の江南から南九州へまず伝播し、各地に伝わったとみているが、文化人類学や民俗学の格好の研究テーマである。なお、桂川の鵜飼の捕った鮎などを都へ販売にでかけた桂女《かつらめ》も、歴史的に注目されている。これについては「桂や松尾」の項でふれることにする。

天明七年（一七八七）に刊行された秋里籬島の『拾遺都名所図会』には「大堰川漁釣躰」の見出しで、川のなかで一人が広げた網に三人の漁夫が棹で鮎を追いこんでいる〝扇網〟漁の様子を、河岸にこしらえた縁台のうえから見ながら酒を飲む人が描かれている。おそらく捕った鮎を焼いて食べるのであろう。遠方では釣糸をたれる町人と投網《とあみ》を打つ漁夫の姿も描かれている。

大堰川と堰の基本構造

桂川は大堰川ともいい大井川と書くこともある。時代をさかのぼると葛野川とよばれた。

渡月橋より上流では保津川と名が変わる。この川の源は丹波の北桑田郡の広河原《ひろがわら》（現京都市左京区）である。広河原は鞍馬寺とは国境の山をはさんだ北北東にあたる。丹波の船井郡や桑田地域の諸河川の水を合わせて、急峻な保津峡の峡谷をすぎると嵐山と嵯峨の地へでる。川幅も広く、水流もゆったりとし始める。

保津峡は保津川の浸食でできた峡谷で、谷の深さは二〇〇メートルにも達し、名勝に指定されている。この谷を通る山陰本線の車窓から景色を楽しむことはできるし、一九九一年からトロッコ嵯峨駅とトロッコ亀岡駅のあいだに、山陰本線旧線を使って嵯峨野トロッコ列車の運行が開始され人気を集めている。

渡月橋から川を観察しよう。川の下流のほうは水量が少なく中洲があちこちで顔をだしている。ところが渡月橋より上流は水量が豊かでボート遊びに興ずる人が多いし、対岸へ人を渡す舟も動いている。亀岡から保津川の急流を下ってくる舟も、渡月橋の少し上流に着く。

このように渡月橋より上流は水量が多く、まるで貯水をしているようにおもえるが、観察をつづけると、渡月橋より五〇メートルほど上流に川幅いっぱいに堰《い・いぜき》があるのに気づくだろう。

この堰は昭和二四年（一九四九）からはセメントで固めているが、古代以来の堰の場所をほぼ踏襲しているとぼくはみている。昔の堰は、石をつめた竹籠を積んでいたという。堰は井堰とも書き、川の水をせきとめるため川のなかに築く堤だから、堰堤《えんてい》ともいう。今日の水力発電用のダムのように壮大ではないが細かい技術で造られている。つまりこの堰があるので葛野川が大堰（井）川とよばれるようになったのである。いつ頃に設置され誰によって築かれたかについては徐々に述べる。

川のなかに堰堤を設けると、水面が高くなる。その水を潅漑用水などに利用するためには、取水口を設けそこから農地まで水路を掘る必要がある。

渡月橋の少し上流に取水口があって、勢よく水が流れて水路に落とされている。この取水口より五〇メートルほど北に、土産物店や食堂のあいだにかくされるようにして大井神社がある。この堰の守り神であり、祠は小さいが後で述べるように重要な神社である。

右岸にも取水口があって、そこから水路が松尾のほうに延びている。水路の幅は右岸のほうがはるかに広い。大堰の設置目的は左岸の京都盆地西部の平野の開発にあったとみられるが、右岸の平野にも給水を考えた節がある。

今日、「堰（井堰）」とよばれる施設は、川の幅いっぱいに堰堤を設けることがまず大前提となる。いっとき弥生時代の埋没家屋かとして喧伝された愛媛県松山市の古照《こでら》遺跡は、川のなかに丸太棒や倉庫の古材を利用して「しがらみ」（柵）ともいえる堰堤を設けた古墳時代の遺構である。

古墳前期という見方もあるが、現地を見たときに古墳後期に下るのではないかとおもった。要するにこのような堰堤の造り方は、縄文時代以来の日本列島での技術である。

このように今日の堰は、川のなかに水流とは直交して堤を築き水面を高める。その高まった水を取水口から水路（大溝）に流し、網の目のように掘られた小溝によって平野の田に配水する。これが堰による灌漑の構造である。中国での古い堰では、川の左岸への取水と配水が重視されていたらしく、これについては後で述べる。

大堰川の堰堤の取水口
（水は大溝へと流れる。前方に渡月橋が見える。）

当然のことながら、平野へ水を引く大溝なしには堰堤を造る意味はない。ということは、配水先の平野の田を掌握している豪族によって、この堰堤が設置されただろう、ということが想定される。

この豪族とは葛野の地で勢力を貯え、嵯峨野に蛇塚古墳などを含む古墳群をのこした秦氏が有力候補として浮上する。後で見るように、嵯峨野古墳群は階層を異にする三種の氏人が墓を営んだ三種の支群からなっている。代々の氏上クラスの最有力者がのこした蛇塚古墳などの盟主墳を含む支群は、取水口から延びる大溝（葛野大溝と仮称する）の配水する流域のほぼ北限にある。このことは水田に適した平地より、北の野や原に奥都城《おくつき》を設けたことがうかがえる。

桂川、つまり大堰川の左岸にある取水口は近世には嵯峨樋口とよばれた。ここから流域平野に引かれた大溝を、灌漑だけでなく物資を運ぶための舟運用に改造・改修したのが西高瀬川である。この工事は文久三年（一八六三）に、納所《のうそ》村の河村与三右衛門が幕府に申請しておこなったものである。取水口から約一キロは葛野大溝を利用していて、そこで分れて西高瀬川は東へ向かって掘削され、葛野大溝は南東の方向の流域平野へと伸びている。この元の流路を「古高瀬川」の名称を使う人もいるが、高瀬川の歴史からみて「古高瀬川」という名称は適当ではなく、仮称葛野大溝の名をぼくは使うことにする。

秦氏が造った葛野大堰

大堰川のもとの名称は葛野川である。葛野川を塞いで造った堤が葛野大堰とよばれ、秦氏が造営したとする伝承があって記録されている。平安中期に明法博士の惟宗允亮《これむねただすけ》が著した『政治要略』の交替雑事（溜池堰堤）の項に「秦氏本系帳」を引用している。

秦氏本系帳云。造㆓葛野大堰㆒。于㆓天下㆒誰有㆓比検㆒。是秦氏率㆓催種類㆒所㆑造㆓構之㆒。昔秦昭王。塞㆓堰洪河㆒通㆓溝澮㆒。開㆑田万頃。秦富数倍。所謂鄭伯之沃。衣食之源者也。今大井堰様。則習㆑彼所㆑造

これによって平安中期にはこの堰が葛野の大堰とよばれていたこと、この工事には秦氏が種（衆）類を率いて、つまり氏が団結してこれを造ったこと、このような大工事は天下に比検

(肩)するものがないことを、前段で述べている。

後段では葛野の大堰の技術の先例について述べている。中国の戦国時代の秦の昭王(昭襄王。始皇帝の曽祖父)が洪河(黄河)を塞いで堰を造り溝を通して万頃《ばんけい》(代)の田を開き(それによって)秦の富は数倍になった。世にいう鄭伯の沃が衣食の源となった。この個所は難解だったが、畏友森博達氏によると『文選《もんぜん》』所収の班古の「西都賦」の一節であり、鄭とは鄭国渠、白(伯は誤記)とは白公渠のことで、それらを造ったことで沃土《よくど》が生まれ、衣食の源となったというのである。

このように(葛野の)大井堰の造り方は秦の技術に習って造ったものであるし、「秦氏本系帳」に『文選』が引用されていたこともわかる。

秦氏が戦国時代の秦の潅漑技術を伝承していたとする家伝をもっていたことは、注目してよかろう。秦氏は日本では「ハタウジ」と発音するが、目に映る漢字では中国の秦も日本の秦も同じである。〝東アジアのなかでの日本古代史〟とは、高松塚古墳の壁画検出のあとから努力目標としてはよく耳にするが、秦氏研究を例にとると、そのことは意外と実践されていない。

葛野大堰は『政治要略』に引用されているだけでなく、より古い『令集解《りょうのしゅうげ》』の雑令に引かれた「古記」のなかにもみえる。(堰の修理に従事する人として)まず「用水之家を役すること」、つまり大堰による水の利益をうける家の人を働かせることとしたうえ、「仮令《たとえば》、葛野川堰之類」としている。このことは、葛野川堰がすでに天下によく知られていたとみてよかろう。

桓武天皇も延暦一八年(七九九)八月一二日に「大堰に幸《みゆき》す」とある。葛野大堰のことであろう。宇多法皇も延長四年（九二六）一〇月一〇日に大井河に幸して歌を詠んでいる（ともに『日本紀略』）。このようにして大堰（井）のある川として大堰（井）川の名が使われるようになるのである。

つぎに中国の秦が造った堰の一つの例をみることにする。

秦の造った都江堰

中国の四川省の成都は三国時代の蜀の都のあった地である。戦国時代には秦の領域になっていて、成都郊外百キロ余りのところ（今日では都江堰市）に秦の昭襄王のときに造った都江堰《とこうえん》があって、今日も潅漑の水源として利用されている。今日なお機能を保っているので遺跡とはいえず、歴史的構築物なのである。都江堰は二〇〇八年五月一二日の四川地震で、震源地にも近いので日本でもすっかり有名になった。

ぼくが都江堰のことを知りだしたのは一九七〇年代であり、ぜひ自分の目で見たい土地になっていた。そのころ中国へは四度訪れていたけれども華北が主であり、当時の国際状況では奥地といってよい四川省への訪問はむずかしかった。

一九八一年六月に作家の司馬遼太郎さんを団長とする訪中団ができ、ぼくも参加できるようになった。六月は新学期が始まって授業が軌道にのりかけるころで躊躇したが、訪問先を聞いてみると江南の紹興や寧波、四川の成都、雲南の昆明など、その頃では行きにくいところが予定されている。これは中国側が司馬さんの功績を考えて実現したようである。

紹興は越の都、日本で多数出土する三角縁神獣鏡の三要素（大型、縁が三角、文様が神獣、つまり不老長寿の理想郷を描く）が出そろう土地、つまり原郷とぼくは予想していたし、寧波は江南の日本への窓口、成都には都江堰があるし、雲南には滇国《てんこく》の王墓群のある石寨山遺跡があるなど、ぼくの研究テーマにとってはぜひ見ておくべき土地であった。そのことを大学に申し出て出張にしてもらった。

この旅は蘇州、杭州、紹興、寧波、上海をまわって六月七日成都へ着き、翌日向かったのが都江堰だった。そこには小さいながらも博物館があり、近くに招待所（一種のホテル）があってそこで昼食をとった。

今でも覚えているのは麻婆豆腐の故郷は成都だとは知っていたが、その麻婆豆腐が大量に食卓に並んだ。ぼくの知っている味とは違ってすごく辛かったが旨い。ぱくぱく食べていると横で見て恐怖を感じたらしく、司馬さんが〝そんなに辛いものを食べすぎるとお腹をこわすよ〟といってくれ、残念だったが大皿に少し残すことになった。食事がすむと都江堰を歩いて回り、これほど感激したことは生涯でも何度もない。

今、「中国行（五度め）」と表紙に記した当時のノートを出してきて、これを書きだしている。その日ぼくは都江堰の構造を把握するため、大学ノートいっぱいに地形の見取図を描き、地元の人に尋ねたことも書いた。

山あいを岷江《びんこう》が流れて平野に出るところ（まるで保津峡から嵐山のところで平地へでるように）の川の中に砂礫を積んだ細長い島を造り、水流を分けている。この人工の島の先端は激しい水勢があたるため特に念入りにこしらえられていて、ここを都江魚嘴《ぎょし》とよんでいる。この細長い島を金剛堰とよび、都江堰での最重要な構築物で、これによって潅漑用の水は岷江《みんこう》の左岸へと導かれ、いくつもの河（大溝）によって平野へ配水されている。

都江堰のある左岸にはこの工事にあたった李冰《りひょう》（蜀の長官）と、その子の二人を祠る二王廟がある。さらに中の島（都江堰）の先端部の水中に李冰の石像が据えられ、水位を知る目安にされていたという。この石像は掘りだして博物館に移してあった。ぼくはその石像のミニチュアの焼物の像を買った。

都江堰を見学した夜、夜の会合（毎日、団長の部屋で車座になって酒をのみながらおこなう。司馬さんの話をうかがうのが目的、楽しい時間だった）で、川のなかに細長い人工島を造りそこで左岸へ水を引く例は嵐山にあること、それは秦氏が造ったとみられること、さらに二王廟の場所と大井神社の場所の関係にも共通点がありそうだとする私見を披露した（このことは司馬さんの『嵯峨散歩』にも記されている）。

京都に帰ってから何度か嵐山を訪れ、桂川にある今日の堰を見た。今日では渡月橋は二つの細長い島の上に架かっているが、明治二二年（一八八九）の地図では一つの島になっているし、江戸時代にはこの島を河原中嶋とよんでおり、元の堰堤はこの島と川の左岸とのあいだにあったとみられる。江戸時代の地図などまだ検討すべきことはあるが、細長い砂礫の島を築いて水流を分けることは都江堰とも共通し、「秦氏本系帳」がいうように、葛野大堰は「彼（秦の淮漑技術）を習って造るところ」は事実を伝えるとみられる。

秦氏の古墳づくりとか信仰する仏教などは時代とともに変わることがあっても、淮漑技術のような生活の知恵は、氏の特技として長く持ちつづけたとぼくはみている。

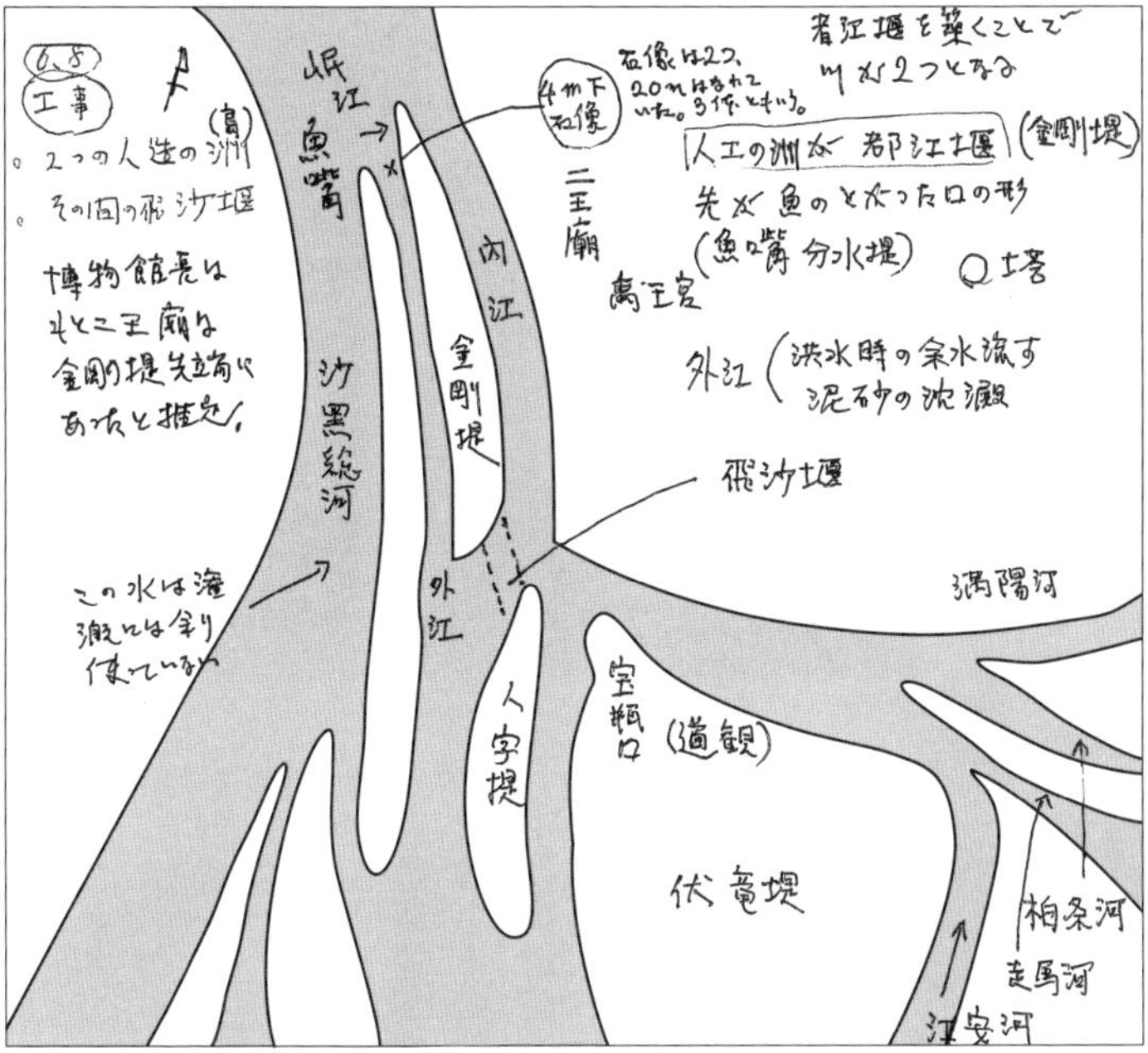

現在の都江堰（森浩一原図、転載不可）
（1981年６月８日の見学メモ、短時間に描いたので地形は正確ではない）

大井神社と大井津

葛野大堰が設置されると、筏《いかだ》（桴）や材木で流してくる丹波の木材や加工材を、大堰の手前で下ろさねばならなくなった。『延喜式』の木工寮の項に、丹波国滝額津《たきぬつ》より大井津までの桴《いかだ》の功賃の規定がでている。滝額津は大井川の上流の亀岡市保津か川関にあったとみられている。

大井神社は川の左岸にある取水口の近くにあって、大井津もこの

李冰石像のミニチュア

大井神社

取水口の川上にあったとみられる。今日、ボートや遊覧船の群がっているところと推定される。

大井神社がいつから鎮座しているかはわからないが、貞観一八年（八七六）に山代大堰神が従五位下を授かっている（『三代実録』）。『延喜式』の神名帳の葛野郡には大井神社はないが、乙訓郡に大井神社があって郡名を間違えたとみられる。先ほどの『三代実録』の記事にしても「山代大堰神」としていて、国名の山城を平安京以前の旧表記にしているなど記載時に多少の錯誤があったとしてもおかしくはない。

貞観一二年（八七〇）一一月に、葛野の鋳銭所で作った新鋳銭（貞観永宝）を賀茂社や松尾社などに奉っている。このとき葛野の鋳銭所に近い宗像、櫟谷《いちいだに》、堰などの神にも新銭を奉っている（『三代実録』）。この堰の神とは大井神社のことであろう。現在では渡月橋を渡って、上流へ数十メートル行ったところに宗像、櫟谷神社のささやかな社殿がある。なおこの鋳銭所の場所はまだわかっていない。

潅漑施設を神として祠った代表例を『延喜式』の神名帳でみよう。茨田《まむたの》堤《つつみ》を祠《まつ》る堤根神社

（河内国茨田郡）、狭山池の堤を祠った狭山堤神社（河内国丹比郡）、さらに和田川の堰を祠った大鳥井瀬神社（和泉国大鳥郡）などがあって、特定の神や人でなく、堤や堰などの安全を祈念したとみられる。山城国の大井神社も葛野大堰を祠ったと推定される。小さいことだが大井神社が川の左岸にあるという位置は、都江堰の二王廟の位置と共通していることもぼくは重要とみている。

葛野大堰の設置と秦河勝

葛野大堰はいつごろ設置されたのであろうか。文献学からは、今まであつかった史料によって平安初期にあったのは明らかである。ぼくはその設置時期は二つに分けて考える必要があるとみている。

最初は大堰とよべるほどではなく、先ほど愛媛県の古照遺跡の例にみたような簡単な柵《しがらみ》の設けられた時期である。つまり川のなかに丸太棒や古材を並べて水を塞《せ》きとめ、数十センチほど水位を高め、これを流域ぞいの平地の潅漑に用いる。これの検出は容易ではないが、秦氏が葛野に居を占めて間もなく、おそらく五世紀代におこなったとぼくはみる。

というのは、桂川左岸に嵯峨野古墳群が築かれるより前に、桂川右岸の松尾《まつお》に古墳が築かれ始めた。五世紀後半の穀塚《こくづか》古墳である。

この古墳は松尾穀塚古墳ともよばれるように、松尾大社の南方にある。さらに細かくいうと、苔寺として知られる西芳寺の南東約六〇〇メートルの山裾にあった。墳長四〇メートルほどの小型の前方後円墳である。平縁の神獣鏡をはじめ金銅製帯金具や鈴付杏葉《ぎょうよう》など、前期古墳にはなかった朝鮮的な副葬品が見られる。とくに鈴付杏葉は辛亥《しんがい》年銘のある鉄剣の出土した埼玉稲荷山古墳の遺物が名高い。

とはいえ埼玉稲荷山古墳の鈴付杏葉は、鈴も本体の杏葉も共造りにした鋳造品で、鈴は固定されていて動かない。それにたいして穀塚古墳の鈴付杏葉は鈴が別造になっているから鈴は動く。つまり穀塚古墳のほうが一段階古く、日本の古墳出土の鈴付杏葉の初現とみられる。

埋葬施設は詳しくは伝えられていないが、後円部の「竪穴石室」と伝えられているのは、新羅に多い積石木槨だったのではないかとぼくは推定している（「古墳文化における日本と朝鮮」『考古学の模索』所収）。

このように重要な古墳だが、昭和二八年ごろから墳丘が土取り場となり、調査もおこなわれないうちに消滅した。ぼくは破壊中のこの古墳を訪れたことはあるが、保存運動をおこすにはすでに手遅れだった。

穀塚古墳があるということは、すでに松尾一帯の平地に桂川の水を引いて潅漑をしていたからだと考え、桂川の右岸にも取水施設があったとぼくはみる。このような桂川の開発の前史（初期の葛野大堰）が、七世紀になっての本格的な堰の設置になると想定している。

江戸前期の和学者に北村季吟がいた。著書に『菟芸泥赴《つぎねふ》』がある。「つぎねふ」は『日本書紀』に仁徳天皇と皇后磐之媛の詠んだ二つの歌謡にでている山背（城）の枕詞である。山の連なる地形から生まれたとみられる枕詞だから山城の地誌である。第七巻を「嵯峨野」にあてていて、「大井川」の項に典拠は不明ながら注目すべき記述がある。

推古天皇の二十一年に聖徳太子摂政し給ふとき田の用水に此川（森註、桂川のこと）を切とほさしめ給ふ。其故に大井といふ推古天皇の二一年（六一三）で、頭に浮ぶことが二つある。一つは古代最大の大池である河内の狭山池にたいして、ぼくは少年のころから踏査をくり返し、記紀の伝えでは崇神・垂仁のころに築造されたことになっているが、池のなかにある須恵器窯址からみて七世紀ごろではないかと考え、機会を見つけては私見を発表してきた。

一九九五年に狭山池の堤が改修されたが、そのさい築造当時の樋管が見つかり、年輪測定によって推古二四年（六一六）に樋管の材のコウヤマキが伐採されたことがわかった。この年代は築堤によって操業をやめた須恵器窯の年代とも一致していて、少年のころから唱えてきたことが間違っていなかったのでほっとした。

このように推古のころは、大規模な潅漑工事をおこなっていたことが知られるようになり、『菟芸泥赴』が記している葛野大堰の築造年についても注目できるようになった。

もう一つの重要な点は、推古朝といえば大夫として朝廷に仕えた秦造河《はたのみやつこかわ》（川）勝《かつ》が活躍した時期である。河勝は葛野を本拠とした秦氏の氏上《うじのかみ》で、後に述べるように蜂岡寺《はちおかでら》（のちの広隆寺）を建立したが、朝廷にも出仕し聖徳太子を助けている。

『上宮聖徳太子伝補闕記』では、用明天皇二年（五八七）の物部守屋にたいして、聖徳太子も加わった朝廷軍との大決戦でも、河勝は軍をひきいて参加し、矢を放って守屋を倒したことになっている。このことは『日本書紀』にはでていないが、守屋との戦に加わったことは充分考えられる。

秦氏は新羅とも関連があって、推古一八年（六一〇）に新羅や任那から使人が都に来たとき、河勝は新羅の使人の導者となっている。

河勝は皇極天皇にも仕え、皇極三年（六四四）に東国の不盡河《ふじがわ》（富士川）のほとりで大生部多《おほふべのおほ》なる者が虫を常世の神として祭る信仰をひろめて混乱がおこったとき、「葛野の秦造河勝が民の惑わさるるを悪《にく》んで大生部多を打ちその巫覡《かむなぎ》らが祭ることをやめた」という（『日本書紀』）。大生部は秦氏支配下とみられるから、氏の結束を固めた行為とみられる。河勝は仏教の推進者でもあったから、虫を祭るようなインチキ宗教は許せなかったのであろう。

正史には伝えられていないが、葛野大堰の築造者は河勝である、とぼくはみている。〝川に勝つ〟という名前は、治水の大事業をなしえたものの誇りをよくあらわしている。名前からも歴史はさぐれるとぼくはおもう。

平安前期に成立したとみられる『聖徳太子伝暦』も、河勝は物部守屋との合戦に加わったとしている。さらに推古一二年（六〇四）八月に聖徳太子が菟途《うじ》（宇治）橋を渡って楓《かつら》（葛）野大堰に幸《みゆき》したと伝える。このときの仮宮の跡に広隆寺の桂宮院ができたと伝えている。この伝承は河勝が築いた大堰を見るため、太子が葛野へ来たということであろう。このとき秦氏親族の富饒と絹絁衣服の美好を、国家の宝としてほめている。

渡月橋と橋頭郷

桂川をへだてて嵯峨の対岸（南）には、和銅年間に行基が開いたという伝承のある法輪寺がある。行基は池を造ったり山背の泉大橋や山崎橋などの橋をかけているから、もし法輪寺を開いたのならその前方に橋をかけたことは考えられる。寺伝はともかく古い名刹で、『枕草子』の二〇八段の「寺は」の項に「壺坂。笠置。法輪（以下略）」とあって、京都近郊の寺の筆頭にあげられている。ちなみに壺坂は奈良県、笠置は南山城にある寺である。

法輪寺は嵯峨の虚空蔵さんとして親しまれ、四月一三日を中心として十三詣が盛んである。ぼくは二〇〇八年三月二九日と四月五日に嵯峨に行ったが、両日とも着物姿の十三詣の少女をたくさん見かけた。舞妓さんのような白塗りの少女とも何人か出会った。

嵯峨の対岸には法輪寺をはじめ松尾大社や西芳寺、さらに桂の里があり、人びとはこの川を渡らねばならなかった。『土佐日記』にあるように、紀貫之が桂川を夜に徒歩《かち》で渡ったことにはすでにふれたが、川歩きは危険をともない、雨で川が増水すると渡れず橋が必要となる。

一般論でいえば、人の往来の盛んな河岸の要衝にはまず渡舟が設置され、次に浮舟を列ねた舟橋となる時期をへて常置の橋が架けられる。

葛野大堰ができると、堰より上流は水深が深くなるから橋は架けにくい。『大鏡』によると藤原道長が大井河で舟遊びをしたとき、漢詩の舟、管弦の舟、和歌の舟に分けたという。どの道にも長じていた大納言の藤原公任が、どの舟に乗るかと尋ねられたところ、和歌の舟に乗ってみごとな歌を詠み三船の誉をとったという。このような舟遊は葛野大堰より上流の深いところでおこなわれたのであろう。

大堰の下流の直下は水勢が激しく、ここも橋は架けにくい。そういう点では、今日の渡月橋の位置は架橋のしやすい場所である。この橋は法輪寺橋とも嵐橋《らんきょう》ともよばれ、渡月橋という名は、嵯峨に住んだ亀山上皇の〝くまなき月の渡るに似たり〟の言葉からついたと伝えられている。

上流（西）から見た渡月橋（堰堤は橋の手前にある）

要するに渡月橋のある場所を中心に、上流でも下流でもそう遠くないところに各時代の橋があったとみている。

『和名抄』の葛野郡の郷名に橋頭郷がある。発音は〃はしもとごう〃と推測される。天平一四年（七四二）一二月一三日に、山背国葛野郡橋頭里の戸主秦調日佐堅万呂《はたのつきのおさかたまろ》の戸口の秦調日佐酒人（年三五）を浄行一五年として、出家することを高橋虫麿が推挙している（『寧楽遺文』中巻）。高橋虫麿は万葉の歌人である。

この文章によって、八世紀の中ごろにはすでに葛野川には橋があって、橋頭の地名が生まれていたことがわかる。

嘉祥二年（八四九）にも「山城国高田郷長解」のなかに「橋頭郷戸主朝原宿禰河雄戸口同姓魚麻呂」の名が見える。朝原宿禰は前にふれたように秦《はた》氏の氏人である。なおこの解文《げぶみ》には、秦恒主、秦春風、秦殿主、秦木継、秦縄子、秦忌寸永岑、秦忌寸広氏、秦忌寸古仁、秦忌寸春成、秦忌寸貞成、秦忌寸滝雄、秦忌寸豊根、秦忌寸弥人などが証人ほかで名を列ねていて、秦氏が嵯峨の地に満ちていたことがわかる（『平安遺文』第一巻）。

このように秦《はた》一族が多いことからも、橋頭郷は今日の渡月橋の渡り口一帯、つまり臨川寺から天竜寺にかけての土地とみてよかろう。残念ながら八世紀のこの橋の名については、今のところ知る手がかりはない。

前にもふれたが、橋脚が木製の橋は一度架けても三〇年から五〇年で傷んでしまう。それに大雨が降ると橋が流される。すぐに架けないと橋のない期間となる。渡月橋もこのような繰返しがあったが、その一々は省略する。今日の渡月橋は、江戸時代初期に角倉了以が架けてから場所は動いていない。司馬さんは『嵯峨散歩』のなかで、渡月橋の項を情熱をこめて書いている。今の橋は昭和七年の出水で流されたあとにできた鉄骨・鉄筋コンクリート製だが、唐橋のような自己主張はなく「ひたすら水平の一線をなしている」。そういわれてみると嵐山の景観に溶けこんでいる。司馬さんは「願わくば渡月橋の寿命の永からんことを」とその項をしめくくっている。ぼくもその願いをこめてこの項を終る。

人生の達人・角倉了以

『京都の歴史を足元からさぐる』の四冊めの、この巻では、古代から現代におよんで京都で生きたりあるいは行動した、じつに多くの人びとを紹介してきた。それらの人びとのなかで、もっとも豪快な生涯を送った人となると、ぼくは躊躇《ためら》うことなく角倉了以《すみのくらりょうい》をあげる。

了以は天文二三年（一五五四）に生まれ、名は与七であった。慶長一九年（一六一四）に六一歳で死んでいるから、織田信長、豊臣秀吉、徳川家康の時代を生きたことになる。もし武士として生涯をおくったとしても、一角《ひとかど》の武将にはなれたであろうが、人を殺したり、まして人びとを殺戮することを生業《なりわい》とするような武士となることには、見向きもしなかった。

了以は広い意味の生産に携わることを生き甲斐にしていた。その生産も田畑を耕して作物を育てたり、蚕を飼って絹を作るというような月並なことではなく、海外（安南、今日のベトナム中部）との貿易であったり、岩だらけの保津の渓谷を舟が通るように改修したり、新たに運河を掘って舟を通す高瀬川づくりなど、他の人ではなしえない難事業を次々に成就させることにあった。そういう意味では事業家であり技術者でもあった。

もう一つはこれだけの人物であるのに、墨で字を揮毫したり和歌を詠むということはあまりなかったようである。ぼくは寡聞にしてそのような遺品に接したことはない。能筆家とか歌人は公家や僧侶からよくでているが、そのような生産性のとぼしい人びとへも了以は関心を示した様子はない。

このように了以は武士（大名）や公家、それに僧侶たちの生き方には目をくれなかった根っからの嵯峨育ちの町衆（人）であり、了以自身は好まなかっただろうが、その財力から富豪とか長者とよばれることもあった。

ただし以上のことは、了以の長男の素庵となると様子は異なる。素庵は父の事業を助けて海外貿易や河川の改修工事にも従事したが、儒学を学び詩文作りや角倉流の始祖とよばれるほどの能書家でもあった。また当代一流の儒学者である藤原惺窩《せいか》や林羅山《らざん》との交流があって、羅山は了以の死後に長文の「角倉了以翁碑文」をよせ、その文を刻んだ石碑は、後で述べるように嵐山の中腹にある大悲閣の境内に建っている。

この碑文は、了以だけでなくその先祖についても詳しく述べていて、この項の執筆に参考にしたところが多々あった。なお碑文は『嵯峨誌』に全文が掲載されている。

慶長期後半に、嵯峨で刊行された豪華な刊行物（本）がある。嵯峨本とも角倉本ともよばれ、光悦本ともよばれたことがあるように、活字や版下の文字を本阿弥光悦が書いたほどの豪華なものである。光悦は本の装丁をも担当したとみられる。

活字というのは木活字である。この印刷には晩年の了以もかかわったとみられるが、素庵の代での刊行物が多い。

主なものだけでも『伊勢物語』『方丈記』『徒然草』『史記』『百人一首』『観世流謡本』など多岐にわたり、文化人としての素庵の面目躍如たるものがある。

嵯峨本は嵯峨の財力、それはいいかえれば角倉家の財力であるが、それとそれまでの嵯峨の地に貯えられてきた文化の底力が生みだしたものといってよかろう。

ぼくの感想にすぎないが、了以の行動の軌跡はどこか古代の秦河勝《はたのかわかつ》と共通している。とはいえ了以の先祖は秦氏とは関係なさそうである。了以の四代前の徳春（姓は吉田）のとき近江の吉田から嵯峨へ移住し、その地が京都の四隅にあった官倉の跡地だったので、しだいに吉田ではなく角倉が姓となった。

近江の吉田とは野洲《やす》郡竜王町にあって、近くには古墳群や七世紀代の雪野寺跡があるなど、開発の古い土地である。吉田家はこの地の土豪で、源氏の佐々木氏の支流といわれている。佐々木氏は古墳時代の佐々貴山公までさかのぼりそうな古い家柄である。

　湖東の地には、古代の秦氏のなかでも勢力のあった依知《えち》秦公がいた。依知（智）は愛知（智）とも書かれ、愛智川のほとりに狛《こま》の井という堰があるというので、一度現地を見に行ったことはある。

　このように近江の愛智の秦氏の繁栄も河川灌漑の成功によった節はあるが、当時のノートが見あたらず、このことは誰かがあとを引きついで研究してほしい。このように了以の先祖の吉田家は系譜上では秦氏にはつながらないが、地縁的には依知秦氏の居住地とも近く、そのことは考えのなかにとどめておいてよかろう。

　了以の先祖は嵯峨で土倉や酒屋を営み、その財力で帯屋の座頭職をも手にいれ、帯の販売権を握るなど莫大な富を築いた。足利将軍に仕えたこともあるとはいうが、武士にはなりきらなかった。了以の父の宗桂は医術をもおこない、天竜寺の僧、策彦周良《さくげんしゅうりょう》にしたがって天文八年（一五三九）に明に渡ったこともある。周防の大内氏が派遣した船であった。

清水寺に納められた角倉船の絵馬
（保育社刊『絵馬』1980年より）

信長や秀吉のときには、了以は家業の土倉や酒屋に専念していたようである。了以は、信長や秀吉が好きにはなれなかったようである。了以が活発な行動を示しだすのは家康が関ケ原合戦に勝利をおさめてからで、合戦の翌年には家康から朱印船貿易の朱印状をうけ、慶長八年には最初の貿易船を派遣している。

角倉家の貿易船は角倉船とよばれ、寛永一一年に清水寺に奉納された角倉船を描いた絵馬はよく知られている。角倉船は幕府が鎖国政策をとるまで一八回派遣されていて、最後の角倉船が帰国したのは寛永一一年だった。なお了以や素庵による安南貿易について、羅山は「角倉了以翁碑文」では触れていない。このことはこの碑文が大堰川を見下ろす大悲閣に建立するため、大堰川の改修を中心にして了以の業績を述べたからとみられる。

大堰川の舟運と和気の吉井川

林羅山によると、慶長九年（一六〇四）に了以はたまたま美作国《みまさか》（岡山県北部）の和計河《わけがわ》で艑船《きょうせん》を見て、どんな川にも舟は通ることに感じることがあって、丹波から嵯峨まで舟を通すことをおもいついたという。艑船は『和名抄』にでていて、小さくて深いものとある。つまり高瀬（太加世）舟のことである。

和計河は和気川、つまり今日の吉井川のこと、川の中流が和気清麻呂の本貫のあった和気郡を通っている。後で述べるけれども、和気清麻呂やその子たちは奥嵯峨ともいうべき高尾に神護寺を建立し、清麻呂の墓も神護寺にある。おそらく神護寺の建立にさいして、備前の和気から人々が労力の提供にきたと推定される。ぼくはまだ清麻呂と了以をつなぐキーワードは見出せないが、了以が岡山の和気河へ行ったことには何か理由があるとみている。

美作国は海のない国である。鉄や各種の織物を産するので、それを都へ運ばねばならない。備前国に方上津《かたがみのつ》という港があって、この港から海路で都へ物資を運んだとみられる。『延喜式』の主税の項に「美作国　一二束。ただし備前国方上津へ運ぶ駄賃五束」とある。米一石の船賃である。

美作国からは吉井川が南流し、和気で流路を南西へと変えて西大寺の南で瀬戸内海に注ぐ。和気で一度荷を下ろし、方上津のあいだの短い陸路を馬で運んだのであろう。

方上は今日では片上と書くが、元は潟上であろう。熊山の戒壇や閑谷《しずたに》学校（聖堂）なども近くにあり、吉備のなかでも文化度の高い土地であった。中世には日本六古窯の一つの備前（伊部《いんべ》）焼の産地にも近く、方上津はその積出し港でもあった。

ぼくは片上という土地に興味をもって、一九六〇年一〇月に泊まったことがある。夜、大阪の研究会に出たあと、終電車で片上に着いた。まっ暗の町のなかを探して、予約してあった旅館へついた。夜食にしようと大阪で買っておいたフグ寿司の包をあけると、アンモニアの臭いがしたことをよく覚えている。翌日、港を見てから伊部で窯址を歩いた。熊山戒壇や閑谷学校へは後日に行ってみた。

大堰川の改修については後で述べるが、開削に成功したあと、了以は備前国和気郡浦伊部村（備前市）へ行って船頭一八人を嵯峨へ招請したといわれている。最初、船頭は八月から翌年の四月まで嵯峨の弘源寺に滞在して操舟していたが、天竜寺の塔頭《たっちゅう》、大雄寺の跡地に移住してきたという。これが今日の角倉町である。このことは『嵯峨誌』に詳しい。

丹波から丹後に流れる由良川は舟運が盛んで、丹波の高瀬舟を神泉苑に送ったことについてはすでにふれた。高瀬舟は丹波にもあったのに、備前国の和気の地を流れる吉井川に了以が終始こだわったことについても、さらに考える必要がある。吉備は河川交通が発達し、とくに高梁《たかはし》川の水運は名高い。

川の中に川を造る

角倉了以より前にも『延喜式』の木工寮の項でみたように、保津峡を筏《いかだ》で流して丹波の木材や加工材を運ぶことはおこなわれた。筏には人（筏師）がのって操るのだから、時には岩にぶつかって命を落とすことがあったと推測される。

それと平安時代には丹波国に高瀬舟を造る技術はあった。このことは元慶八年（八八四）に、神泉苑で使う高瀬舟を丹波国で造らせていることからわかる（『三代実録』）。

丹波では由良川のほか、船井郡や桑田郡にかけての盆地部分の大井川上流で、舟運がおこなわれていた形跡はある。

ところが角倉了以が保津峡の改修工事をすれば舟運が可能になるとおもいつくのは、岡山県東部の和気川（吉井川）の舟運を見たことがヒントになったと伝えられているし、大井川の改修後に保津峡の舟運にたずさわらせたのは、岡山から招いた和気川沿いの浦伊部の船頭たちであった。このことは嵯峨のもつ歴史的な伝統とかかわりがあるとみているが、今のところは解けない。

以下、保津峡の改修については林羅山が執筆した「角倉了以翁碑文」によることとする。

了以は慶長九年に美作国の和計河（和気川、吉井川のこと）で、艜船（高瀬舟）をみて「百川みな舟を通すべしと思い、嵯峨に帰り大井川をさかのぼって丹波の保津に至り、その路（ルート）

大悲閣下方での保津峡

を見て湍（早瀬）と石は多いけれども舟を通すことができる」と確信した。

翌年に子の玄之（素庵）を江戸の幕府に遣わし、「（大井川は）古《いにしえ》より舟を通すことはなかった。今通し開くことを欲す。これは二州（山城と丹波）の幸である」と申請して許可された。このころ家康は二条城の造営に着手していたから、山城での材木の入手の必要なことをよく知っていたのであろう。

ところで川の改修といえば漠然としているが、舟を通す目的での改修は川の模様替えであり、川の中にもう一つ川を造ることである。高瀬舟の場合は、上りと下りですれ違うことを考えても、川幅が五～六メートルあれば事足りる。つまり川全体を舟が通るようにする必要はなく、高瀬舟が通る幅だけの水路を確保すればよい。

以上のことはぼくにも長いあいだ実感はなかった。ところが東海地方に関心をもち始めて間もなく、国名の三（参）河に注目した。全国の国のなかで川のつくのは稀であり、三河とは川に敬称をつけた美（御）川からでているのではないか、という説のあることを知った。

原、野、山、浦、潟、国などに敬称の美（御）をつける場合があって、美（御）を三に書き替えることの多いことに気づきだした。三原、美野、美山、三浦、御先（岬）、三国などであり、三川として御または美の敬称をつけた川にも関心をもった。それは矢作《やはぎ》川とみて間違いなさそうである（『東海学事始め』）。

矢作川では舟運が発達していて、たしかに川の中に舟の通る幅だけにもう一つの川が掘られている。もちろん川の水が多いときにはこの水路は見えない。だが舟はそこを通る。まだ時代を追って人間が手を加えた経過をたどる必要はあるが、矢作川の舟運の発達が流域全体の経済力を高めた。ことによると、この川の流域で徐々に力を貯えた徳川氏にとっても、矢作川の果たした力は大きそうである。徳川政権は矢作川の恵みのおかげで生まれた、とする側面を見落としてはいけない。

このような河川交通の具体例をみると、了以のおこなった大井川、とくに保津峡部分の改修とは川の中にもう一つの川、つまり水路を開くことにあった。

了以は慶長一一年（一六〇六）の三月から大井川の改修を始めた。〝水路とすべき場所の大石を除くため轆轤《ろくろ》を用いて大石を動かし、水中にある大石は浮楼《うきろう》を構えて、先端を鋭くした大きな鉄棒に縄をつなぎ数十人で引揚げてこれを投下し、石をことごとく砕いた。水面に出ている石は烈火で焼き砕いた。河の広くて浅いところは石を帖《ちょう》（集め）して狭め水を深くした。また瀑（滝）あるところはその上を鑿《ほ》って下流と準平にした〟。烈火とは強烈な焚火のこと、火薬ではなかろう。

保津峡は急峻な地形がつづき、渓谷は蛇行を繰返し総延長は一二キロある。この工事を了以は五ヶ月で完了させている。神技というほかない。このことには了以の指揮能力もさることながら、長年にわたって土倉や酒屋業、さらに安南貿易によって貯えられた富を放出したことにもよっている。

了以の終焉の地、嵐山の大悲閣

保津川の改修工事の終った翌年の寛永一二年（一六三五）には、了以は幕府の要請によって甲斐国から駿河国へと流れる富士川に舟を通す工事をおこない、成功している。

羅山はそのことを、

富士川に船を通す。駿河の岩淵より舟をひいて甲府に到る。山峡の洞民（山の民）いまだかつて舟あるを見ず。皆驚ていう。魚に非ずして水を走る。恠《あや》（怪）しきかな恠しきかな。胡人（中国西方の人）舟を知らざると何ぞもって異ならん。この川（富士川）はもっとも嶮にして嵯峨より甚だし。しかも艝を漕ぎて通行す。州民大いに悦ぶ

とある（「角倉了以翁碑文」）。富士川舟運が甲州の物資の運送を可能にし、幕府を益したことは大井川よりもまさった。

このあと了以は、信濃から遠江に至る天竜川でも、舟運工事が可能かどうかの視察をした。さらに高瀬川の掘削に着手しこれも終えた。その直後に病をえて、大井川の千鳥ケ淵を見下ろす嵐山の中腹に営んだ大悲閣で六一歳の波瀾の生涯を終っている。慶長一九年七月一二日だった。

了以は晩年に二尊院の僧に帰依し、二尊院の近くにあった千光寺を再興して嵐山に移築し、そこで余生をすごすことになった。千光寺は了以のころは天台宗だったが、のち黄檗宗《おうばくしゅう》となり現

在に至っている。よく知られた大悲閣はこの寺の建物の名である。なお了以の墓はすでに述べたように二尊院境内にある。了以は嵯峨で育ち嵯峨の地に葬られたのである。

大悲閣の本尊は千手観音像だが、脇の建物に、了以の死の直後に、その遺命で造った了以の像が安置されている。

大悲閣に祠られている角倉了以の像

片膝を立て、質素な僧衣を身につけ両手で石割斧の柄を持ち、工事用の荒綱を巻いた上に座り、鋭い目で大井川を見据えている。

司馬さんはこの像を見て「独立不羈《ふき》を感じさせる」といっている。倜儻《てきとう》不羈《ふき》は、司馬さんが自らの理想とした節のある言葉である。権威や権力にみじんも屈することのなかった強靭な生きざまがよくあらわれている。京都にのこる数多い人物像の、まさに白眉とぼくはみる。

何年か前の夏、高瀬川のほとりの「角倉了以翁顕彰碑」の建つ場所（三条と四条の中間）で、千光寺の僧が了以の像をご開帳していて、了以の功績を集まった人たちに説いていた。ぼくはよく陽のあたるところでこの像をしばらく見せていただいた。了以の像も薄暗いお堂から洛中にでかけることができて気持ちがよかったことだろう。

大悲閣へは渡月橋を渡って保津川の右岸にそって小型車でも通りにくい細い道を上流へ歩き、茶店のあるあたりで山へ向かって石段を約二〇〇メートル登る。この登り口に大きな石碑が建っている。

花の山　二町のぼれば　大悲閣

明治一一年（一八七八）に大悲閣の登り口の道標として建てられ、俳句の作者は芭蕉と伝えられているが、よくわからない。文学的にはいまひとつの句だが、歯切れはよい。急な山道で、途中にも句碑があちこちに建っている。

千光寺には保津峡を見下ろす崖のふちに、了以の木像を祠る大悲閣（了以堂）があり、その山側に林羅山の「角倉了以翁碑文」を刻んだ石碑が建ち、山側に小さな本堂があって千光寺の本尊の千手観音立像を祠っている。了以堂より下に鐘楼があって、鳴らすとよい響が山々にひびいた。さらに江戸初期の儒学者、堀杏庵《ほりきょうあん》が文を作った「角倉素庵翁碑文」を刻んだ石碑も立っている。

大悲閣の対岸へは渡し舟で渡った。嵯峨の船頭さんが棹《さお》をあやつって渡してくれた。客がくれば一人でも乗せてくれる。

了以や津崎村岡の銅像と周恩来の詩碑

天竜寺へと通じる坂道を上ると嵐山公園に角倉了以の銅像がある。これより少し高いところに嵯峨で生まれ幕末に活躍した津崎村岡《つざきむらおか》（局《つぼね》）の銅像がある。

了以の銅像は大正元年に建てられたが、第二次世界大戦で資材として徴用され失われた。昭和五三年（一九七八）に再建され今日に至っている。大悲閣の了以翁像をモデルにしているが立像に模様替えしている。

津崎村岡の父は大覚寺門跡に仕えていた。矩子《のりこ》が本名で、村岡は通称である。近衛家の老女であったが、西郷隆盛らと交流があった。

安政大獄では勤皇派として捕えられたが放免され、嵯峨の直指庵《じきしあん》を再興して、そこで余生を送った。墓も寺の裏山にある。村岡は了以とはまったく違った人生を送ったとはいえ、性根の据わった女性で、その銅像が了以翁の近くに建てられていることには、それだけの理由があるとみてよかろう。

嵐山（亀山）公園にたつ角倉了以の銅像

嵐山公園に大堰川の畔から登って間もなく、その右手の松林のなかに大きな自然石の碑がある。中国の周恩来の「雨中嵐山」と題する詩が刻まれている。この詩は一九一九年に日本で遊学中の周恩来が、二度めに嵐山を訪れたとき詠んだものである。

一九一九年といえば、ぼくが生まれるより前のこと、周恩来は二一歳だった。そのころは孫文や魯迅など、日本に来て活力をえた中国人がかなりいた。先ほど遊学としたのは、ある大学

嵐山公園にたつ「雨中嵐山」の碑

で卒業することは考えず、周恩来にしても、京都大学で河上肇の講義をきくために京都に来ていたのだった。戦後に中華人民共和国が誕生して総理となり、その有能ぶりはその死後も語りつがれている。

この碑は一九七八年一〇月に日中友好条約の締結記念として建立された。この詩が文学的にどのように位置づけるかは別にして、最後の一節にはずしんとくるものがある。

人間的万象真理　愈求愈模糊
模糊中偶然見着一点光明
真愈覚姣妍

人間のもろもろの真理は求めようとすればいっそう模糊とする
（だがそれをくりかえすうちに）模糊としたなかにふと一点の光明を見出せる
これこそ本当にあでやかで美しい

ぼくも長年にわたって、模糊としたもろもろのなかから一点の光明を見出すための努力をつづけてきた。だがその光明にたどりつくと、それは「姣妍」の二字でしかいえないほど心地よいものである。周恩来はすぐれた思想家でもある。

草創期の法輪寺をさぐる

渡月橋を南へ渡って、すぐ前の嵐山の中腹に本堂のあるのが法輪寺である。嵐山の頂には一六世紀の初頭に細川政元の被官、香西元長《こうさいもとなが》の築いた嵐山城の遺構がある。存続の短い城だった。

手始めに、法輪寺とよばれだすより前の寺をさぐろうとおもうが、そのために今まで頻繁に用いた渡月橋という言葉が邪魔をする。この橋の名は伝承どおりとすると、鎌倉時代より前にはなかった。大井川に架かる橋だから、仮に「大井橋」として記述を進めよう。

もう一つの留意点は、現在嵐山の中腹に本堂のある法輪寺は、あくまで法輪寺になってからで、この寺の前身の葛井寺は嵐山の麓、いいかえれば仮称「大井橋」至近の地にあったことも考えにいれておく必要がある。その二点に留意しながら法輪寺へまず行ってみよう。

法輪寺へ詣るには正面の石段を登るのが普通だが、正面より少し西側の渡月橋を渡ったところにある裏口から、細い山道をたどるのも景色をよく見るためには勧めたい。

裏道を登っていくと、本堂につく少し手前に展望台があって、ここからはかつての平安京の全貌を一望のもと視野におさめることができる。平安京の北西にある双ケ丘《ならびがおか》の側面もよく見え、一の丘、二の丘、三の丘よりなる双ケ丘を手にとるように眺められる。さらに平安京の近郊までがパノラマを見るように観察でき、ここまで登ってきた苦労を忘れてしまう。

法輪寺の展望台からの風景（前方に双ケ丘が見える。）

すでに述べたように、『枕草子』では京都とその近郊にある寺の筆頭に法輪寺をあげている。とはいえ平安前期より以前のこの寺については史料では確かめにくく、寺伝と寺の景観、とくに仮称「大井橋」との位置関係などからさぐるほかない。以下、史料が乏しいことは覚悟のうえそれを試みよう。

寺伝では和銅六年（七一三）に僧行基が創建し、そのときか少し後のことかはともかく、葛井寺といったという。和銅六年といえば行基は四六歳、各地に道場（寺）や布施屋《ふせや》（簡易な宿泊施設）の建立をおこなう活動を始めた時期である。

葛井は藤井とも書く。古代で名高いのは百済系の渡来集団の葛（藤）井氏である。先祖は百済の王族の王辰爾からでて、葛井・船・津の三氏に分かれた。船氏と津氏はその得意とする職掌からついた氏名である。

本貫はいずれも河内の古市郡や丹比《たじひ》郡にあり、さらに先祖の墓地域（野中寺《やちゅうじ》の南の寺山）を共有していて、古墳研究のうえからも注目されている。葛井氏の本貫の地は南河内の藤井寺で、現在では藤井寺市の名ともなっている。

このように葛井、船、津三氏の結束は固かったが、延暦九年（七九〇）に津連《つのむらじ》真道《まみち》が菅野朝臣真道となるころから差がひらきだした。真道は桓武天皇の信頼が篤く、平安京遷都後は参議になるなど、政界に重きをなした。〝洛東の巻〟でもふれたが、山城国愛宕郡八坂郷に雲居寺を建てたように京都へ移住していた。

津氏の出世にくらべ葛井氏や船氏ははかばかしくなく、延暦一〇年に葛井連《むらじ》と船連は懇願して宿禰《すくね》をなのることが許された。それ以来、平安京とその近郊に移った葛井氏に属する者で、中級や下級の役人となった者が史料のうえに輩出しだした。なかには葛井宿禰豊継のように、造東寺次官となる者もいたし、女子でも、平城天皇の第一皇子の阿保《あぼ》親王の母となる葛井宿禰藤子がいた。

このように葛井氏の山城への進出を見ると、法輪寺の前身の葛井寺が葛井氏と関係するのではないかとする疑いはあるが、次に述べるようにその可能性は少ない。

葛井寺は葛野大井寺の略称か

ぼくが注目するのは法輪寺が渡月橋のすぐ前にあるということで、おそらく法輪寺の前身の葛井寺も仮称「大井橋」至近の場所にあったとみられる。八世紀にもこの地に橋のあったことはすでに述べたし、その名が「大井橋」だった可能性は高い。

行基は畿内の各地に橋を架け、橋のたもとに寺を建てている。南山城の泉川（木津川）では、今日の国道二四号線が木津川を渡る至近の地に天平一二年（七四〇）に寺を建てた。泉橋院、泉橋寺あるいは橋寺という。西山城の大山崎町では、淀川に山崎橋が架けられた。神亀二年（七二

法輪寺の多宝塔

五）に行基がここに来たとき、川のなかに木柱が立っていた。村人に尋ねると、道昭（船氏出身）が架けた橋だが今は廃絶しているということで、ここに山崎橋を架け、かたわらに山崎院を建てた。

行基が建立した四九の道場（寺）は『行基年譜』に列挙されているが、そのなかには池や船息《ふないこい》（津）あるいは橋など、交通や産業活動にとっての要地に営まれたものが目につく。

ここからはぼくの推理になるが、葛野の大堰（井）の至近の地に橋が架けられたとすると、その橋は大井橋とよばれていた可能性がつよく、そのかたわらに道場（院）を営んだとみられる。

そういう目で『行基年譜』を見ると、天平三年（七三一）で行基が六四歳のときに山城国葛野郡に大井院の記載がある。その名称からみて大堰（井）か「大井橋」の至近の地にあったとみてよかろう。そうなると法輪寺となる前の草創期の寺の名が葛井寺とあるのは、「フジイデラ」ではなく「葛野《かどの》大井寺」を縮めたのではないか、というのがぼくの試案である。葛野川も縮めて葛河と書くことがある（『三代実録』仁和三年八月二十日の条)。
その寺はごく小規模なもので、今日の法輪寺の登口付近の平坦地にあったかとみられる。これは行基の建立した多くの寺の立地条件からの推測である。なお天竜寺境内の発掘で、奈良時代末ないし平安前期の「大井寺」の陽刻文字のある唐草文の平瓦が出土していて、注意される(『京都嵯峨野の遺跡』京都市埋蔵文化財研究所一九九七)。

天竜寺境内出土の大井寺の字のある平瓦(復元)

道昌と法輪寺

平安前期に道昌という僧がいた。俗姓は秦氏だが讃岐で生まれた。秦氏は同族が全国的規模で分布しており、古代日本の氏族のなかでは一、二を争う大氏族であった。

道昌は奈良の寺々で仏教を学んだあと、空海の教えをうけるようになった。仁明天皇が清涼殿で法会をおこなったとき、しばしば導師を務めるなど天皇の信頼も篤かった。

承和年間(八三四~八四八)に大堰川の堤防の修築をおこない、そののちも大堰川の洪水を防ぐため葛野大溝の流れを分けて広隆寺水路を開いたという。このとき広隆寺の本尊の薬師如来に祈って成功したと伝える。このころ道昌は広隆寺の別当をしており、葛野大溝の潅漑範囲を北へ拡げたのであろう(『広隆寺来由記』)。また広隆寺の再興にも務めたという。

このように道昌は秦氏の出自ということもあって、嵯峨の地との関係が深まり、天長六年（八二九）に道昌は空海の指示をうけて、葛野大井寺、つまり葛井寺で虚空蔵法を修し、その像を感得して像を刻んだ。それほど大きくはない坐像と伝えられている。さらに山腹を開いて堂宇を建て、寺の名を葛井寺から法輪寺に変えたという。貞観一六年（八七四）のことだと伝えている。

道昌の建立した法輪寺には参詣する人びとが増え、すでに引いたように、清少納言も『枕草子』で都とその周辺の寺の筆頭にあげるほどになった。『梁塵秘抄』の「霊験所歌」のなかで「何れか法輪へ参る道」と詠まれ、法輪寺が霊験所としてあらわれている。

道昌は法輪寺への参詣人の便のため、「大井橋」の復活をはかり橋を架けた。この橋は法輪寺橋とよばれるようになった。

法輪寺橋はその後も興廃をくり返し、文明一一年（一四七九）に天竜寺の景徐和尚が橋を架けるための勧進をおこなった。

景徐が草した勧進帳では、道昌の業績にふれ、とくに大井川への架橋のことを述べたなかに次の一節がある。

人びとが「不図《はから》ざりき今日行基菩薩を見奉らんとは。（中略）道昌と行基とは相去ること八十六年、それ橋をかくるは八福田《ふくでん》中第一の福田なり」とある。

福田とは、仏教の功徳を積むにさいして父母や貧者のためになることをおこなう方法である。このあと天竜寺を建立した夢窓国師も大井川に橋を架けたことにふれ、応仁の乱で焼失した橋の勧進を訴えている（「眞乗院文書」）。

景徐が一時失われていた渡月橋を架けようとして勧進をしたとき、その橋を昔に架けた人のうち行基と道昌の先例を大きく称えている。このことは嵯峨ではこの二人の業績が語り伝えられていたとみられる。

それとぼくが推理したように、法輪寺前身の葛井寺は葛野大井寺であって、その設置目的は泉川の泉大橋にともなう泉橋寺、淀川の山崎橋にともなう山崎院と同じく、大井川に架けられた大井橋（渡月橋の前身）にともなう大井院であろう。

以上のことを書けたのは、法輪寺に詣って虚空蔵さんを拝んだこと、つまり土地勘をえたことが原因であることは間違いない。知恵を授かるのは十三詣の少年少女だけではなかったのである。法輪寺は不思議な寺である。毎年二月と一二月に、裁縫の上達を祈って針供養がおこなわれている。糸を通した針を大きなコンニャクに刺して、虚空蔵菩薩に供えて祈る行事である。この行事の起源については調べていない。

もう一つは、漆器製作に携わる人びとが虚空蔵菩薩を漆器製作の守護仏として信仰していることで、その由来を述べる石碑が展望台の近くにある。いずれも虚空蔵への信仰から派生したものとみてよかろう。

大井川の畔にある亀山殿

天竜寺は足利義満のときには、五山の第一位となったことのある臨済宗の大寺である。葛野大堰の北東に広大な敷地をもっている。北には野宮神社があり、南方すぐ前には大堰川が流れ、水面の向こうには嵐山がせまっている。西方には小倉山から延びてきた亀山があり、東方には渡月橋へと続く長辻通があり、古くからの嵯峨の町並みが展開する。

このような絶景の地であるから、平安時代から天皇（上皇）や皇族の別邸あるいは寺としてよく利用されてきた。

嵯峨天皇の皇后橘嘉智子《かちこ》は、この地の秦《はたの》忌寸《いみき》家継や安麻呂らの協力をえて、檀林寺を建立した。おそらくその土地も、元は秦氏一族の所有地だったとみられる。檀林寺は長くは存続せず、そののち後嵯峨上皇の仙洞（院の御所）となり嵯峨殿とも亀山殿ともよばれた。

『古今著聞集』巻八の「好色」の項にこの御殿について、

大井の山庄（荘）を仙宮（仙洞と同じ）にうつしおはします。造営の事は権大納言実雄卿のさたとぞ聞えし。水の心ばへ山のけしき、めづらかに面白き所がら也。東は広隆寺ときはの森、西は前の中書王のふるき跡、小倉山の麓、わざと山水をたたへざれども自然の勝地也。南は大井河遥に流れて、法輪寺の橋斜也。北は生身二伝の釈尊清涼寺におはします。眺望よも（四方）にすぐれて仏法流布の所也。

とあり、このような御殿の四至《しいし》については『増鏡』の「雲の巻」にも描かれていて、寝殿のほかに薬草院のあったことなどがわかるが省略する。先の文中の「前の中書王のふるき跡」とは、醍醐天皇の皇子の兼明親王の邸があったことをいっており、この人が小倉親王とよばれたのはその邸の地名からついたことである。

亀山殿の建物についてはすでに現存するものはなく、その一々は煩雑になるので略す。大井川のほとりにあって、その水を庭園に引いていたという記事が『徒然草』第五一段にあるので見ておこう。

亀山殿の御池は、大井川の水をま（撒）かせられんとて、大井の土民におほせて、水車をつくらせられけり。多くの銭を給ひて、数日に営み出だしてか（架）けたりけるに、大方めぐらざりければ、とかくなほしけれども、終にまはらで、いたづらに立てりけり。さて、宇治の里人を召して、こしらへさせられければ、やすらかに結《ゆ》ひてけるが、思ふやうにめぐりて、水を汲み入るる事、めでたかりけり。万にその道を知れる者は、やんごとなきものなり。

とあって、嵯峨の村人が水車には不馴れであったことがわかる。

宇治の西方の久御山町に、一口《いもあらい》という土地がある。『吾妻鏡』では承久の乱のとき、宇治や芋洗で合戦があったと記している。一口は芋洗とも書くように、水流によって車状の箱を回転させて里芋の皮を剥く小型の水車のことで、水田の横を流れる溝に架けられている。

宇治の水車のことは知らないが、南山城の農村が水車の原理を知っていたことを示す地名とおもうので、ここにメモしておいた。ぼくは一口というものがわからず、富山県や福井県で見てまわり、それを書いたことがある（『続 食の体験文化史』「里芋」の項）。

後嵯峨天皇の子の亀山天皇も、上皇になってから亀山殿で暮らし、死後には諡号にも亀山の地名をつけられた。それればかりか陵も亀山の麓にあって亀山陵とよばれている。この地には後嵯峨天皇の陵もあるのだが、このほうは嵯峨南陵とよばれている。このように亀山の地は上皇となった天皇の仙洞とともに陵のある土地でもあった。なお後嵯峨上皇は文永の役を、亀山上皇は弘安の役の国難をきりぬけた上皇であり、平穏な一生というわけではなかった。

亀山殿は亀山天皇の子の後宇多天皇、さらにその子の尊治《たかはる》親王（のちの後醍醐天皇）も親王時代を過ごした。

後醍醐は足利尊氏の協力もあって、天皇家宿願の鎌倉幕府を倒すことには成功した。だが北条氏再興のため、北条高時の子の時行がおこした中先代の乱を平定する名目で、尊氏は鎌倉入りをして、そこで後醍醐に反旗をひるがえし、南北朝の対立をまねく原因となった。中先代の乱で西園寺家が加担していたことについては前にふれた。後醍醐天皇の建武の中興というけれども、天皇と尊氏では鎌倉幕府を倒す意味、さらに倒したあとに実現させたい体制には大きな違いがあったのである。

暦応寺から天竜寺へ

後醍醐天皇は失意のうち、逃避先の大和の吉野で死んだ。五二歳であり南朝年号では延元四年（一三三九）、北朝年号では暦応二年であり、同じ年に異なった年号のあるちぐはぐの時代であった。

この混乱期に夢窓疎石《むそうそせき》（夢窓国師）という高僧がいた。建武の新政より前に後醍醐に請われて南禅寺に入り、建武の新政下では、一時、南禅寺と大徳寺が五山の第一位となったこともあった。

後醍醐が京都を追われて吉野へ逃れたころ、すでに北朝の光明天皇から尊氏は征夷大将軍に任じられていたが、尊氏は夢窓に弟子の礼をとるほど強く帰依した。このように夢窓は後醍醐からも、尊氏からも信頼されていた。そればかりか鎌倉幕府の最後の執権となった北条高時に請われて、鎌倉の円覚寺にも入ったことがあった。

夢窓は後醍醐の死の直後に、その菩提を弔うため尊氏と弟の直義に寺の建立を進言した。北朝の光厳上皇から亀山殿をいただき、暦応資聖禅寺の名で夢窓を開山として建立することになった。

寺名の暦応は北朝の年号であり、年号を寺の名としていた延暦寺から激しい抗議をうけ、天龍資聖禅寺、略して天竜寺ができることになった。結果的には、後醍醐の菩提のために建立した寺に、北朝年号がつかなかったのは、後醍醐のためによかったとおもう。

天竜寺の中門

天竜寺の建立の発端や盛大な落成供養の様子は、『太平記』巻第二四に詳しく書かれている。そのなかで面白くおもったのは、夢窓の夢に吉野の上皇（後醍醐）があらわれ、亀山の行宮《あんぐう》（亀山殿）に入られるところを見たことであるし、亡くなられた後にも夢窓は後醍醐が大井川の畔を逍遥しているところを見て、この地に聖廟をつくることをおもいつき、尊氏らに勧めたという。このことから後醍醐にとっても嵯峨、とくに亀山の地には執念が強かったことがわかるのである。

天竜寺建立と五百年後の付け

今述べた天竜寺建立の経緯は、高等学校の日本歴史の教科書にもでている歴史事実だが、よく考えるとしっくりこない点がある。

後醍醐と尊氏は一時的には手を結んだかにみえた。尊氏はもと高氏といった。鎌倉幕府を倒した功績から、後醍醐の尊治の一字をもらって尊氏に変えた。だがこのような蜜月の期間は一年ほどしか続かず、すでに述べたように尊氏は建武の新政権に謀反をおこした。尊氏は鎌倉幕府に代わる武家政権（延元元年以後の室町幕府）をつくりたかったのである。

このように鎌倉幕府を倒すことには、後醍醐と尊氏は一時行動を同じうしただけであって、新体制づくりでは相いれないものがあった。だから京都を追われて吉野へ去った後醍醐にとっては尊氏は許しがたい存在であり、死後に寺を建てたぐらいではその怨怒を鎮めることはできなかったとぼくはみる。

延元四年（一三三九）に後醍醐は吉野で死をむかえた。苦しい息のなか遺言を述べ、死後には秦の始皇帝のように墓へ珍宝を副葬することは一切望まないことなどをいったあと、「只生々世々ノ妄念トモナルベキハ、朝敵ヲ悉滅亡シテ四海ヲ泰平ナラシメント思計《ばかり》ナリ」と述べ、さらに「玉骨ハタトヒ南山ノ苔ニ埋ルトモ、魂魄《こんぱく》ハ常ニ北闕ノ天ヲ望《のぞま》ント思フ」と遺言した。遺言のなかの南山とは吉野山、北闕とは北方の宮城、つまり京都の御所のことである。

この遺言どおりに、吉野山の麓の蔵王堂の東北の林の奥に、数尺の土墳を営んで後醍醐は葬られた（『太平記』巻第二一）。この陵は塔尾陵とよばれている。

後醍醐の死は北朝側にも伝わった。室町幕府は政務を七日間止めたが、朝廷は止めなかった。このことからも、尊氏は後醍醐の死にたいして礼を尽くそうとしたことがわかる。

このあと夢窓の進言によって、天竜寺の建立となるのである。この寺は康永元年（一三四二）

上棟となり、翌年には山門、法堂《はっとう》などが完成し、さらにその翌年には後醍醐を祠る聖廟も完成し、後醍醐の七周忌にあたる康永四年（一三四五）八月一六日に落慶法要がおこなわれ、禅の大寺としての天竜寺ができた。応永年間（一三九四〜一四二八）には子院が百十余ケ寺もあったといわれている。

ここまでは事件の経過としてはわかるが、尊氏と直義の兄弟が敵対した後醍醐のために、後醍醐の死の直後に寺を建立した。この行為は美談というより勝者の驕《おごり》の気持ちのあらわれとぼくはみる。後醍醐の魂魄《こんぱく》は、天竜寺の建立によっていっそう激しくなることはあっても鎮まることはなかったであろう。この点、傑僧とはいえ夢窓の考えにも無理があったのではなかろうか。

薩摩軍によって焼払われた天竜寺

幕末の京都は朝廷と江戸幕府との関係によって刻々と動揺した。長らく攘夷を基本方針としていた朝廷は、突如、開国を唱える幕府と協調しようとする公武合体の方針に変えた。このため攘夷の中心にあった長州藩を御所から遠ざけた。文久三年（一八六三）のことである。

翌年の元治元年（一八六四）になると、長州藩では武力で御所に押しかけ、朝廷の基本方針の撤回をはかった。それに先立ち六月二八日、突如として長州の軍勢約千人が天竜寺に押しかけ、有無をいわせず寺を接収してここを京都攻撃の拠点としてしまった。僧はすべて寺の外へ出されたという。

七月一九日の深夜、本陣で法螺貝が吹かれると武士たちは法堂前に集まり、ことごとく出陣し、三百両を謝礼としておいたという。

長州藩の軍隊は天竜寺を深夜にでたあと御所へ向かい、御所を守っていた会津藩や薩摩藩の兵士と戦い、激戦ののち長州藩の軍隊が敗れた。この事件を禁門《きんもん》の変とも蛤御門の変ともいう。蛤門は烏丸通に面して建っていて、今も当時の銃弾の跡がのこっている。

この武力衝突は京都の町にも被害がおよび、「どんどん焼」といわれる大火災となり、上京と下京とで二万七千余の家が火事で失われた。

午前八時ごろから敗れた長州兵が三々五々帰ってきたが、寺では門を閉ざして入れず、敗戦の兵らは渡月橋を渡って山崎のほうへ立去ったという。天竜寺では長州藩勢の退去とともに、境内を掃き清めるなど平常の姿にもどした。

だが翌二〇日の朝になると、薩摩藩の兵士が襲ってきて長州人打払と称して山内を捜索し、さらに荷車で倉にあった米や寺の什器をも略奪して、薩軍の本陣のあった相国寺へ運び去った。ところが事はそれでは終らず、一一時ごろに大砲数門を発射して法堂、客殿、方丈、聖廟はもとより多くの子院も焼失してしまった。

薩摩藩勢のこの行為は論外の暴挙ではある。とはいえ尊皇攘夷の浪士らによって、文久三年に等持院に祠っていた足利尊氏らの木像の首が切られて「鎌倉以来の逆臣」として三条河原にさらされたことがあった。

このことからもわかるように、足利尊氏には勤皇心のある武士からは許しがたいものがあって、天竜寺への怒りが爆発する遠因となったとぼくはみる。だから天竜寺が後醍醐の冥福を祈る寺としてより、足利尊氏と直義が建立したという事実のほうが、建立後五〇〇年余りしてその付けを払うことになったのであろう。なお元治元年六月から七月におよぶ天竜寺の災難は、『嵯峨誌』の巻末に「寿寧院住職手記」として掲載されている。

天竜寺船とその後の策彦《さくげん》による渡明

天竜寺といえば、寺の造営費調達のため元へ貿易船を派遣した天竜寺船が名高い。この先例としては鎌倉幕府が執権北条高時のとき、建長寺と勝長寿院（ともに鎌倉）の造営費調達のため元へ派遣した建長寺船がある。

天竜寺船は夢窓疎石の発案のもと足利直義がことにあたり、商人至本（本名不詳）を綱司《ごうし》（貿易船の中国人船主にたいする日本側の呼称）にして実現した。至本は帰国すると五千貫文を天竜寺に納めることを約束し、暦応四年（一三四一）に出帆した。

天竜寺船の派遣はこの一回で終ったが、貞治六年（一三六七）に高麗使が来日したとき天竜寺に滞在し、足利義詮が延接している（『善隣国宝記』）。このように天竜寺は外交に長《た》けた寺とみなされたようである。

中国では一三六八年に元が滅亡し、朱元璋が明《みん》を建国した。この明にたいして、周防の大名大内義隆は幕府の承認のもと天文八年（一五三九）に遣明船をだした。このさい副使となったのが天竜寺の策彦周良《さくげんしゅうりゅう》である。このときの遣明船は三隻からなり、嵯峨の医者の吉田宗桂が随行したことについては前にふれた。宗桂は角倉了以の父である。

大内義隆は天文一六年（一五四七）にも遣明使を出し、このときは天竜寺の策彦を正使としている。このように策彦は二度も明に渡っていて、多数の絵画や陶磁器をもたらし、天竜寺に伝えられている。

天文年間の二度にわたる遣明船については、小葉田淳の『中世日支通交貿易史の研究』に詳しい。平安時代に恵運がとった航路と同じく、博多から五島の奈留浦を経由して江南の寧波に至っている。

策彦は学僧であり、杭州の西湖を訪れたときに作った「晩過西湖」の詩は、中国でも有名になったという。二度めの渡明の帰国にさいして、寧波の港での船上の策彦一行を海岸で見送る中国人の姿を絵師野泉が描いた「策彦帰朝図」は、天竜寺の塔頭妙智院に伝えられている。この絵の上部には寧波の文人方梅崖が送別の辞を書いており、当時の日中交流を知るうえでも貴重である。なお策彦は「入明記初渡集」と「再渡集」をのこしていて、妙智院に伝えられている。

日明貿易では日本からは硫黄、銅、刀剣、蒔絵などがもたらされた。このうち硫黄は薩摩の産物であった。〝日本には鉱物資源がない〟とおもいこんでいる人は少なくない。しかし歴史的には金、銀、銅、鉄、鉛などの産額は、当時のアジアでは傑出していたのである。

中国からは銅銭、陶磁器、絹織物、書籍、薬品などがもたらされた。船来の品物にたいして異常な憧れをもつのは現代人にも少なくはない。

天竜寺建立より少し前のことだが、兼好は舶来品について痛烈な批判の言葉をのこしている。

　唐の物は、薬の外は、なくとも事欠くまじ。書《ふみ》どもは、この国に多くひろまりぬれば、書きも写してん。唐土舟のたやすからぬ道に、無用の物どものみ取り積みて、所狭く渡しもて来る、いと愚かなり（『徒然草』第一二〇段）。

兼好のころは、薬はよかったらしい。その薬にしても、最近は日本へ旅行にくる中国人が漁《あさ》るようにして買っていくのが薬と化粧品だという。それはともかく兼好の判断力にぼくは喝采を送りたくなった。

亀山を背景にした曹源池の庭園

天竜寺の建物と庭園、曹源池

天竜寺は五山の第一位に列せられたことのある禅の大寺である。ところが度々の兵火などによって、創建時の建物は一宇ものこっていない。とくに元治六年の禁門の変にともなっておこなわれた薩摩軍の砲撃によって、法堂、多宝殿、大方丈、小方丈などの主要な建物は焼失してしまった。

現在の法堂《はっとう》は、境内にあって焼けのこった雲居庵《うんごあん》の禅堂を移築した江戸時代の建物である。天井には昭和の日本画壇の加山又造の描いた雲竜図があるし、天竜寺の創建に尽した持明院統の光厳上皇の位牌が祠られている。なお大方丈と小方丈とはそれぞれ明治、大正の建物であるが、庭園（曹源池）とよく調和している。

このように天竜寺の主要建築には古いものはないが、東の大門ともいうべき総門の内側にある中門は切妻造の瓦葺で、簡素な造りではあるが古式を伝えている。室町時代の建物とみられ、ぼくの好きな建築である（一一〇頁写真参照）。

中門のすぐ南側にある勅使門は江戸時代に内裏御門を下賜された安土桃山時代の建築で、もと伏見城にあったと伝える。この豪華な門はいつもは閉ざされているが、正門として活用すればよいとおもう。このままでは無用の存在である。南禅寺も勅使門は閉ざされていて、ただあるというだけだった。勅使が通るだけにある門とは現代には何の意味もない。

天竜寺には今日多くの人が訪れている。その目的は曹源池とよばれる庭園を見ることにある。この庭園は国から史跡・特別名勝に指定されている。夢窓疎石が作庭したなかでも代表的な庭園で、亀山を借景し亀山から流れ落ちる水を湛えた曹源池から構成される雄大な庭園である。特別料金を払うと大方丈の廊下からゆっくり眺めることができる。

作庭にさいしてかなりの数の石があちこちに配されていて、平石を使って石橋も造ってある。それらの石は大石ではあるがとくに巨石というほどではなく、池の水と木々の緑からなる庭園の調和をこわすほどではない。おそらく天竜寺以前からの亀山殿の庭園を尊重しながら、夢窓が作庭したものであろう。ぼくが実見した京都の庭園の白眉といってよかろう。

第3章　愛宕山と奥嵯峨

嵯峨のことを書きだしてから半年近くなる。この間に十数回は嵯峨の地を歩き、うち一回は神護寺の麓の高尾に泊まった。

愛宕山を遠望する

ぼくが小学生のころ、父は何かの会合で嵐山へ行ったことが二度ほどあった。帰ってくると「らんざん」の話をしてくれるのだが、発音が「あらしやま」でなく「らんざん」だったことが妙に印象に残っている。

父は漢学には疎《うと》かった。だが名前の於菟次郎《おとじろう》でもわかるように、その名を考えた祖父は漢学の素養があったと聞いている。

急に「らんざん」に泊まってみたくなった。旅館に電話をかけたが、行楽客が多くてどこもが予約でいっぱいと断られた。渡月亭だけは特別室があいているということだった。ぼくは今まで旅館やホテルでは普通より高い部屋に泊まったことはないが、これも何かの縁とおもって特別室を予約した。

当日（二〇〇八年五月一七日）は九州に台風が近づいてはいたが晴天、まず松尾《まつお》方面を巡る。どこも三、四〇年ぶりに訪れた。夕方に松尾《まつのお》大社の前からタクシーで旧道を通ってもらうと、間もなく渡月橋の南口についた。目ざす渡月亭はすぐ目の前にあった。

三階の部屋へ通される。部屋は北西の角にあって窓からは二七〇度の眺望を見ることができた。この眺望が特別室たる由縁なのだと妻と二人で納得した。

大堰川のすぐ向こうに、海亀の甲のようにずんぐりとして木々に覆われた山がある。一目みるなり亀山とわかった。

亀山は、今まで嵯峨のあちこちから見るのではもう一つ山の全容をつかみにくかったが、嵐山からみるのがもっとも亀の姿になる。地名というものには、適当な地点からだけみてあれこれ論じるのは駄目だともわかった。茶をもってきた女中さんに尋ねてもやはり亀山だった。

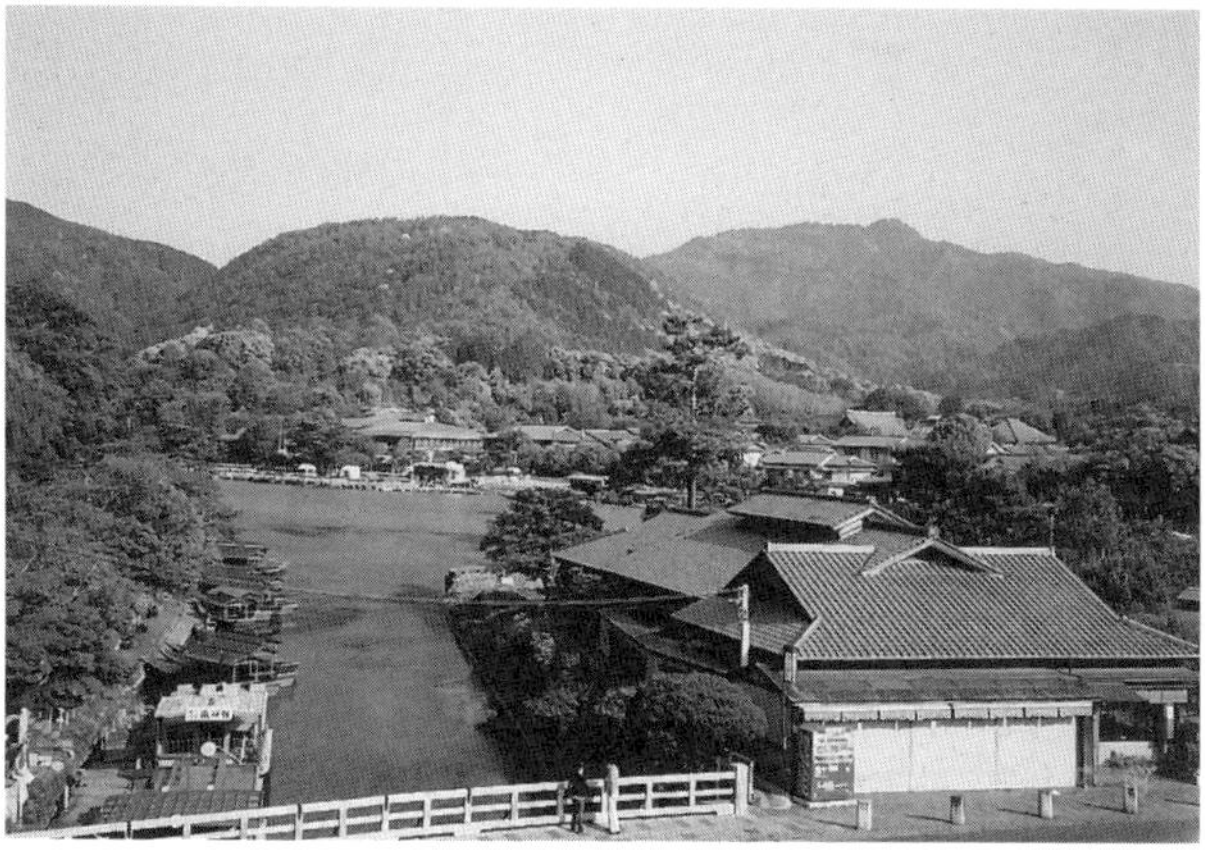

渡月亭の三階から見た大堰川と亀山
（右の遠方に愛宕山が見える。左手下は西大溝の取水口付近。）

亀山の右手（東）の麓には天竜寺の法堂の大きな屋根がくっきりと見え、さらに右手すぐに渡月橋があった。渡月橋の少し上流にあるはずの大堰は中の島の数本の松の木が高々と聳えていて隠されていた。とはいえ大堰より下流では川の流れがきつく、水面の違いで大堰のあることはわかる。

亀山のやや右手の遥《はる》か遠方に、高い山の頂がそそり立っているのが愛宕《あたご》山である。この山の頂に明治三年（一八七〇）に愛宕神社ができた。愛宕は愛宕護とも阿多古とも表記される。愛宕山での最高峰を朝日峯（九二四メートル）といい、ここに明治初期まで白雲寺があった。このほか大鷲、高尾、鎌倉、滝上など計五つの峯があって、中国の仏教の聖地の五台山になぞらえた僧がいた。

永観元年（九八三）に宋に渡り、五台山をも巡礼し、帰国にさいして釈迦如来立像や経典をたずさえて寛和二年（九八六）に戻ったのが奝然《ちょうねん》である。奝然については清涼寺の項で書くべきことが多い。俗姓は秦氏で嵯峨になじみのある人である。

　奝然が建立した清涼寺が山号を五台山というのも、以上のことに基づいているし、先に嵯峨祭では愛宕神社と野宮《ののみや》神社が清涼寺や大覚寺と協力して運営していることを述べたが、清涼寺と愛宕山との関係はたいへん古くにさかのぼるのである。

　愛宕山は嵯峨一帯からよく見える山城第一の高山であり、地域の信仰が集まったのは自然のことであろう。

清滝から見た愛宕山（遠方の山）

　渡月亭の三階から眺める愛宕山の山容は、山頂から左側（北西方面）は急角度で斜面が下ってゆくが、右側（南南東）はゆるやかな尾根筋が長々とつづき、麓が一の鳥居のある鳥居本である。この尾根筋が愛宕詣《まいり》で使われる道のあるところでもある。

　亀山や愛宕山が気になるのか、翌日は四時三〇分に目が覚めた。障子とカーテンをあけると薄墨を流したように二つの山が見えている。今回はスケッチブックを持参しなかったが、部屋に本日のテレビの時刻を刷った横長の紙があったので、その裏に二つの山を描くことにした。その前に露天風呂につかり、五時半には朝の光も山に当りだしたので待ちきれずに亀山と愛宕山を描いてみた。描くうちに第三章はこの景色を見た感激から書き始めることを思いついた。

ぼくは残念ながら愛宕山へ登る自信はなく、周辺をあちこち巡ってみたがついに断念した。学生のころの懸野直樹君（現、野宮神社宮司）がよく〝二時間ほどで愛宕山へ登ってきました〟といっていたのを思いだし、今でも登れるかと尋ねてみた。懸野君は呑込みが早く〝では代わりに登ってきます〟といって二度も登って写真をとってきてくれた。それにしてもこのようにして愛宕山の側面からの全容を見ることができたのには、最近にない感動をおぼえた。

三階のこの部屋には猫の額ほどの庭があって、五右衛門風呂状の大きな焼物の風呂桶が据えてあって、嵐山温泉の湯がたえず注がれている。大浴場までは一度地下まで行く必要があるので、ぼくは露天風呂へ入った。空と亀山を見ながらゆっくり湯につかっていると、風呂桶のすぐ向こうに石楠花《しゃくなげ》の花が二、三輪咲いている。ふと次の句が浮んだ。

空《そら》の風呂　石楠花ごしに　亀の山

〝からの風呂〟と間違えられそうで天の風呂ともしてみたが、やはり青い空を見ていると空の風呂にした。

愛宕山と神仏の習合した霊地

愛宕山といえば今日では頂上に愛宕神社があるという前提で、史料に接したり信仰の形態を考えがちである。だがそれは明治初年の神仏分離令以後の姿

安政年間の愛宕山（『京都社寺境内版画集』による）

であり、それ以来一四〇年だけに通用することにすぎない。

このように愛宕山の信仰の実態にせまるには、さまざまな留意点がいる。だが愛宕山そのものは古来不動の山であった。

平安中期に源為憲が著した『口遊《くちずさみ》』については『洛北・上京・山科の巻』の「出雲郷や花の御所」の項でも引用した。『口遊』の「坤儀門《こんぎもん》」のなかで「七高山」の一つとして愛宕がでていて、「今案ずるに」として「山城国葛野郡にあり」としている。

七高山は「比叡、比良、伊吹、神岺、愛宕、金岺、葛木」であり、筆頭の比叡山には延暦寺があることはいうまでもない。あまり聞かない神岺山は摂津国嶋下郡にあって神峰山寺がある。金岺山とは金峯山のことであるのはいうまでもなく、頂上には大峰山寺がある。これらのことから愛宕山の山頂にも山寺のあったことが推測される。

『太平記』は南北朝期にできた軍記物ではあるが、多くの伝承を記載していて貴重な史料でもある。巻二七に、出羽国羽黒山の山伏雲景の体験した長い話の舞台として、愛宕山がでている

（「雲景未来記事」）。

雲景は「諸国一見悉有テ、過ニシ春ノ比《ころ》ヨリ思立テ都ニ上リ（中略）華洛の名迹《めいせき》ヲ巡礼スル程ニ」天竜寺を一見しようと西郊に来た。すると歳《よわい》六〇ほどの一人の山伏と知り合った。天竜寺へ行こうとしていると話すと「天竜寺モサル事ナレ共、我等ガ住ム山コソ日本無雙ノ霊地ニテ侍レ。イザ見セ奉ラン」と誘って、愛宕山とかいう高峯についた。「誠ニ仏閣奇麗ニシテ、玉ヲ敷キ金ヲ鏤《ちりば》メタル」ところだった。

愛宕神社の表参詣道

　案内した山伏は雲景に「是マデ参リ給タル思出ニ秘所共ヲ見セ奉ラン」と本堂のうしろの座主の坊らしいところへ行った。「是又殊勝ノ霊地ナリ」。

　そこには多くの人が座っている。衣冠正しく金笏《きんのしゃく》を持った人もいる。貴僧高僧らしく香染の衣をつけた人もいる。引導の山伏に〝如何ナル御座敷候ゾ〟と聞くと、山伏は答えて金の鵄《とび》の翼をつけているのが崇徳院、そのそばの大男は源為朝で、左の座には淡路の廃帝、井上皇后、後鳥羽院、後醍醐院らで、いずれも悪魔王の棟梁となった賢帝たちである。次の座の僧たちは玄昉《げんぼう》（昉）以下の高僧で、この人たちも大魔王となってここに集り、「天下ヲ乱候べキ評定ニテ有」と語った（以下話はまだ続くが省略する）。

愛宕山の霊地の仏閣に集った人たちは、保元の乱（一一五六）で敗れ讃岐国へ流され、配所で死んで怨霊となったと信じられた崇徳上皇が中心となり、奈良時代の淡路の廃帝（淳仁天皇）や桓武天皇によって死に追いやられた井上皇后（聖武天皇の娘、光仁天皇の妃）、承久の乱で敗れた後鳥羽上皇、足利尊氏に敗れ吉野で死んだ後醍醐天皇、奈良時代の高僧ではあったが政争にまきこまれ大宰府の観世音寺に左遷された玄昉など、この世に怨みをのこして死んだ有名人ばかりである。

この世に怨みをのこして死んだ有名人が愛宕山の仏閣に集り、そのなかの中心人物の崇徳院《すとくいん》が鵄《とび》の翼をつけた天狗の姿であったというのも、愛宕山の信仰の特色をよく示している。

これらの怨念をいだいて死んだ人々の筆頭は、天狗となった崇徳院である。崇徳院の怨霊については慈円の『愚管抄』にも語られていて、平家滅亡までの世の激動をたどったあと、「偏《ひとえ》ニ天狗ノ所為ナリト人思ヘリ。イカニモコノ新院ノ怨霊ゾナド云事ニテ、タチマチニコノ事出キタリ」と述べている。このなかの新院とは崇徳上皇のこと、『太平記』では天狗となった死後の崇徳上皇らが集ったのが愛宕山だと信じられていたのである。

愛宕山の僧たち

平安後期の公卿に藤原頼長がいた。宇治左大臣といわれるように左大臣になった。天皇家や藤原氏の内紛にまきこまれ、崇徳上皇とともに挙兵して保元の乱をおこしたが敗北した。崇徳上皇は讃岐に流され、怨をのこして死んだことにはすでにふれた。頼長も矢に当って死んだ。

このような運命をたどった頼長ではあったが、『愚管抄』では「日本第一大学生《がくしょう》、和漢ノオニトミテ」であったが「ハラアシクヨロヅニキハドキ人ナリケルガ」と長所と短所を見抜いている。〝腹悪しく万に際疾い〟性質が命を落とす結果となった。

そのような頼長ではあったが、こよなく読書を愛し、邸内には防火の工夫をした文庫を建て貴重な書籍をおさめていた。保元の乱で命を落としたけれども、大学生《がくしょう》（者）であっただけに惜しまれる。

頼長は日記をのこしている。『台記《たいき》』である。合理的精神の持主とみられる頼長でも次のような噂話をのせている。久寿二年（一一五五）八月二七日の条の記事で、保元の乱のおこる前年のことであった。

愛宕神社の参詣道（懸野直樹氏撮影）

先帝（近衛天皇）が亡くなったあと、巫《かんなぎ》の口をかりて自分（近衛）が詛《のろい》（呪《じゅ》詛《そ》）によって愛宕山の天公像の目に釘をうたれた。そのため自分の目は見えなくなった。法皇（鳥羽上皇）がそれを聞いて人をやって見させると、確かに天公像の目に釘が打たれていた。愛宕護山の住僧を召して問うと、五、六年前の夜におこなわれたらしいという。自分（頼長）

は愛宕護山の天公の飛行は知っているが、愛宕護山に天公像のあることは知らなかった。おそろしいことである（この個所、脱字があって少し難解）。

この呪詛事件は『愚管抄』にもでていて、頼長が張本人であるという噂がたったらしい。その噂に反応したのであろうか、頼長は愛宕山に天公像があるとは知らなかったと日記に書いた。天公像とは天狗の像であろう。

ぼくは一度だけ、呪詛によって釘をうたれた藁人形を見たことがある。福岡市西部の若八幡宮古墳で、墳丘上の雑木林のなかの木に藁人形を釘で打ちつけてあって、胸にも一本釘を打ちこんであった。初めて見る光景であって、現代にも呪詛をおこなう人のいるのに驚いた。もう三〇年ほど前のことだった。

これまでに引用した話では、愛宕山には僧や山伏はでてくるが神官はでず、よく愛宕権現とも書かれていた。

『今昔物語集』巻二〇にも「今は昔、愛宕護山に一人の聖人が住んでいた」とする説話がある。法華経を読誦することに専念していた聖人の話である。ところがこの山の西のほうに一人の猟師がいて、鹿や猪を殺して生業にしていた。この猟師は聖人とねんごろになって食物を施していた。ある日、聖人が法華経を一心に読んでいると普賢菩薩があらわれた。聖人は猟師に、今宵はここに留まって普賢菩薩を礼拝したらよいと誘った。

真夜中に東の峯が月の出で白み始めた。すると白象に乗った菩薩があらわれた。猟師は考えた。長年法華経を誦読《しょうどく》している聖人に見えるのは当然だとして、修行もしていない自分に見えるの

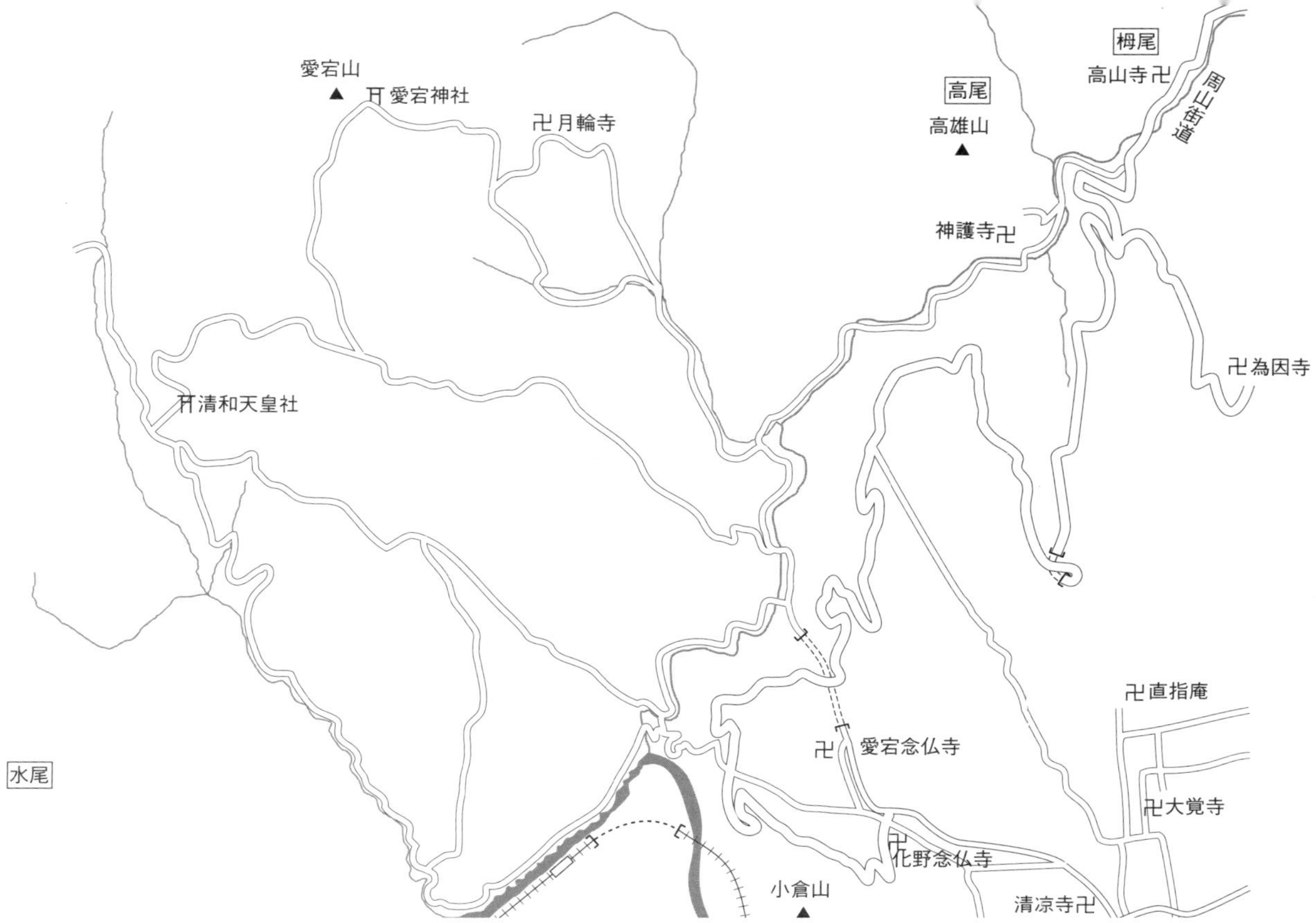

愛宕山
愛宕神社
月輪寺
清和天皇社
水尾
梅尾
高山寺
周山街道
高尾
高雄山
神護寺
為因寺
直指庵
愛宕念仏寺
大覚寺
化野念仏寺
小倉山
清凉寺

はおかしい。そう考えると猟師は普賢菩薩の正体を確かめたくなり、弓に矢をつがえて放った。手応えはあった。

夜が明けた。昨夜、菩薩が立っていたところへ行ってみると、おびただしい血が流れて大きな猪が矢をうけて死んでいた。聖人はだまされたけれども、思慮のある者は罪造りの猟師であっても猪の正体を見抜くものである。

この説話によって、愛宕山の周辺にも狩猟で生計をたてる者のいたことがわかる。それといつからのことかは確かめてはいないが、愛宕権現では猪を神の使いとしていて、江戸時代の御輿にも猪の彫刻をつけている。猪を神の使とする信仰を、『今昔物語集』の今引いた話とがどう関係するのかはともかく、この説話からも、愛宕山にいたのは法華経をよむ僧だったことが知られる。

円融天皇の天元五年(九八二)六月二日に、左近少将源惟章と右近将監源遠理とが愛宕護山で出家している(『日本紀略』)。両人は兄弟であると註記されている。この記事でも愛宕山は寺としての役割が示されている。

江戸時代の『雍州府志』や『山城名勝志』には、愛宕山山頂にあった白雲寺の縁起を引いている。それによるとこの山を開いたのは泰澄《たいちょう》と役小角《えんのおづの》であり、とくに『山城名勝志』では泰澄を開山第一祖としている。

泰澄は越前の越智山《おちさん》や加賀の白山《はくさん》を拠点として、北陸に修行の基盤をおいた僧であるが、近畿でも伊吹山(近江)や金胎寺山(山城)、それに近江の大津の岩間寺などにも開基伝説をのこしていて、これからの研究が待たれる。

丹波国にとっての愛宕神社

『延喜式』神名帳の葛野郡には愛宕神社はなく、丹波国桑田郡に阿多古神社がある。『三代実録』には丹波国愛当護神社（阿当護神社）が貞観六年（八六四）、貞観一三年、元慶三年（八七九）に神階をあたえられていて、元慶四年（八八〇）には丹波国阿当護山無位雷神が従五位下を授かっていて、祭神の一つが雷神だったことがわかる。ここでいう雷神とは神話にでてくる軻遇突智命《かぐつちのみこと》のことであろう。この神は愛宕山頂の愛宕神社の若宮でも祀られていて、火伏《ひぶせ》の神とよばれている。

亀岡市千歳町の愛宕神社
（覆屋のなかに鎌倉時代の本殿がたつ）

愛宕山は山城の人びとだけでなく、亀岡盆地の人びとからも信仰され、亀岡市内には各所に愛宕灯籠が点在している。愛宕山西麓の盆地にある、亀岡市千歳町国分には愛宕神社が山麓に鎮座し、愛宕山の真西にある。その本殿は鎌倉時代の古建築である（社伝では貞和二年）。古い神社建築としては宇治市の宇治上《うじかみ》神社の平安後期の社殿が名高く、亀岡の愛宕神社の本殿はそれに次ぐ古さである。

千歳町国分は字名《あざ》が示すように、丹波国分寺や国分尼寺があったし、千歳車塚古墳のように京都府側の丹波最大の前方後円墳がある。ちなみに丹波最大の前方後円墳は多紀郡の雲部車塚古墳である。さらに千歳町出雲には出雲大神宮（延喜式内社）があるなど、歴史的に重要な土地で、ここに愛宕山を祠る愛宕神社のあったことには素直に合点できる。

愛宕山の最高峰を朝日峯ということには先にふれた。丹波からはこの山が東にあるので、朝日が昇ってくる峯として名づけられたのであった。朝日峯は丹波の人たちのあいだでついた地名とみられる。このように丹波国にとっても愛宕山への信仰は重要であった。

丹波と丹後とは奈良時代以前には旦《たん》の国だった。一字表記の旦を二字表記で旦波《たには》とし、それが丹波になった。この地域には亀岡市のほか福知山市や舞鶴市、中郡、竹野郡などにも愛宕神社が分布していて、愛宕山が旦地方全域の神山であった気配がある。

このことは指摘するだけで終るが、どうやら愛宕山は京都人にとっての聖なる山であるだけではなかったのである。〝旦の国〟というのは早く日の出るところの意味があり、〝旦の国〟という地名ができたのは、愛宕山があってのことともみられる。

明智光秀はなぜ愛宕山に詣ったのか

丹波からの愛宕山信仰を考えると一つの事件が頭に浮ぶ。それは丹波の亀山城にいた明智光秀が、天正一〇年（一五八二）六月二日の早暁に主君の織田信長を京都の本能寺に襲って殺したことに関係している。亀山は今日の亀岡のこと、桑田の主邑である。

光秀は五月二七日に愛宕山に登り、愛宕大権現五坊の一つの威徳院の西の坊に泊まった。次の日に、連歌師の里村紹巴《しょうは》ら九人と、百韻の連歌の会をおこなった。このときの発句は光秀が詠

んだ、

ときは今　あめが下知る　五月哉《さつきかな》

であると伝えられている。〝とき〟は〝時と明智氏の出自である美濃の土岐氏〟をひっかけたものだといわれている。光秀は連歌の会を終えて亀山城に戻り、六月一日に一万あまりの軍勢とともに京都へ出発している。

ここで信長と光秀の関係について私見を述べることはひかえるが、謀反であったこと、光秀の天下取りは三日天下に終ったことはよく知られている。

それらのことを別にして、本能寺を襲う直前にどうして光秀は愛宕山に登って愛宕権現に参詣したのであろうか。丹波からの愛宕山への道は、嵯峨の鳥居本よりの道以上に峻しい。大事のことを決行するまえに余分の体力を消耗することは、常識としては考えられない。そこには何か理由があったはずである。

この点でよく目にする解釈がある。愛宕権現が勝軍地蔵を本地仏としているので、武士の信仰を集め、光秀も参詣したとするものである。この地蔵は百済王に仕えた日羅の霊と伝え、明治初年に西山金蔵寺に移された。

ぼくはそのことだけが大きな理由ではなく、愛宕山が丹波にとって象徴的な神山であることに関係するとみている。いずれつぎの第五巻で述べるけれども、崇神天皇のときに南山背の武埴安《たけはにやす》彦《ひこ》が反乱を決意したさい、妻の吾田媛《あたひめ》がヤマトに潜入して香山（香具山）の土をとって帰り、この土をヤマトの物実《ものしろ》として呪をかけたことは名高い。香山はヤマトを象徴する神山だった。

光秀にとっての丹波は初めて支配できた一国であった。天正七年（一五七九）に最後まで抵抗した波多野秀治らのこもる八上《やがみ》城（兵庫県篠山町）にたいして、光秀は母（伯母説もある）を人質として八上城に送り、代わりに秀治と弟の秀尚を信長のいる安土へ連れていった。だが信長は秀治らを磔《はりつけ》にしたので、八上城の侍たちは光秀の母を殺した。このような犠牲をはらって手にいれた丹波であるから、丹波にたいする光秀の想いは並々ならぬものがあったのであろう。信長を殺すという大事の前に、丹波を象徴する神山へ参詣したのであろう。

愛宕の千日詣

愛宕山についての平安中期から室町時代におよぶ史料を以上で点検した。それらからうかがえたのは、愛宕山にある建物は仏閣であり、そこで働く人たちは僧か山伏であった。

ところが江戸時代になると、様子が変わりだす。例えば安永九年（一七八〇）に刊行された『都名所図会』を見よう。本文には朝日嶽白雲寺としてでているが、挿絵では空から見下ろしたような鳥瞰図《ちょうかんず》で愛宕山の全容を描き、山頂には回廊で囲んだなかに、本堂もあるが数棟の社殿とおぼしき建物が配されている。鳥居本からの五十町におよぶ参詣道の石段には二個所に鳥居が描かれていて、回廊の直前にあるのが鉄の鳥居である。さらに「本殿は阿太子山権現」としていて、神仏が習合した様子を描いている。

仏教色の混じらない愛宕神社は、白雲寺を徹底的に破却した明治初年の神仏分離以後に現れるのだが、江戸時代にも神社色が出始めていたとはいえ、江戸時代には権現の運営は社僧によっておこなわれていた。

すでに見たように、本来の阿多古神社は愛宕山を西に下った丹波国桑田郡にあった。その阿多古社は山城国愛宕郡の鷹ケ峰に勧請され、清涼寺境内をへてさらに愛宕山に移した。これを愛宕権現とする社伝があり清涼寺にも愛宕権現社がある。この場合の勧請は神社の移転ではなく、分祀であって、丹波の愛宕神社は本宮としてそのままのこった。

清涼寺境内の愛宕権現社

愛宕神社がもとは丹波国桑田郡にあったとすると、愛宕山の名称も神社の勧請以後によく使われるようになったとみられる。史料があるわけではないが、愛宕山の古い名称は白雲山か手白山であり、山頂にあった白雲寺は、地名をつけた寺名だった可能性がある。

近世の京都には、〝お伊勢へ七度、熊野へ三度、愛宕さんへは月参り〟と歌われたように〝愛宕の千日詣〟が盛んで、今日では八月一日に参れば千日分の功徳があったといわれ大勢の人が参詣する。麓の鳥居本は愛宕詣の拠点として栄え、ここの旅館に泊まって翌朝出発するのが一つのパターンになった。

江戸時代末には十数軒の旅館があった。

落語の「愛宕山」も幇間《ほうかん》（太鼓持）を連れた旦那が、愛宕詣にでかける様子をユーモラスな話を交えて語っていて、途中に茶店があり土器（かわらけ）投げをする場所があったことなどがわかる。

鳥居本の一の鳥居から六五〇メートルほどの道を〝試坂《こころみざか》〟といっている。愛宕の登山者が足を試すところの意味だが、よい響の言葉である。試坂をすぎると清滝川の猿渡橋を渡る。昔はこの川で人びとは水垢離《みずごり》をしたという。

大勢の山登りの人たちのため、昭和四年（一九二九）に愛宕山ケーブルが開通した。しかし、惜しいことに太平洋戦争中に鉄資源として回収されてなくなった。

愛宕詣では途中の茶店で粽《ちまき》を商ったらしく、江戸初期の『毛吹草』にも「愛宕　粽、参詣之道者土産ニ之ヲ用ウ」とある。地元では〝愛宕しんこ〟といっていたという。しんこは米粉を練って蒸した菓子である。腹ごしらえにも、あるいは土産として重宝されたらしい。現在、鳥居本の平野屋で、愛宕名物「しんこ」を出している。ニッキ、お茶、白の三色で、きな粉と黒砂糖で味わう。

それと四三町をすぎるあたりにハナ売の小屋があって、水尾《みずのお》の女が運ぶ樒《しきみ》を商った。愛宕山では樒の枝を〝ハナ〟といって、火伏の神符として授与していた。このハナを家にもって帰り竈にさして火伏を祈ったという。このほか神社が授ける「阿多古祀符　火迺要慎《ひのようじん》」の紙の神符は、今日でも料理屋や各家々でよくみかける。

愛宕の五台山と月輪寺

愛宕山山塊にある寺について述べる。中国の五台山になぞらえて、愛宕山山塊にも五つの寺ができ、最高峰の朝日峯にあったのが白雲寺である。この寺は明治初年の神仏分離で破却され現存しない。場所は今日の愛宕神社と重複する。

ハナ売場の建物（上）とハナ売場の説明（下）
（上下とも懸野直樹氏撮影）

このほか大鷲峯の月輪寺、高尾山の高尾山（神護）寺が法灯を伝え、滝上山の日輪寺と鎌倉山の伝法寺については寺跡もよくわからない。

月輪寺《つきのわじ》《げつりんじ》へは愛宕の参詣道の鉄の鳥居より東へ一、三キロ下ったところにある。清滝からの登山道もあるが斜面がきつい。寺のご詠歌に「つらくともこらえて登れ皆の衆、大師聖人にあうとおもえば」の通りの山寺である。

月輪寺は観音霊場でもあり、聖衆が来迎《らいごう》した地ともいわれるほど静かな俗界を離れた環境である。その昔、空也上人も参籠した（「空也誄《くうやるい》」）し、出家後の九条兼実も住んだことがあるといわれる。兼実を月輪殿《つきのわどの》というのは月輪寺にちなんでのことかもしれない。

月輪寺には空也、兼実、法然、親鸞らの木像が、祖師堂に安置されている。先ほどのご詠歌の〝大師上人〟たちである。いずれも月輪寺にゆかりのある人たちである。このほか宝物館には平安時代から鎌倉時代にかけての仏像八体が安置されている。京都市とその近郊にある寺のうち、詣るのに一大決心のいる霊場である。

神護寺と和気清麻呂

神護寺は海抜四二八メートルの高尾（雄）山の中腹をひらいて造営され、金堂のあるところで海抜二〇〇メートルの典型的な山寺である。

ぼくがこの寺に注目する最大の理由は、金堂のすぐ東手に和気清麻呂を祠る和気公霊廟があり、さらにその霊廟のほぼ北の山中の南斜面に、清麻呂の墓と伝える方形の石積みの墳墓があることである。

清麻呂は道鏡の陰謀をくだいたり、長岡京の造営でも功はあったし、長岡京の不備を見抜いて新たに新都（平安京）を造営することを桓武天皇に進言したのも清麻呂と伝えられていて、平安京の造営大夫（長官）に任じられた。その任務の途中の延暦一八年（七九九）に死んでいる。

神護寺裏山の清麻呂の墓が、清麻呂の生前の意志で選地したことも考えられるが、清麻呂の長男の広世の代に造営されたとみられる。というのは、後にみるように広世をはじめ広世の弟の真綱や仲世も、父の遺志をついで高雄寺（高雄山寺、神護寺）の拡充をはかっているからであり、神護寺は和気氏の菩提寺といわれることもあるほどである。

　特定の人物の墓（古墳）を前提にして、その供養や管理のために寺を営んだ例は少なくない。五条野丸山古墳（欽明天皇と妃の堅塩姫《きたしひめ》の合葬陵）にたいする軽寺（ともに橿原市）、六世紀ごろに新造された神武陵にたいする国源寺（大久保廃寺、ともに橿原市）、聖徳太子墓にたいする磯長《しなが》の叡福寺（大阪府太子町）、藤原武智麻呂の墓にたいする栄山寺（五条市）などがあって、それらを墓辺寺ということが可能であれば、神護寺も墓辺寺として出発したとみられるのである。

和気公霊廟

　神護寺では、五月四日に和気公霊廟で、一一月四日には金堂で和気公祭典をおこない、清麻呂の遺徳を偲んでいる。

清麻呂の略伝

　神護寺に詣るには三百段あまりの石段を登らねばならない。今のぼくにはかなりの難行になりそうである。よい時候を選んで四月五日の午後にまず栂尾の高山寺をゆっくり見てまわり、そのあと清滝川ぞいに槇尾を通って高尾まで歩き、神護寺の登り口にある高尾観光ホテルに着いた。高尾は紅葉の名所として知られるが、桜の花もあちこちに咲いていた。

和気公墓道を示す碑と和気の清麻呂の墳墓

二階の部屋へ案内されたとき、ぼくが階段をゆっくり上っていると、旅館の女将が〝その足では神護寺の石段は無理そうです。お寺の楼門下まで防災用の道路があるので、小型の車で送ってあげます〟。

今回も予期せぬ救い主があらわれた。翌朝は軽自動車で楼門下まで運んでもらった。そのおかげで、予定では行くことを断念していた清麻呂の墓まで歩くことができた。

この日は天候もよく、神護寺境内にも数は多くはないが桜の木があって、蕾がふくらんでいた。寺へは石段を上ってきた人が途切れることなく続いていた。バスでの団体が少なく、落ちついて境内を歩くことができた。

ところで高雄山寺（高雄寺、神護寺）の草創期の史料はとぼしい。だが清麻呂がこの寺の創設に深くかかわっていたのは間違いなさそうだから、清麻呂のことを簡単に説明しよう。

和気清麻呂は『古代人名辞典』には藤野別《わけ》真人清麻

呂としておさめられている。藤野は備前国和気郡藤野郷のことであり、和気氏の故郷である。ここに清麻呂の父や先祖の墳墓があった。清麻呂は丁寧に吉備藤野和気真人といったこともあって、平城京や長岡京、さらに平安京で官人として仕えたときも、故郷とは深い関係をもちつづけていて、美作と備前の国造を兼ねていた。

延暦一八年（七九九）二月二一日に清麻呂は死んだ。このとき『日本後紀』には清麻呂についての長文の薨伝を掲載していて、清麻呂のことを知る基本史料になっている。長文であるため抜粋しよう。

薨伝では「贈正三位、民部卿兼造宮大夫、美作備前国造和気朝臣清麻呂薨ず」とあり続いて「本姓磐梨別公《いわなすわけのきみ》、右京人なり」とある。磐梨も、もとは和気郡内にあって、磐梨も別（和気）もともに備前国の地名である。もう気づいたとおもうが、和気は「別」の二字表記である。

薨伝でまず注意してよいことは、清麻呂の吉備との関係を重視してはいるものの、「右京人」と書いていることである。つまり備前の和気地方とは強いつながりを保ちつつも、すでに地方豪族の域を脱して「右京人」となっていたのである。

『新撰姓氏録』でも「右京皇別」の項に和気朝臣が収録されていて、薨伝にあるような先祖についての歴史が記されている。薨伝の記述と「姓氏録」の記載も参考にして、清麻呂の先祖のことを記そう。

清麻呂の先祖は垂仁天皇から出ていて、垂仁の子の鐸石別命《ぬてしわけのみこと》の三世孫の弟彦王が九州から近畿入りをした神功皇后の軍と忍熊王《おしくま》の軍とが戦ったとき、弟彦王が針間（播磨）と吉備の境で戦功をたて、それが機縁となり美作と備前で勢力を貯えるようになったという。

　神功と忍熊王との戦では、南山背《やましろ》が主戦場となり、山背の豪族の和珥《わに》氏が神功側に味方をして勝利をおさめたことについては、いずれ第五巻で述べる。和珥氏の本拠は宇治の木幡《こばた》にあった。

　このように和気氏は、応神王朝が誕生する契機となった神功・忍熊戦争にさいして神功側に加担したことによって、美作と備前とで力を貯えることになったのである。なお「姓氏録」では神功・忍熊戦争で弟彦王が針間と吉備の境に関を造って敵を防ぎ、この関が和気関であるということも書いている。神功・忍熊戦争の及んだ範囲の広さを推測させる記述である。

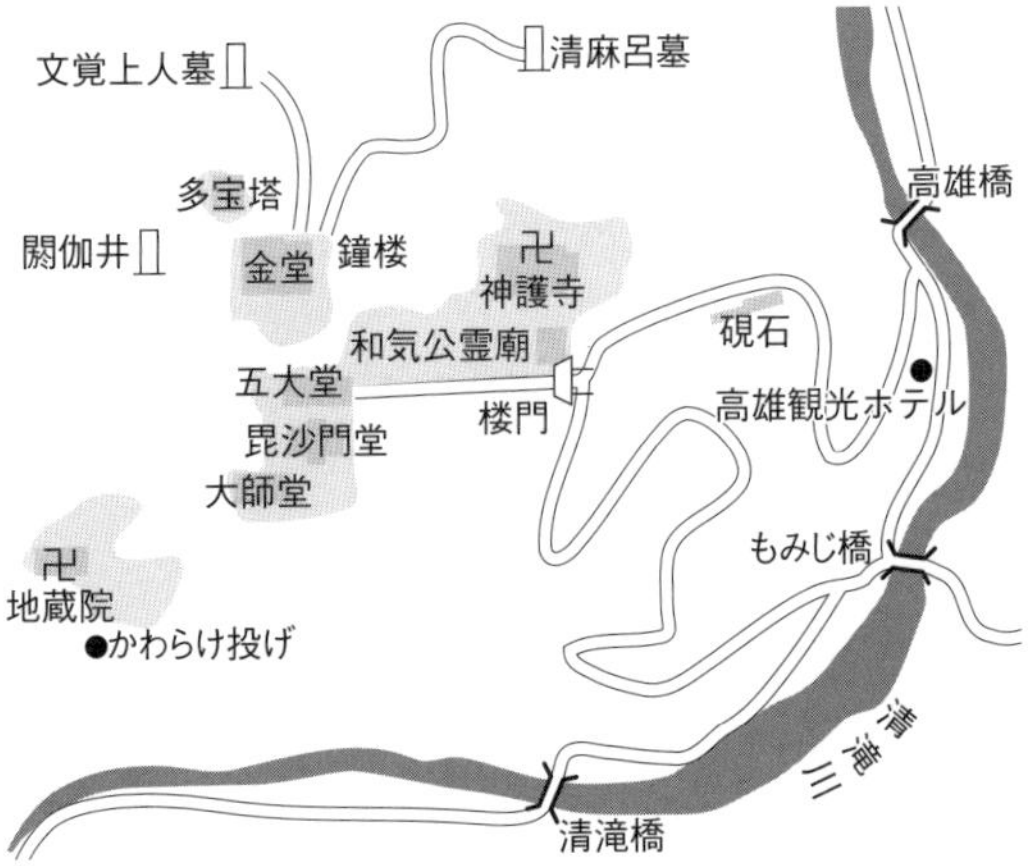

神護寺境内

　薨伝では清麻呂の墓については書かれていない。ただし清麻呂が右京の人であったことと神護寺での伝承などを総合すると、清麻呂の墓が右京から遠くない高尾にあったとする伝承を素直に肯定してよかろう。

　ぼくの推測にすぎないけれども、先に述べたように平城京に都のあった宝亀三年（七七二）に、光仁天皇が山背国葛野郡水尾に行幸している。このとき清麻呂が同道したか、もしくは水尾を含む愛宕山塊の神秘さを光仁に説いた可能性もある。清麻呂は光仁にも仕えていた。

清麻呂の薨伝を読んでいて奇異に感じることは、姉の広虫についての記述がかなりの分量になっていることである。清麻呂と広虫は、ともにまず称徳天皇（女帝）に仕えた。そののち光仁天皇や桓武天皇に仕える場合も、二人はセット関係で登場する。

姉と弟、広虫と清麻呂

後に述べる道鏡事件では、清麻呂が罰をうけて大隅国に流されたときには、広虫も罰をうけて備後国に流されている。このとき清麻呂をひそかに支援したのは、参議の藤原百川《ももかわ》であった。道鏡を寵愛していた称徳天皇が死ぬと光仁天皇が即位し、清麻呂と広虫は許され天皇に仕え、さらに桓武天皇にも仕え、清麻呂は平安京の造宮大夫として抜擢されている。

広虫は葛木連戸主《かつらぎのむらじへぬし》に嫁いだが宮中への出仕は続いた。天平宝字八年（七六四）に、道鏡の排除をはかって藤原仲麻呂（恵美押勝《えみのおしかつ》）が乱をおこそうとして敗死したさい、斬刑となる運命の三七五人の罪を減じて流徒とするように天皇に働きかけたのは、出家して法均と名をかえていた広虫であった。さらに乱によって発生した孤児八三人を養子として、葛木首《おびと》となのれるようにもした。

神護景雲三年（七六九）に、大宰主神の習宜《すげ》であった阿蘇(曽)麻呂が宇佐八幡の神託と称して、道鏡を皇位につけると天下太平になるといってきたとき、最初に宇佐へ派遣し神意を問わせる候補にあがったのは広虫であった。だが広虫は軟弱で、その任に堪えがたいとして清麻呂が派遣されることになった。大宰主神とは大宰府で祭祀をつかさどる官人、おそらく阿蘇麻呂は阿蘇神社の関係者であろう。

宇佐へ行くまでにも道鏡側からの圧力はあったが、清麻呂は神託を聞きだし道鏡の野心をひとまず砕いた。豊前国での清麻呂は健康がすぐれず「脚が痿えて起立ができなかった」。宇佐八幡宮へ行くため宇佐郡楉田村を通りかかったとき「野猪三百ばかりが路を挟んで列をなし、徐に歩いて前を駈けること十里ばかり（そのあと）走って山中に入った」という。人びとは不思議なことだとおもった。このことは猪が愛宕山で神の使になっていることと関係しそうである。

桓武天皇が即位した天応元年（七八一）、清麻呂は摂津大夫になった。長岡京を造営するためには、淀川を舟運にたえるように整備を急ぐ必要があったからであろう。さらに清麻呂の建策によって、長岡京を廃して新京としての平安京を建設することになり、長男の広世が造営判官となり、清麻呂自身も造宮大夫となった。

平安京の造営にかかってからの清麻呂の仕事ぶりは、薨伝では詳しくは述べていない。すでに六〇歳代で、体力の衰えもあって息子たちに活躍の場をゆずった気配があり、この時期には後に述べるように、自らの寺の建立にも力を注いだとみられる。なお広虫は清麻呂の死に先立つこと一カ月で亡くなっている。まるで二人は死期を約束したようだと薨伝は述べている。

清麻呂と広虫との緊密な関係は、古代社会でも珍しいことであったらしい。清麻呂の薨伝がそのことを詳しく述べていることには珍しいというだけではなく、その関係を珍貴とみた節がある。

三世紀の『魏志』東夷伝倭人条には、女王の卑弥呼について「鬼道に事《つか》えよく衆を惑わす。年すでに長大なるも夫婿なく、男弟ありて国を佐治する」という有名な一文がある。佐（左）治は埼玉稲荷山古墳の鉄剣の銘文のなかにもある言葉で、〝たすけて治めること〟つまり政治を補佐することである。両人のこの関係は、とくに美作と備前の国造の役目を果すときに有効だったのではなかろうか。

最後にふと考えついたことがある。清麻呂はどうして葛野《かどの》の地、とくに愛宕山や高尾のことを知るようになったのか。それには摂津国の大夫をしていたとき淀川の治水に努力した。そのため淀川の水源の地に関心をもって、桂川からさらに上流の清滝川あたりまで来てみて、その土地の神秘さにうたれたのではないかと推測する。こう考えると、愛宕山の開基伝承に清麻呂がでていることもさほど奇異ではなくなる。水源の地を確かめるとは、水源の神に敬意を払うことでもあった。

神願寺から神護寺

『神皇正統記』が河内国とする神願寺は、所在地はまだ不明であるが、清麻呂が延暦年間に建立した寺であることは確かである。

淳和天皇の天長元年（八二四）に、官寺に準じる神願寺は定額寺《じょうがくじ》（古代朝廷が一定数を限り、官稲などを与えて保護した寺）にしてほしいと願いでた和気朝臣真綱と仲世（ともに清麻呂の息子）の奏言の中に、延暦年間に清麻呂が私に建てた伽藍が神願寺であるとしている。だが神願寺の地勢が汚穢であるので高雄寺を替えて定額にし、神護国祚真言寺とすることを申し出て認められた（『類聚国史』仏道の項）。

神願寺の土地がらが汚穢とあることを重視しすぎてはいけない。高尾の地にくらべるとたいていの土地は見劣りがするだろう。それと寺名のなかの国祚とは国の幸福、神が国の幸福を護るという意味であろう。

このことに対応する天長元年にだされた高雄寺を定額とする「太政官符」がある。このほうには神願寺を造る動機が詳しく述べられている。それによると、道鏡事件で清麻呂が宇佐八幡宮の神託を確かめたさい、八幡神は一つの伽藍を建てることを求め、清麻呂は国家平定ののち、後の帝に奏して神願を果すことを誓った。後の帝とは称徳天皇ではない天皇のことであろう。そのことは光仁天皇にも申し上げたし、そのあとの桓武天皇の詔によって延暦年中に神願寺を建立できたという（『類聚三代格』年分度者事の項）。

この官寺の冒頭は、正五位下河内守和気朝臣真綱らの上表になっている。真綱は承和一三年（八四六）九月に死んでいて、そのときの薨伝では参議とあり、清麻呂の第五子と書かれている。すこぶる良吏であり、天台真言両宗の建立をその兄の広世とともに尽したとあるのは、後に述べるように神護寺のことをいっているのであろう。

神護寺の金堂は、和気公霊廟よりさらに西側の山手にある。建物は昭和一〇年の建立だがなかなか立派であり、環境によく融けこんでいる。ぼくが訪れたとき、若い僧が線香の火をたやさぬようにつとめていて、その煙と香りが金堂内にたちこめ、いっそう森厳さを強めていたのが印象にのこった。

金堂の内陣には木像の堂々とした薬師如来立像が祀られていて、製作が奈良時代の雰囲気をのこした平安時代のごく初期と推定されており、寺の伝承のようにもと神願寺の本尊であったとみてよかろう。

神願寺については所在地もわからなくなっているのに、その本尊とみられる仏像が今日まで伝えられていることには、人びとのこの仏像への信仰の強さを感じないわけにはいかない。

神護寺にはもう一体の薬師如来坐像が伝わっていて、先の立像ほどの大きさはないが木心乾漆造で、立像と同じ製作年代が考えられる。その古さからみてこの仏像も神願寺から運ばれてきたのであろう（現在は京都国立博物館に寄託）。それにしても神願寺の仏像が薬師如来であったことと、清麻呂が宇佐八幡へ詣ったとき脚が痿《な》えていて立つことができなかったと伝えることと、関係はないだろうか。

もう一つ気づくことは、太秦《うずまさ》のほうから周山《しゅうざん》街道を通って高尾へと向うと、梅ケ畑にさしかかって間もなくのところに平岡八幡宮（一二頁地図参照）が鎮座していることである。周山街道とは丹波の周山（旧京北町）へと向う古道である。

梅ケ畑という在所はすこぶる広く、神護寺も所在地でいえば梅ケ畑高雄町である。昭和三八年（一九六三）に周山街道を見下ろす山塊の尾根上から、弥生時代の銅鐸四個が出土し梅ケ畑遺跡（すでに消滅）とよばれている。

薬師如来立像
（神護寺、『仏像集成３』学生社刊より）

弥生人もすでに高尾の神秘さを知っていて、高尾の入口の尾根上

平岡八幡宮の本殿

で祭祀をおこなったとみられる。このような梅ケ畑に神願寺建立の契機を作った宇佐八幡を分祀した平岡八幡宮が鎮座していることも、ぼくは納得できる。社伝では、大同四年（八〇九）に空海が神護寺の鎮守として宇佐八幡宮を勧請《かんじょう》したとあって、空海かどうかは別として納得のいく伝承である。

承平元年（九三一）の「神護寺実録帳」の伽藍の明細のなかに、「平岡神宮」とあって、社殿や鳥居を細かく記しており、神護寺と関係のあったことがわかる。

神護寺での最澄と空海

最澄と空海といえば、天台宗と真言宗の開祖としてよく知られた高僧である。ほぼ同時代の人で最澄が七歳年長である。

二人が生まれて育ったころは南都仏教、いわゆる旧仏教が勢力をもっていて、二人がすぐに世に認められたのではない。そのような情勢のなかで新進の最澄の力を見抜いて高雄山寺で活動の場をあたえたのが、清麻呂の息子の広世であった（『扶桑略記』）。さらに広世が他界すると弟の真綱と仲世が受継いだ。

真綱と仲世（一説では広世の子という）は最澄と空海の二人を引き合せてしばらくの間は宗教活動をともにおこない、やがて空海が神護寺の運営を担当することになった。そのころ空海はこの寺を高雄道場と記している。

先ほど承和一三年（八四六）の真綱の薨伝にふれた。そのなかで〝天台真言両宗の建立（ここは確立の意味）にその兄広世とともに力を尽した〟とあるのは、神護寺で最澄と空海との出会いの場を設定したことをいっているのである。

具体的にいえば、唐から帰った空海は弘仁元年（八一〇）に高尾寺で国家鎮護のための修法をおこなった（『性霊集』）。さらに弘仁三年（八一二）に高雄寺で金剛界灌頂《かんじょう》をおこない、これを最澄、和気真綱、仲世らに伝授している。つづいて空海が唐で学んできた胎蔵界灌頂もおこない、これにも最澄は出席している。このとき灌頂をうけた者の名簿が空海の自筆で「灌頂歴名」として神護寺に伝わっていて、国宝に指定されている。

このとき灌頂をうけたなかに、最澄の弟子の泰範がいた。泰範はこれに感動したのか、それ以来最澄を離れて空海の弟子になり、高野山の開設でも力を尽した。このことも原因になって最澄と空海との短い接触は終り、二人はそれぞれの道を行くことになる。なお灌頂《かんじょう》とは、現在、密教で一般人に仏縁を結ばせる結縁《けちえん》灌頂などがおこなわれているが、もともとは真言宗で一定の地位に登るとき、香水を頭頂に注ぐ儀式のことで、もとインドの国王の即位儀式であったという。

このように、神護寺が寺としての地位を高めるうえで空海の役割は大きい。神護寺の主要伽藍のある南西寄りに、納涼坊ともいわれる大師堂がある。今の建物は一七世紀前半に細川忠興が寄進したものだが、空海が神護寺での生活を送ったという伝承があるように、住宅風の建築である。

お堂の内部には鎌倉時代の厨子《ずし》が置かれており、板彫の弘法大師像を安置している。正安四年（一三〇二）に土佐の室戸市にある金剛頂寺の大師像を模刻したという記録もあって、穏やかで知的な顔つきをし堂々とした体躯の坐像である。みごとな信仰財といってよかろう。

眞済と五重の塔と五大虚空蔵菩薩像

空海が神護寺を去ったあと、弟子の眞済がさらに寺の拡充をはかった。承和三年（八三六）に五重の宝塔を建立し、五大虚空蔵菩薩像を安置した。このことは貞観二年（八六〇）二月二五日の眞済の卒伝に細かく記録されている（『三代実録』）。

この卒伝を要約すると、眞済は紀氏の出で、少年のときに出家して、空海の弟子となり、愛当護山高尾峰に入り、一二年間はそこを出なかった。朝廷の命令で渡唐したが船が難破し、弟子の眞然と二人が生きのびて皮膚が腐爛するほどの難儀をした。それから帰国して空海に次ぐ地位に登り、ついに神護寺の塔に五大虚空蔵菩薩を安置できたのである。

この塔はそののちに火災で焼失したが、五大虚空蔵菩薩像は運び出されて今日に伝えられている。今日ある多宝塔は金堂とともに昭和一〇年の再建だが、形といい姿といい山寺にふさわしく小ぢんまりとした建物で、内部に五大虚空蔵菩薩の坐像が並んで安置されている。そういえば空海も五大虚空蔵菩薩へのおもいいれが強かったことは前にも書いた。おそらく眞済は空海の気持ちを実現したのであろう。日本を代表する信仰財といってよかろう。

余談ながら、真済らの入唐が失敗したことは真言宗には痛手となった。天台宗では円仁と円珍とが入唐に成功したからである。それはともかく、死んだとき眞済は六一歳、神護寺には鎌倉時代の合掌姿の眞済の肖像画が伝えられている。

このように隆盛をきわめた神護寺であったが、平安後期にはかなり荒れていたらしい。『平家物語』巻第五の「勧進帳」には、そのころの神護寺の様子を次のように記している。

かの高雄に神護寺という山寺あり。昔称徳天皇（ここは桓武天皇の誤記である）の御時、和気の清丸が建てたりし伽藍也。久しく修造なかりしかば、春は霞にたちこめられ、秋には霧にまじはり、扉は風にたふれて落葉のしたにくち、甍は雨露にをかされ、仏壇さらにあらはなり。住持の僧もなければ、まれにさし入《いる》物としては、月日の光ばかりなり

とあって、後に述べるように荒法師文覚《もんがく》の修造となる。

神護寺の貞観の三絶之鐘

眞済が亡くなった直後に、禅林寺の僧、眞紹が愛当之山神護之寺の梵鐘の改鋳をおもいたった（眞紹は空海の弟子である）。だが鎔範（鋳型）ができないうちに眞紹は死んだ。そこで（神護寺の）檀越《だんおつ》（布施をする人）の少納言和気朝臣彝範《つねのり》が和尚の遺志を悼《いた》み、かつ先祖の旧蹤《きゅうし》を尋《たず》ねて、貞観一七年（八七五）八月二三日に治工志我部海継を雇って銅一千五百斤で鋳造した。鐘に記した聊（聯）記（序詞）は右少辯橘朝臣広相《ひろみ》の詞である（以上は鐘銘を読み下した。『平安遺文』金石文編）。

禅林寺は左京区にある永観堂のこと。和気彝範は清麻呂四世の孫、眞綱の三世の孫で、このころなお和気氏が神護寺の檀越だったことがわかる。おそらく眞済の神護寺の拡張をも支援したと推測できる。治工（鋳物師）の志我部海継は近江の工人かとおもう。

鐘銘には序詞のあとに八韻の銘文が記されている。参議の菅原朝臣是善が文を作った。是善は

菅原道真の父であることは前に述べた。さらにその文を図書頭の藤原朝臣敏行が書いたことも述べられている。広相と是善はともに文章博士《もんじょうはかせ》、敏行は三十六歌仙の一人で、まさに平安中期の代表的な知識人を動員して鋳造された鐘である。

この銅鐘は高さ一四八センチでそれほど大きくはないが、銘文が貴重な史料である。江戸時代初期に、京都所司代の板倉勝重が楼門や五大堂とともに再建した鐘楼に下がっていて、外からは見えない。

三絶之鐘と絶賛されているが、ぼくは、発案をしてこれらの知識人を網羅した和気彝範も加え、四絶の鐘といったほうがこの鐘から歴史をさぐるうえで役立ちそうである。和気氏を無視しては初期の神護寺は語れない。

和気氏が当代の知識人を動員できた背景として、広世が父清麻呂の遺志をついで設けた弘文院という教育施設の役割があったとおもう。大学寮南辺の私宅を改造したもので、数千巻の書籍をもっていたと伝える。菅原道真がつくった詩のなかにも弘文院はでている。九世紀末ごろまでは存続したとみられている。

やいばの験者、文覚と神護寺の修造

ぼくは文覚《もんがく》を好きになれない。北面武士をしていて遠藤盛遠《もりとお》といったころ、ある人妻に恋慕しその夫を殺そうとし間違ってその妻を殺してしまった。これは『源平盛衰記』にでていて作り話とみられるが、今でいうストーカーのひどい例である。そのことを契機として出家したというから、出家の動機も不純というほかない。以上ぼくが文覚に親しみを感じない理由である。だが文覚の誇張された話の影響をうけている節もあり、修行者としての文覚は評価してよい男だったのかもしれない。

出家をしてからの文覚は凄まじい荒行をつづけたという。那智、大峰、葛城、高野、粉河、金峰山、白山、富士、羽黒での行を重ね、都へのぼったころは「とぶ鳥も祈り落すほどのやいば（刃）の験者として聞えた」という（『平家物語』「文学荒行《ママ》」の項、後に述べる『愚管抄』でも文覚とはしないで文学としている）。

このようにして文覚がたどりついたのが、先に荒廃ぶりを書いた神護寺であった。文覚は空海に私淑していたので神護寺の復興を決意し、仁安三年（一一六八）に一宇の草堂を建て薬師三尊を安置したと伝える。

文覚は神護寺を修造しようとする大願をおこし、勧進帳をもって奔走した。あるとき文覚は後白河法皇の住む法住寺殿へ勧進に行った。このときの勧進帳の全文が『平家物語』に掲載されている（「勧進帳」の項）。その勧進帳にはまず「高雄山の霊場に一院を建立」することを書いているが、細かいことは省略する。

文覚が法住寺殿へ行ったとき宴会の最中だった。だが文覚は執拗に寄付を要求し、ついに警護の者と暴力沙汰をおこし伊豆国への流罪となった。伊豆には蛭ケ島に流されていた源頼朝がいた。文覚は頼朝に、父の義朝が平治の乱で敗れたあと謀殺されたことの悔しさを伝え、頼朝に平家打倒の挙兵をすすめた。そのさい義朝の髑髏を見せて説得したという（『平家物語』「福原院宣」の項）。

平安後期ごろに、昔の有名人の頭骨を珍重していた様子がある。明日香村の高松塚古墳でも中世に賊が侵入し、鏡などの副葬品には目もくれずに頭骨だけを持出していて、発掘当時からぼくはこのことを指摘している。

義朝の髑髏（首）には後日談がある。文治元年（一一八五）八月三〇日に東獄門のあたりで探しだされた義朝の首を、文覚の門弟の僧が頚にかけて鎌倉へ届け、それを頼朝が練色の水干の装束を素服《そふく》に改めて請取っている（『吾妻鏡』）。このことによって、『平家物語』にあるような、文覚が頼朝に義朝の髑髏を見せたという話に膨らんだのであろう。文覚の弟子がその首を運んだことから、義朝の首の探索に文覚も力を貸したとみてよかろう。素服とは一昔まえまでの喪服で、粗末な白布で作られた。

頼朝は挙兵に成功した。平家を倒したあと、文覚に頼朝は神護寺と東寺の修造のための寄付をおこなった。このこととも関連するのか、神護寺には鎌倉時代の似絵《にせえ》が五幅伝わっていて、その一幅が源頼朝を描いたものといわれている。似絵は肖像画の一種で、五幅のなかでも頼朝の似絵は力強い筆致でこの武将の特色をとらえ、国宝に指定されている。

後白河法皇もそののち神護寺には荘園を寄進し、元暦二年（一一八五）に文覚が神護寺復興の決意と経過を述べた「文覚四十五箇条起請文」の末尾には後白河法皇が自ら添書をしているほどで、文覚の外護者になった。この文書も神護寺に現存し、国宝に指定されている。荒法師といわれる文覚だが、なかなか良い文章を、しかも丁寧に述べている。

後白河法皇は文治六年（一一九〇）には神護寺に行幸している。だが一一九二年に後白河法皇が、さらに一一九九年に頼朝が死ぬと文覚の立場が悪化し、罪を問われて対馬に流される途中、鎮西で死んだ。一二〇三年のことである。
慈円の『愚管抄』でも文学（覚）のことにふれ、
高尾寺ヲモ東寺ヲモナノメナラズ興隆シケリ。文学ハ行ハアレド学ハナキ上人也。アサマシク人ヲノリ悪口ノ者ニテ人ニイハレケリ。天狗ヲ祭ルナドノミ人ニ云ケリ。サレド誠ノ心ニカ、リケレバニヤ。播磨ヲモ七年マデシリツヽ、カク興隆シケルニコソ
と評している。慈円にも文学は実行力（行）はあるけれども学はなかった、また人の悪口はいうけれども誠の心の持主とみられたのである。この文から文覚が播磨国を知行国にしていたことがわかる。後白河法皇の配慮であろう。

成田不動と神護寺

話は関東の千葉へと飛ぶ。千葉県成田市成田に通称成田不動として知られる新勝寺がある。この寺の正式名は成田山明王院神護新勝寺である。偶然に神護寺の神護がついているのではなく、社伝によると、神護寺との関係が鮮やかに述べられている。

新勝寺が成田市の現在地に移ったのは一六世紀中ごろで、それ以来拡充を重ねて今日のような壮大な伽藍となった。この地に来る前は、同じ成田市内の公津《こうづ》ケ原にあった。公津は古墳の多い土地で、成田ニュータウン造成にさいしての発掘で「大寺」とか「新寺」と記した奈良時代の墨書土器が出ていて、古代に拠点集落があり、寺も建立されたと推測される。成田不動の社伝の説明にはいるまえに新勝寺の名前にふれておこう。天慶三年（九四〇）に終息した平将門の乱（承平・天慶の乱）の勝利を記念してつけられた、ということを想起しておいてほしい。

話は承平・天慶年間の平将門の乱にさかのぼる。将門は関東の土豪であったが、京都の朝廷には従わず、ついには自らを新皇と称して独自の政権を樹立しようとした。

この戦争を「乱」とよぶことには問題があって、東国の独立戦争の様相がある。この戦争を関東だけにおこったと見られがちだが、前に愛知県稲沢市の無量光院を訪れたとき、寺伝に平将門の戦争のとき本堂が焼けたとあって、目から鱗が落ちるおもいがした。藤原忠平の日記『貞信公記』には、天慶二年八月に尾張守共理が射殺されたことを尾張から知らせてきている。尾張国の国府も稲沢市にあって、このとき無量光院にも戦火が及んだのであろう。

平将門の戦争のことを述べた『将門記《しょうもんき》』は関東で書かれた軍記物として重要ではあるが、関東に重点をおいて書いているため、各地に波及した緊張状態が軽視されたきらいがある。南北朝に成立した『円太暦』には、天慶三年正月には宮城（平安宮）の諸門に矢倉を構え造ったことを回顧している。そういう意味では『円太暦』は南北朝の成立とはいえ貴重な史料である。

将門のおこした争乱にさいして、畿内では盛んに寺社で朝敵を調伏させる祈祷がおこなわれた。その一例をあげると、天慶三年正月三日に、延暦寺、東寺、愛太子山（愛宕山）、さらに摂津の四天王寺において、壇（護摩壇）で修法をおこなっている（『貞信公記』）。このなかの愛太子山とは神護寺のことかと推定される。

これから述べる話には、今のところ同時代史料は見出せないが、新勝寺にのこる寺伝であり、よく各書にそのまま引用されている。

朱雀天皇はこの争乱の平定を願って、嵯峨の広沢池のあたりにある遍照寺の寛朝に宝剣をさずけた。寛朝は神護寺にあった不動明王を持って東国へ行き、下総国公津ケ原に護摩壇を設け、二一日間の朝敵調伏《ちょうぶく》の祈祷をおこなった。祈祷の満願の日に将門は矢にあたって死んだという。また、この祈祷の場所に新勝寺が建立されたという。

神護寺には不動明王などを安置する五大堂の前に、神護寺の不動明王が元ここにあって、下総の成田へ運ばれ将門の乱を鎮めたことを記念する石碑がある。慶応二年に建立された石碑である。さらに明治のころまで、成田山は不動明王の借り賃を神護寺に毎年払っていたという。こうなると同時代史料はまだ見出せないとはいえ、以上の話はあり得たことにおもえる。なお新勝寺では鎌倉時代に作られたとみられる木造の不動明王像を本尊としている。

護王神社はもと神護寺にあった

ぼくが同志社大学に勤務していたとき、バスで行くと京都御所の西側で烏丸通に面した護王神社の横をいつも通った。古代や中世にさかのぼる神社ではなく、しばらくは訪れなかったが、あるとき烏丸通を歩く途中で寄ってみた。

本殿の前にある拝殿の前に、野猪の石像がある。神社では狛犬はよく見るが猪は珍しい。不思議におもって案内板を読むと、それもそのはず、この神社は和気清麻呂と姉の広虫を祭神としている。猪は前に述べた清麻呂の豊後国での故事にちなんだものである。

護王神社が現在地へ移り本殿などが新築されたのは明治一九年（一八八六）であり、それまでは神護寺の境内に鎮守としてあった。鎮守とはいえ、いつの頃からか清麻呂の霊を祠ると信じられていた（『都名所図会』）。

江戸時代の末になって日本国の世情が不安定となるにつれ、皇室の権威が増大し、過去の忠臣が再評価されるようになった。その過程で清麻呂の行為も見直され、嘉永四年（一八五一）に孝明天皇は清麻呂に「護王大明神」の神号と正一位を追贈した。この結果、神護寺の鎮守が護王神社とよばれるようになり、明治一九年に皇居を守護するため現在地に移された。皇居の守護とはいえ、すでに明治天皇は東京へ遷っていた。

神護寺境内では、この神社は鐘楼の下のほう、つまり今日の和気公霊廟のあたりに祠があったと推定される。なお清麻呂を祠りだしたのは文覚のころとも、あるいはそれ以前からあったともいわれるが、ぼくはまだ一々の検討はしていない。

神護寺雑感

神護寺は地名によって、高雄寺とも高雄山寺の名称があって長く使われた。前に引いたが慈円の『愚管抄』では、文覚のことを述べたなかで高雄寺を使っていた。

正式名称の神護寺は、前身としての神願寺と寺名が連動しているように思うが、神願寺は『神皇正統記』が河内国のどこかとしているが、八幡市と枚方市の境にある足立寺《そくりゅうじ》跡が有力候補である。西山廃寺ともいい、行政的には京都府内だが、眺望は大阪府の河内側にひらけている。石清水八幡宮の北西にあたる。このほか石清水八幡宮のすぐ北にある神教寺も平安前期に建立された寺であり、次の巻でふれるつもりである。いずれにしても神願寺、神護寺、神教寺の神が同じ宇佐の八幡神である。

神護寺へは長い坂道をのぼりつめると立派な楼門がある。江戸時代初期に板倉勝重が再建したのである。門を入るとかなり広い平坦地があって、右手（北）に山寺としては規模の大きい書院と庫裡がある。

この書院では毎年、五月一日から五日に虫払いをおこない、そのさい寺宝の絵画や古文書を拝観できる。有料ではあるが京都観光の予定にとりいれるとよかろう。

西へ進むと右手（北）に和気公霊廟がある。もと鎮守のあったところで、その山手（北）に鐘楼があり、そこから細い山道を北へとると清麻呂の墓に至る。途中すれ違う人もなくただひたすらに歩いた。

清麻呂の墓から戻ってくると金堂があって、もと神願寺にあったと伝える薬師如来立像に対面できる。その山手にある多宝塔に安置される五大虚空蔵菩薩像は五月一三日から一〇月二〇日まで なら、あらかじめ往復葉書で拝観希望日を申込んでおくと特別に拝観できる。要は何度も足を運ぶ必要のある寺だし、そういう努力をするに値する信仰財をもった寺である。

金堂の山手の道で南へ下ると、すぐに石で組んだ横穴式の古井戸があって、山からの湧き水をたたえている。空海が灌頂にさいして掘ったという伝承があって、閼伽井《あかい》とよばれている。神護寺にとって聖水の湧く井戸である。

さらに南へ進むと平坦地は終る。ここに茶店があって、人々はここで求めた土器《かわらけ》をがけ下へ向って投げ飛ばしている。ぼくは茶店で冷やしあめを飲んだが土器投げはしなかった。

茶店の前から下の道で北へ行くと五大堂と毘沙門堂がある。この毘沙門堂は昭和一〇年（一九三五）に今の金堂ができるまでの旧金堂で、五大堂とともに板倉勝重によって建てられた。

境内を歩いていると静寂なこと、それに木々が多いわりに日当りがよいことを感じた。この寺も応仁の乱で兵火をうけ、古い建物はないが仏像はよく守られてきた。それにしてもこのような寺に火をかける兵士とは、どのような人格と教養の持主だったのか。ふとそんなことを考えた。

知識の宝庫・高山寺

高山寺《こうざんじ》の山号は栂尾《とがのお》山であるように、所在地でいうと京都市右京区梅ケ畑栂尾町である。

高山寺でまず頭に浮ぶものは、明恵《みょうえ》上人（巻頭口絵参照）と鳥獣人物戯画である。このほか古文書や絵画などはすこぶる多い。仏教関係のものもあるが学術財といったほうがよいものもあって、まさに知識の宝庫である。昭和五六年に京都国立博物館で「高山寺展」がひらかれ、遺宝の量と質に圧倒された。今もそのときの厚い図録が手元にある。

ぼくの専門分野に関しても、明日香村にある野口王墓古墳（天武・持統合葬陵、大内陵）へ文暦二年（一二三五）に賊が侵入した。そのとき朝廷から派遣された官人（氏名は不詳）が書いた緊急調査の記録『阿不幾乃《あおきの》山陵記』も元はこの寺にあった。

つい先日（二〇〇八年六月一五日）、奈良国立博物館での「法隆寺金堂展」を見たさい、他の仏教関係の品々も見学した。そのなかに弘長四年（一二六四）に書かれた紀州の「星尾寺縁起」があって、明恵にも関係のあることを知りメモをとった。この古文書も高山寺蔵とあって、改めて高山寺が知識の宝庫であることに感銘をうけた。

このような高山寺ではあるが、明恵以前の草創期についてはよく分からない。そのなかで『日本高僧伝要文抄』の記事は注目される。

賢一という苦行僧が貞観のころにいた。王城（平安京）の北山の幽遠の地に精舎を造り、度賀《とが》尾寺といった。栂尾寺のことであろう。賢一は蔬食をしながら苦行をし、日夜絶えず千手陀羅尼《だらに》を暗誦したという。蔬食とは野菜ばかりの粗末な食事だが、当時の僧としては珍しくはなく、わざわざ書いていていることからみて野草を調理した食事のことだろうか。

このように栂尾に度賀尾寺という小さい寺があって、神護寺の一部のように扱われていたが、建永元年（一二〇六）に後鳥羽上皇から明恵がこの地を賜り、華厳宗興隆の勝寺（すぐれた寺）として高山寺というようになってから、この寺の本格的な歴史は始まった。明恵は三四歳だった。

このとき後鳥羽上皇から「日出先照高山之寺」の扁額を賜った。この額は後で述べる石水院の欄間に掛かっている。高山寺があるのは海抜一五〇メートルの山麓で、〝日出が真先に照らす高山にある寺〟とは、かなり誇張された表現ともみられるがそれが寺名となった。

洒脱の高僧・明恵上人

ぼくは歴史上で名を知っている高僧のなかで、人生に悩みをもちながらも生活の些細なことへの関心をもち続け、それを楽しみ、結果として充実した生涯を送った人としては明恵がまっ先に頭に浮ぶ。

高山寺には後に述べる奇抜な風刺漫画といってよい「鳥獣人物戯画」がある。四巻のうちでも甲巻は、猿と蛙と兎が主役となって立回りを演じるため、「鳥獣戯画」と略していうこともある。

この絵巻には、これでもかこれでもかというほど多く「高山寺」の印が、朱肉で上下に二つずつ押されている。絵巻としては珍しい。何の根拠もないけれども、ぼくはこの印を押したのは明恵であるように思えてならない。

「鳥獣人物戯画」の有力な作者として伝わっている鳥羽僧正（覚猷）は、一一四〇年に死んでいて、一一七三年生まれの明恵と顔を合わすことはありえない。とはいえ「鳥獣人物戯画」の面白さというか作者の意図を理解して、とても大切に扱いだしたのは明恵ではないかと感じる。というより、そういう人は明恵のほかにいそうもないように思う。

高山寺に伝わる代表的な寺宝に「明恵上人樹上坐禅像」と題する掛軸仕立の絵画がある（巻頭口絵参照）。弟子の成忍が描いたといわれている。明恵が生きているうちに描かれたので、絵の上部に明恵自らの賛が書かれている。明恵のことを知る基本史料であるし、広い意味の仏教画のなかで、これほど人の心をなごませる絵はない。

画面いっぱいを赤松の木で埋めている。中央に幹が二股に分かれた赤松の大木があって、根元よりやや上に明恵が「縄床」と名づけた二股の部分がある。ここで合掌姿の明恵が座禅をしている。明恵は小さく描かれているが似絵《にせえ》のように写実に徹しており、座禅に没入し切った明恵の姿がある。地上には明恵が脱いだ歯の高い下駄が置いてある。

注意してよいことがある。それは明恵の姿勢で、左斜め前からの座禅姿であることで、右耳がかくれている。

明恵は若いときの修業中に、仏法に迷いのあったとき右耳を切り落としていて、自らを「无耳法師」とよんだことがある。無耳《みみなし》法師ということである。左斜め前からの図では、右耳を描かないですむからであろう。耳を切り落とした人としては画家のゴッホが有名である。明恵よりは後の時代の人である。

この絵をよく見ると、隣の木にはリス（栗鼠）がいて明恵を見下ろしているし、頭上には二羽の小鳥が飛んでいて、静粛さのなかで明恵も自然に融けこんだ様子が伝わってくる。座禅とは本来このようなものであったのだろう。高山寺の山門をくぐって書院で受付をすませ、石水院の見学をするとこの絵の模写がかけてあった。

ぼくがこの絵にひかれる個人的な理由がある。小学生の低学年のころ、ぼくは木登りが好きだったし得意だった。庭に楠の大木があって、幹を登ると立ちやすい枝があり、そこまで登って見下ろしていた。ぼくの姿は道を通る人からは葉でかくされて見えず、学校から帰ると日課のようにこの木に登っていた。一度幹をすべり落ち、胸に疵をつけてしまい、それからはしだいに木登りはしなくなった。このように木登りは子供のころに昔は経験したものだったが、明恵も子供のころに木登りをしていて、僧になってからも樹上で座禅をしたのだろう。

紀州人としての明恵

明恵は紀州の有田郡石垣庄吉原村（有田市）に生まれた。父は平重国で、都に出て高倉上皇に仕え西面武士をしていた。母は湯浅の豪族湯浅宗重の娘だった。後にふれるように明恵は母方の湯浅氏との関係が強く、高山寺蔵の「星尾寺縁起」も、明恵の縁者でありかつ明恵に帰依した智眼（湯浅宗業）が書いた。智眼は有田に星尾寺を建立した人である。

私事にわたるがぼくの母が森家に嫁ぐ前の姓は湯浅で、母の父（ぼくの母方の祖父）は定年まで刑事をしていて、母は紀州の湯浅氏から出たとよくいっていた。

この祖父はぼくが小学校二年のとき、大阪城の天守閣へ連れていってくれた。天守閣はそのころ大阪府全体の博物館を兼ねていて、陳列してあった高安村（今日いう八尾市の高安千塚）出土の須恵器の器台にぼくは釘づけになった。この日がぼくの考古学への長い歩みのスタートとなった。

このようにぼくと考古学との切っ掛けをつくってくれたのが湯浅の祖父だった（『ぼくは考古学に鍛えられた』）。

紀州の土地がらと明恵

幼名を薬師丸といった明恵は八歳で両親を失った。母の死んだ年に、父は頼朝との平氏の合戦によって上総で命を落とした。そのあと明恵は神護寺にいた母方の伯父の上覚上人を頼って出家し、やがて高山寺に移った。そののち故郷の紀州へ帰って独自の修業をつづけた。右耳を切り落としたのはこのときである。

明恵は母を慕う心が強く、「仏眼仏《ぶつげんぶつ》母《も》像《ぞう》」という絵を念持仏にしていた。この絵は今も高山寺にあって国宝に指定されている。仏画とはいえやさしい女性が描かれていて、明恵がこの絵を大切にした気持ちがわかる。

この絵には明恵の賛があり、母への追慕の念の強さがあらわれている。上部の右側には片かなで和歌を書いたあと「无耳法師之母御前也。哀二愍我一生々世々、不二暫離一、南無母御前、南無母御前」とある。

上部の左側には「南無母御前　南無母御前、釈迦如来滅後遺法御愛子成弁、紀州山中乞食敬白」とあって、亡き母恋しさの想いをここにも記している。

高山寺には白光神《はっこうしん》立像《りゅうぞう》と善妙神立像の、白磁かと見まがうような木造彩色の像が二つある。どちらの神も気品のある女性をおもわせる。とくに善妙（一七三頁参照）は唐時代の長者の娘で、新羅の僧に恋心を抱いたと伝える。白光神の白色の姿は、インドの聖なる山ヒマラヤの雪におおわれた姿を象徴するといわれているが、このような彫刻があることには、明恵の母への追慕の心と関係するのであろう。

賛にある成弁《じょうべん》とは明恵の若いころの名で、自らを釈迦の遺法を守りつづける御愛子（愛弟子）といっていることは、その後の明恵の仏教にたいする大原則がでているとみてよい。明恵にとって重要なことは釈迦が説いた仏法であり、その後に派生した宗派なるものによる一種の分派主義には頓着しなかったのである。明恵の二〇歳代のことである。このような明恵の方針によって、高山寺はどの宗派にも属さず、キリスト教の聖フランシスコ教会と兄弟教会の約束をしている。どの宗派にも属さないとは、ぼくの主義にもかなっている。

紀州での明恵は釈迦のいた天竺（インド）へ渡ることに強い憧れをもって、天竺までの里程書、今日流にいうと旅行計画をのこしている（「大唐天竺里程書」）。これには紀州の土地がらも影響していたのであろう。

紀州の熊野には、秦の時代に徐福が渡ってきたとする根強い伝承があるし、紀大磐宿禰《きのおおいわ》のように、紀州を本拠としながらも高麗とも通交し三韓の王になろうとした人もいた（「顕宗紀」）。さらに呉越の船が時々漂着するといわれている土地である。

明恵のこの決意を無理とみた人がいた。湯浅家の女性で、春日明神が降臨した託宣という形で、親戚の若者の無謀なインド行を止めた。

このころインドではイスラム勢力の進出をうけて仏教は風前の灯の状況であり、おそらくこの情報が風の便りとして紀州人のなかに知られていたのであろう。このように考えると、春日明神の託宣とは、紀州の国際的な土地がらがもたらした情報のこととみられる。なお、春日明神の祠

明恵は二九歳から死の前年の五九歳まで、自分のみた夢を記録しつづけた。ときには簡単な絵を副えている。

は星尾寺の近くにあったようである。

明恵の『夢記』

高山寺には明恵自筆の『夢記』のかなりの部分が伝わっている。後世に明恵の真筆を手にいれたい人によって一部は散逸してしまい、京都国立博物館にも所蔵されている。これほど長期にわたって夢の記録をのこした人は日本はもとより他国でも例がない。残念なことに手軽に読める文庫本はなく、ぼくも通して読んだことはない。これからの楽しみになっている。

ぼくも三日に一度くらい夢は見る。夢に一番よくでてくる人は司馬遼太郎さんで、この人のぼくへの影響の強さとかかわっている。それと歴史上の人物と夢のなかで出会うことも時々ある。坂本竜馬と話したこともある。

この本の執筆を始めたころから、夢のなかでヒントが浮ぶことが時々ある。どのように書くべきかを迷っていたことが簡単に解けている。睡眠中もどうやら脳は動きつづけているようである。

ぼくは夢から醒めると細かいことは忘れてしまっていて、記録はできない。この点、明恵の夢の見方とは違うようだ。明恵が夢をよく見たのは、やはり人生に多くの夢をいだきつづけたからであろう。作家の黒岩重吾さんは、頼まれると色紙に「夢は人なり」と、よく揮毫されていた。〝夢ありて人間なり〟の意味であろう。

石水院と「阿留辺幾夜宇和」

高山寺の一番低いところ、つまり周山街道のすぐ上に石水院《せきすいいん》があって、書院と廊下でつながっている。明恵が後鳥羽上皇から加茂院石水院を賜り、高尾へ移したのである。このように石水院は明恵のころからある建物だし、中世の上流階級の住宅を知るうえでも貴重である。

石水院は明恵のときから現在地にあったのではなく、高山寺境内のもっとも高い現在の金堂の東にあった。それを明治二二年に今の場所へ移した。

何度も改変や修理をへているため、元の建物の姿を想像するのはむずかしいけれども、簡素ななかに優雅さをただよわせている様子は見学しているうちに分かりだす。西の広縁の天井近くに、豪快でそれでいて文様の整った蟇股《かえるまた》のあるのが目をひく。

それほど規模は大きくはないけれども、上皇が日常生活をおくった機能的な住宅建築であることが納得できる。このような建物を贈ったのであるから、後鳥羽上皇の明恵への信頼の高さが推測できる。

明恵は高山寺の生活の規則を細かく定め、それを白色の墨で両面に記した板の額が伝わっている。普通ならば、〝生活規範〟とでもするところを、明恵は「阿留辺幾夜宇和」とした。意味は〝あるべき様わ（は）〟であろう。〝生活のあるべき、つまり理想の生活のリズムは〟とあるから、規則でもあり多少は理想の目標として掲げたのであろう。

まず「一、酉　礼時　唯心観行式」から始まっている。午後六時から始まり、座禅もおこなったあと、子丑寅、つまり午前零時から午前四時まで休息、つまり睡眠をとる。このあとまた座禅があって、「一、午　食事　五字眞言五百遍」とある。食事は午、つまり正午の一回だけである。午後はもっぱら「学問或書写」や「会師可要決」などにあてている。書写とは経や本を写すこと、会師要決すべしとは事務処理のことであろうか。

規則の後半は、学問所や生活の場である房での細かい心得が述べられている。例えば「一、聖教ノ上ニ数珠手袋等物、不可置之」であって〝仏典の上に数珠などの物を置いてはいけない〟などがある。「一、文机下ニ聖教不可置之」も同じようなことで〝文机の下に仏典を置くな〟ということである。もう一つを見ると「一、閼伽桶ニ衣裳ノ袖不可触之」とあるのは、〝仏や祖師の像に供える聖なる水をいれた桶に着物の袖を少しでも触れるな〟であって、明恵の細かい気配りがわかる。

俗人には睡眠時間が四時間しかないことはまず堪えられないし、食事がお昼の一回というのもきびしすぎる。明恵もこの理想どおりの生活を送れたかどうかはぼくには分からない。それにしても明恵は几帳面な性格の持主であったようである。

栂尾茶と開山堂

高山寺の境内には茶園があり、今も茶が栽培されていて一〇キロ程度の収穫がある。書院の北西にひろがっていて、西側の金堂道との間にある。中国から茶の実を持ち帰ったのは建仁寺の栄西が名高い。明恵は栄西から茶の実を三種もらって、それを栂尾で植えたのが本茶ともよばれるように栂尾茶の起源である。ただし栄西や明恵の前からも、日本では茶は栽培されていた。それについては『洛東の巻』の「六波羅蜜寺の項」でふれた。

明恵は食への執着はなかったと感じているが、「開山祖師（明恵のこと）習禅勤行の障り、睡魔を強敵とす。彼の退治降伏のため、茶を植えて精進の幡《はた》となす」（『異制庭訓往来』）とあるように、眠気ざましのための茶を珍重した（幡は糧の誤記か）。

先ほどあげた「阿留辺幾夜宇和」の房中や学問所の項に「不可臥」とある。これは身体を横たえるとつい眠ってしまうことを戒めたのである。

栂尾は茶の栽培に適していて、栂尾一帯で茶の栽培がおこなわれるようになり、栂尾茶として知られるようになった。周山街道を栂尾から高尾へ行く途中にも「茶山栂尾」の石碑がたっている。

高山寺境内の茶園でとれる茶は、一一月八日に開山堂の献茶式で明恵の像に供えられる。開山堂は書院の山門を出て石段をほぼ登りつめた右手（東）にある。建物は江戸時代の享保年間に再建されたものだが、堂内に安置されている明恵上人坐像は明恵の死後間もなく造られた。ふだんは見ることはできないが、献茶式の日と一月一九日の明恵の命日には拝観ができるという。ぼくも一度その日に行ってみよう。

茶山栂尾の石碑

明恵の等身大の坐像は写真でみてもすこぶる写実的で、その顔付きは今日でも紀州に行くとどこにもいそうな普通の大人のようでもある。しかしよく見ると気品があって、精神の強靭さがただよっている。安心しきって微笑みを含んでいる。ふくよかな顔付きからは、とても一日一食ですごしている人のようには見えない。

開山堂から石段を登りつめたところに、明恵の

献茶式のおこなわれる開山堂

詠んだ和歌を刻んだ石碑がある。

山のはに　われも入りなむ　月も入れ
夜な夜なごとに　また友とせむ

「山のは」とあるのは、明恵がインドの仏跡にちなんで楞伽山《りょうがせん》と名づけた高山寺の裏山のことであろう。この地に墓が造られることを知っての和歌かとおもう。明恵は多くの和歌をのこしていて、なかには型破りな和歌もある。

　この歌碑と並んで「阿留辺幾夜宇和」と縦一列に刻んだ石碑がある。この言葉は明恵も気に入っていたのであろう。さらに形のよい鎌倉時代の宝篋印塔と如法経碑がたち、その奥に垣で囲んだ明恵の墓がある。開山廟である。

　御廟のささやかな建物の下部には石積の基壇がある。この部分が本来の明恵の墓であろう。さらにその上に五輪の石塔がたっているといわれているが外からは見えない。

　このように高山寺には明恵の墓（廟）と開山堂があって、この点は和気清麻呂の墓と廟のある神護寺とも共通している。高山寺は明恵との関係でみると墓辺寺の性格があったのである。

白洲正子の『明恵上人』それに為因寺

明恵の墓のある廟

白洲正子という作家がいた。戦後すぐから始まった橿原考古学研究所の日曜の集り（今は途絶えている）に二度、立寄られたことがある。そのころぼくはまだどんな作家かは知らなかったので話を交わすことはしなかった。ずっとあとで分かったのだが、白洲さんの代表作の一つが『栂尾高山寺　明恵上人』である。一九六七年に講談社から刊行された。

この小説には、明恵の弟子の義林房喜海が書いた『明恵上人伝記』などを丹念に読んで執筆されたようである。ぼくが面白く感じた次の話を紹介しておこう。

鎌倉幕府の御家人に秋田城介をも務めた安達景盛という武士がいた。源実朝の死を機会に出家し覚智（地）と名をかえ、明恵にも帰依してしばらく高山寺に住んだ。

ある日、覚智は野草のなずな（春の七草の一つ）を摘んで味噌汁を作り、明恵もそれを食べた。明恵は一口ふくむと食べるのを止めた。左右を見回し遣戸《やりど》のふちに残った埃をつまんで味噌汁にいれた。明恵は「あんまりおいしいので……」と恥ずかしそうに呟《つぶや》いたという。

これに似たことはぼくの体験にはまったくなく、読んだときはっとした。明恵は日常生活のはしばしにもユーモアをまじえていて、いかにも明恵らしい。詳しくは『栂尾高山寺　明恵上人』を読んでほしい。ぼくも本書のシリーズが完成して暇ができたら「明恵上人伝記」はぜひ読もうとおもう。

この巻では、おもいかけず何人もの先人の生きざまの一端にふれられたけれども、一番親近感をもったのは明恵である。

承久の乱では、多くの上皇側の人が命を落とした。夫を失った女たちが京都を逃れて高山寺に身を匿《かく》したという。明恵が匿ったというより逃げこんだ人を保護したのであろう。

その女たちのためにできたのが為因寺《いいんじ》で、善妙尼寺ともいう。梅ケ畑奥殿町にあって高山寺のほうへと通じる周山街道に面しており、平岡八幡宮に近い（ただしぼくはこの寺を探せなかった）。もと高山寺の別院で、男寺の高山寺にたいして女寺といった観があった。

この寺の境内には、正面に「阿難塔」の銘を刻み裏面に文永二年（一二六五）の銘のある宝篋印塔がたっている。先に述べた高山寺の宝篋印塔とも形が似ていて、どちらも宝篋印塔（石塔）としては古く、呉越国の銅製の銭弘俶塔の面影をのこしている。

境内に鎮守として祠る善妙明神は新羅国の善妙という女性である。このことについては高山寺の「善妙神立像」のところでふれた（一六二頁）。

鳥獣人物戯画には詞書はなく、絵画だけの絵巻である。高山寺には四巻が伝わっていて、よく博物館で陳列されるのは甲巻である。

鳥獣人物戯画

甲巻は猿と蛙の繰広げる物語が展開し、兎は両者の行司役といった形で登場する。その意味では鳥獣戯画といわれることもある。一個所だけ、兎が手綱をつけて曳く雄鹿や猪と、物をいれた大きな行李状の容器を頭上に両手で支えている人物のような図（顔はかくされているが狐らしい。手足は人間で尾がある）がある。やはり鳥獣人物戯画というには無理がある。

四巻のうち製作年代が平安後期とみられているのは甲巻と乙巻で、とくに甲巻は伝承どおり鳥羽僧正（覚猷）の筆になるとみられている。

覚猷は大納言源隆国の子である。隆国は『宇治大納言物語』の作者とされる人でもある。覚猷は天台の僧で、鳥羽上皇の厚遇をえて鳥羽殿の宝蔵を管理したり、園城寺《おんじょうじ》（三井寺）に住んだとき密教の図像の集成にもたずさわったりしたから、絵画についての見識をたかめることはできた。鳥獣人物戯画とともに、四大絵巻に数えられている信貴山縁起絵巻の筆者の有力候補とされているのも鳥羽僧正である。

先に書いたように、一九八一年に京都国立博物館で高山寺展がひらかれた。そのときの展示図録に「明恵上人と高山寺」と題する序文を寄せられたのは文化史学者の林屋辰三郎氏（故人）である。林屋さんは当時その博物館の館長をしておられた。

その序文は「鳥獣人物戯画」の項から始まり、まず甲巻についての問題点を述べたあと「鳥羽僧正の存在が改めて有力な筆者として考えられ、伝説の妥当性が論じられるようになった」と説いておられる。

甲巻と乙巻を平安時代後期、丙巻と丁巻を鎌倉時代になってからの制作とみるのが通説のようではあるが、筆力からみると甲巻がずば抜けていて、乙巻をも鳥羽僧正の手になったかどうかについてはまだ定説をみないようである。

鳥羽僧正の絵師としての力量は当時から知れわたっていて、『古今著聞集』に次のような話がのっている。この文章は「鳥羽僧正は近き世にはならびなき絵書《えかき》なり。法勝寺金堂の扉の絵かきたる人也」で始まっている。近き世にならびがないどころか、現代の日本画家でも鳥羽僧正の筆力にかなう人をぼくは知らない。

年貢米が京に集ってきたときの話である。俵のなかに糠などをつめた不法の俵があったので、大騒ぎになった。鳥羽僧正は騒ぎをよそに筆をとり、軽い俵が空中に飛んでいる様子を絵にした。このことが上皇にも聞え「その絵を院御覧じて御入興ありけり」。そののち供米のさたはきびしくなり、不法はなくなったという(書図の項)。

信貴山縁起絵巻に米俵が空を飛んでいる場面がある。この絵はそれとも関連がありそうである。乙巻には犬のような小動物もでているが、馬、牛、象などの大きな動物、さらに空想上の動物や獅子のように日本にはいない動物、大きな鳥や小鳥など甲巻とは違った図形が描かれている。ぼくには甲巻と乙巻とでは筆者が違うのか、そうでなければ制作の年次がかなり異なるようにおもえる。

なお丙巻と丁巻には今ここで解説することはなかろう。

高山寺にはもう一つみごとな絵巻がある。華厳縁起である。もし八大絵巻とか十大絵巻というくくり方ができるとすれば、華厳縁起はそれに数えられるであろう。表現力が力強いのである。

華厳縁起

明恵は特定の宗派へのこだわりはなかったが、華厳宗にはひかれるところがあり、先に述べたように、後鳥羽上皇から栂尾の地を賜るとき、「華厳宗興隆の勝寺」を造るようにとの目的があった。

これよりさき明恵一六歳のとき、具足戒をうけたのは東大寺の戒壇院である。東大寺は奈良時代から華厳宗研究の中心である。

高山寺には華厳縁起は六巻伝わっており、中国で七世紀になって生まれた華厳宗を、新羅でひろめた元暁《がんぎょう》と義湘《ぎしょう》の物語で絵巻は展開している。

とりわけ義湘絵は圧巻である。唐に留学した義湘に恋をした女（善妙）が海に身を投げ、巨大な竜となって義湘の船を追う場面がある。その竜は高松塚古墳壁画の竜（青竜）や、禅宗寺院の法堂の天井画の竜の絵などにくらべても、桁違《けたちが》いの筆力を感じる。竜はこのあと義湘の乗る船を背負うようにして海を進んだ。この場面は中世の大船を知るうえでも貴重である。

元暁は入唐を断念した人で、この点、天竺行きを果せなかった明恵と通じるところがある。

この絵巻は明恵の構想によって作られたといわれている。元暁絵に描かれた元暁の顔は「明恵上人樹上坐禅像」の明恵の顔とよく似ていて、ここにも明恵のいたずら心がうかがえる。現代でもイラストレーターの早川和子さんは、発掘現場を描くとき、ときどきぼくの顔をそれとなくいれるので驚くことがある。

華厳縁起で描かれた二人の高僧は新羅人である。先に何度かふれた善妙も新羅の女性である。嵯峨の地に古代にいた秦氏は、後に述べるように新羅の文化をも摂取していたから、嵯峨での新羅のことはさらに検討する必要がある。

第4章　嵯峨野巡礼

嵯峨院、棲霞観、檀林寺などの集る土地

嵯峨といえば野のひろがる風景が頭に浮かぶ。毎日多くの人が、巡礼者のように黙々と嵯峨野を歩いている。ぼくにはかなりの距離であるのに、嵯峨野のどこへ行っても歩く人の姿を見かける。信仰で歩く人もいるだろうが、心を鍛えるための巡礼者とも見える。巡礼という言葉に抵抗も感じるが、いく先々に寺や社があるのだから、巡礼といってもおかしくはなさそうである。一人で歩く人、夫婦で歩く人、子供と歩く人、とにかく嵯峨野は団体でさわぎながら歩くところではない。

「野は、嵯峨野さらなり」と、その深遠な魅力を見抜いたのは平安中期の清少納言である（『枕草子』一六九段）。清少納言のころの嵯峨野は草の茂る野が展開するのではなく、後に述べる風景であったし、それらの建物のなかには荒廃しかけたものもあった。

嵯峨野にとりつかれるように住みつづけたのは、桓武天皇の皇子の賀美能（神野）親王である。賀美能親王は皇子のころから嵯峨に山荘を造り、譲位して上皇になってからもこの山荘を離宮として住んだ。そこが嵯峨院で、死後についた諡号《しごう》（おくりな）の嵯峨天皇は、この離宮（山荘）に冠せられた地名によったのである。

嵯峨天皇は漢詩や書の才に秀でた知識人ではあったが、后妃の数はすこぶる多く三〇人を数えた。したがって皇子や皇女の数も五〇人に達したという。その意味では好色の帝であった。

嵯峨天皇の第八皇子が源《みなもと》の姓をもらって臣籍になった源 融《とおる》であり、父と同じように嵯峨に住んだ。長編恋愛小説の『源氏物語』の主人公光源氏のモデルといわれているが、父ゆずりの好色者だったのであろう。

源氏というと、源頼朝のような武家となった清和源氏が頭に浮ぶが、嵯峨源氏はそれより古く、嵯峨天皇の皇子の信《まこと》が源朝臣をもらってから始まった。面白くおもうのは、源 信《みなもとのまこと》や源融のように姓名とも一字からなる人が多いことである。

『新撰姓氏録』の「左京皇別」の「源朝臣」の項には、「信年六、腹広井氏、弘年四、腹上毛野氏、常《ときわ》年四、明《あきら》年二、以上腹飯高氏（以下四人の妹は略す）」とあって、この四人だけでも広井氏、上毛野氏、飯高氏から出た女性が妃になったことが分かる。飯高氏は水銀の産出にかかわった伊勢国飯高の豪族である。なお嵯峨天皇の皇后は橘嘉智子で、この皇后も嵯峨に檀林寺を建立した。天竜寺のあるあたりと推定されている。

源融は平安京内の左京六条四坊に、六条院（河原院）とよばれた広大な邸宅をかまえていたし、宇治にも宇治院という別業をもっていた。宇治院はそののち転々と所有者が変わり、藤原頼通のときに平等院になっている。

源融は参議などをへて左大臣になったが、たいへん裕福で嵯峨に広大な山荘を営み、棲《せい》（栖）

霞観《かかん》とよばれた。後に述べるように、その一部が清涼寺《せいりょうじ》となったが、敷地は今日の大覚寺近くまで達していたといわれる。

このように、平安前期には嵯峨野の北東に嵯峨天皇の嵯峨院（その一部が今日の大覚寺）があり、その南西に源融の棲霞観《せいかかん》（その一部が今日の清涼寺）があり、その南南西に橘嘉智子の檀林寺（今日の天竜寺の周辺）というように、嵯峨天皇の家族がずらりと邸宅や寺を造営していた。前に述べた嵯峨天皇の皇女の有智子内親王の山荘があった嵯峨西庄も棲霞観と檀林寺の間にあったから、平安前期の嵯峨野は嵯峨天皇のファミリーによって占有されていたといっても過言ではない。

棲霞観から棲霞寺へ

棲霞観には水尾帝とよばれた清和上皇が晩年に滞在したことがある。そのかなりあと源融が東六条第で死に、棲霞観は融の子らによって棲霞寺とされた。

光源氏のモデルの源融も晩年は信仰生活にひたり、阿弥陀如来の造立をおもいたったという。造立は融の死の直後に、子の湛《たたう》と昇《のぼる》によって完成したといわれている。

この阿弥陀如来像は今日も棲霞寺本尊として清凉寺に伝えられ、境内の阿弥陀堂（江戸期の再建）に安置されている。寺伝では融が死ぬ直前に自分の顔に似せて造らせたとして「光源氏写し顔」の伝承がある。阿弥陀如来像は三尊からなり、いずれも木造で坐像、ぼくには中尊の顔も脇侍の観音と勢至の二尊の顔も共通しているように見え、温和な面相である。

阿弥陀三尊をぼくは二〇〇八年四月五日に霊宝館で拝観できた。寛平八年（八九六）八月一六日の融の一周忌に造顕されたとされている（『菅家文章』の「為両源相公先考大臣法会願文」）。これは完成の時を示していて、制作の開始は融の在世中にさかのぼることも考えてよかろう。

棲霞観からの伝統をもつ阿弥陀堂

清涼寺に伝わる兜跋毘沙門天

東寺や鞍馬寺にある兜跋毘沙門天《とばつびしゃもんてん》像については、『洛北・上京・山科の巻』の鞍馬寺の項でかなりの頁数を割いてその歴史的意味を書いた。

兜跋毘沙門天は東アジアの仏教史のなかでは新しく現れた信仰である。唐が西域の異民族の侵入を防ぐ過程で、唐の高僧の不空が考案したものと伝え、日本へは延暦二四年に帰国した藤原葛野麻呂を大使とする遣唐使がもち帰ったと推定できる。

もち帰ったのは兜跋毘沙門天についての知識だけではなく、唐で制作された兜跋毘沙門天像をも持ち帰り、それを平安京の南の入口に建つ羅城門の楼上に安置したといわれる。羅城門が倒壊してから東寺へ移され、今日まで伝えられたのである。

平安前期には、鞍馬寺をはじめ各地で兜跋毘沙門天

兜跋毘沙門天像
（清涼寺、『仏像集成３』学生社刊より）

像が模刻された。とくに蝦夷との接触の地である岩手県には、巨大ではあるが細部まで忠実に模刻した兜跋毘沙門天像が各地に安置されている。このように兜跋毘沙門天像にはたんなる信仰ではなく、古代の政治史が強烈に反映しているのである。

鞍馬寺のことを書いていたときには気づかなかったが、高山寺には中国の南宋時代に描かれた不空の肖像画が伝わっている。空海に真言密教を伝授した恵果《けいか》は不空の弟子であり、そのことで不空の肖像画が高山寺にあるとみられている。それだけではなく、今後、兜跋毘沙門天のことを考えるにさいして、不空の肖像画についても考えてみる必要があるだろう。

鞍馬寺の項を書いたとき、もう一つ気づかなかったことがある。それは清涼寺にも一体の兜跋毘沙門天像があることである。東寺や鞍馬寺の毘沙門天像については、それらの像が東寺や鞍馬寺にあることに何とか説明はついたけれども、嵯峨にあることは意外だった。

二〇〇七年の秋に清涼寺へ行ったとき、兜跋毘沙門天像のことを尋ねると〝四月一日から霊宝館で展示します〟とのことだったので、その日を待ちわびて四月五日の高尾行の途中で宿願を果すことができた。

霊宝館で初めて対面した兜跋毘沙門天像（以下、清凉寺像と略す）は想像していたよりも立派で、東寺の像かと錯覚するほどよく似ていた。大きさもほぼ同じで一八四センチあり、東寺の兜跋毘沙門天像より五センチ低いだけである。

霊宝館で配布された特別公開の説明書にはこの像を「平安後期」としてあったが、久野健氏編の『仏像集成』の京都篇には、それよりは古く「十世紀」としてあった。

ぼくは、東寺の兜跋毘沙門天像が日本にもたらされてから、清凉寺像が模刻されるまであまり時間はたっていないと感じ、平安後期説には違和感がある。東寺像はサクラ材を用いるのにたいして、清凉寺像はカヤ材を用いている。このような違いがでるのは当然で、東寺像は中国製の将来（舶載）像であるのにたいし、清凉寺像は日本製であり、模刻にさいしては日本の仏師の伝統的な技術が使われたのである。こうした違いは、大きな年代差を示すとは一概にはいえないのである。

ぼくは清凉寺像についての清凉寺の伝承を聞きたくおもい、仏教大学の門田誠一氏に相談した。すると門田氏はすぐさま近藤謙氏に「清凉寺兜跋毘沙門天像の文様と寺院調査における新出資料について」の研究ノート風の論文のあることを知らせてくれた。この論文は仏教大学アジア宗教文化情報研究所が研究紀要として発行した第四号（平成二〇年三月）に掲載されていたのであり、いわば出来たての論文だった。近藤氏は仏教大学宗教文化ミュージアムでポスト・ドクターとして勤務している。

門田氏もその号に「奈良・平安時代の仏教関係遺物とその意味—土器・陶製遺物・石製品を中心として」の論文を書いていて、この研究所が仏教大学にふさわしい研究をおこなっていることに拍手をおくりたくなった。

清凉寺の兜跋毘沙門天像は清凉寺の阿弥陀堂に伝来したことを近藤論文から知った。

近藤論文、さらに棲霞観(寺)について

先ほども述べたように、今日の阿弥陀堂は江戸期の再建ではあるが、清凉寺では棲霞寺の法灯をうけつぐ建物としてあつかっている。

阿弥陀如来坐像や清凉寺像だけではなく、持国天《じこくてん》・増長天・広目天《こうもくてん》・多聞天の四天王立像も棲霞寺以来の信仰財であることを、近藤論文では指摘している。

神護寺でもみたように、仏像を安置する建物は火災で失われても、仏像は運びだされて今日まで伝わるものである。棲霞寺でも当初の建物はすべて失われているし史料も豊富とはいえないのに、創建時の仏像は守りつづけられてきたのである。

気づいたことをいっておこう。考古学では個々の遺物として見るだけではなく、遺構のなかでどのような状況で、いいかえると出土時の一括遺物として捉えることの重要さをぼくは指摘してきた。仏像研究にさいしてもこのことは大切で、どういうお堂にどのような仏像群として安置されてきたのか、という視点は研究の出発点となるだろう。そういう意味で、文化庁が進める収蔵庫へ集めてしまうことは、信仰財ではなく文化財として扱ってしまっている。今回はこれ以上は書けないが、一度棲霞寺の仏像群だけを見てみたいものである。

近藤氏は赤外線カメラを使って清涼寺像の文様を克明に観察された。一々は紹介できないが、ぼくの注目したのは背甲と腰甲に描かれた植物文（パルメット文）である。

パルメット文は東アジア全域にひろく短期間に流行した文様である。ぼくはずっと以前に、鳥取県の岡益石堂という石造物に関心をもったことがある。岡益石堂の石柱にはパルメット文が彫られていて、その系譜を確かめるため中国の雲崗《うんこう》の石窟にも行ってみた。日本では和歌山市の大谷古墳出土の馬具の文様に始まり、法隆寺の玉虫厨子の文様などがある。その延長線上にあるといえそうな文様である、と近藤論文からうかがえたのである。それらをふまえて清涼寺像について近藤氏は「東寺像が請来されてから半世紀ほどの間に模刻された」と結論づけられたのである。ぼくも賛成である。

ここで歴史的な問題が派生する。清涼寺像の年代によって、この像が棲霞観のころのものかそれとも棲霞寺のときのものかの差が生じるということである。棲霞観のものとすれば源融の在世中になるし、棲霞寺のものとすれば融の死後の子供たちのころのものとなる。

ぼくには清涼寺像の作られたのは融の在世中の可能性が強いように考えられる。もしそうであれば融という人はたんなる好色の遍歴者ではなく、政治にも強い関心をもっていたという側面が垣間見えるのである。

融が六二歳のとき、陽成天皇の退位問題がおこった。陽成天皇は「性悪にして、人主の器に堪へず見え給ひければ、摂政歎きて廃立の事を定られにけり」とある（『神皇正統記』）。古代の武烈天皇に較べられるような悪しき天皇であり、新たな天皇を期待する声が大きかったのであろう。

このとき摂政は藤原基経で融は左大臣であった。この事態にさいして融は「いかがは。近き皇胤をたづねば、融らも侍るは」(『大鏡』巻二太政大臣基経・昭宣公の項)といったという。「いかがは」とは〝議論に及ぶまい〟の意味、融に皇位を望む強い意志のあったことがうかがえる。

ぼくの推測になるが、壮年期の融はかなりの好色者であったとおもうが、晩年になると好色の道よりも政治に関心を強めたこともありうるとおもう。

『源氏物語』の松風の巻に、「嵯峨野の御堂」が何度かでている。寺の御堂かそれとも山荘内の御堂か、にわかには決めがたいがこれも留意してよかろう。

棲霞観はもとをただせば嵯峨天皇の嵯峨院の一画を融がいただいたものである。山荘の字を使ってしまうと、今日の別荘のように錯覚するけれども、邸のなかに兜跋毘沙門天像を安置できるようなお堂があったのであれば、融が政治のことにも並々ならぬ関心をもっていたことになる。嵯峨天皇が多くの皇子のうち融を重視した理由が解けるようにおもう。

嵯峨天皇・檀林皇后・源融の供養石塔

清凉寺境内の本堂の南西に南北一列になって並ぶ古い石塔がある。北から檀林皇后の石塔と嵯峨天皇の石塔を石垣でかこんでいて、そのすぐ南に源融の石塔がある。とくに融の石塔はその墓とも伝えられているが、石塔そのものは融の没年よりかなり年代は下りそうである。とはいえ融の石塔は宝篋印塔であり、先に述べた高山寺や為因寺の石塔のように鎌倉時代のものとみられる。

融の墓としては、融の死後に時間がたってから石塔を建立したのか、それとも供養塔なのかは今のところは決めかねる。それにしても、融の山荘である棲霞観の一画に「融の墓」の伝承のある石塔があることには、注意しておいてよかろう。

これらの石塔については、京都の江戸時代の地誌である『雍州府志』や『都名所図会』などにも記載されているが、融らの墓とは断定していない。とはいえ嵯峨天皇と檀林皇后の石塔は、明治以前には御陵のあつかいをされていたことがあるという。

どちらの石塔も古色をおびていて、とくに檀林皇后の石塔は五層の層塔である。これは皇后の死の年に近い石塔かともみられる。嵯峨天皇の石塔は宝篋印塔ではあるが、一部に組みかえた個所があって、これは嵯峨天皇の死よりは年代が下がっているとおもう。いずれにしても嵯峨と縁の深いこれらの人々の供養塔が清涼寺境内に並んでいるのは、歴史的な壮観さであるといってよかろう。

源融の墓と伝える宝篋印塔

宋の太宗の厚遇をうけた奝然

源融らの石塔のさらに北に、奝然《ちょうねん》の墓ともいわれる石《せき》幢《どう》がある。奝然は山背《やましろ》の秦氏《はたうじ》の出である。若いときの経歴は知りえないが、東大寺の僧である。中国仏教の聖地である五台山に詣ることを強く願い、永観元年（九八三）に中国の呉越（江南）の商人、陳仁爽や徐仁満が中国へ帰る船に便乗した（「清涼寺縁起」）。

遣唐使の廃止後の平安中期には、中国商人の来航が活発となり、その船に便乗して中国入りを果す僧が多くいた。奝然もその一人である。

奝然の中国入りと滞在さらに帰国については『宋史』日本伝に詳しく書かれている。この日本伝の記事の大半は、奝然のことと奝然のもたらした「王年代紀」で占められている。

雍熙《ようき》元年（九八四、日本では永観二年）に日本国の僧奝然が、その徒五、六人と海に浮んで至り「職員令」と「王年代紀」一巻を献じた。このうちの「王年代紀」は天皇の歴代史と日本国の地理の概観からなっていて、『宋史』では詳しく内容を紹介している。人物名などについて誤記も少なくはないが、記紀と比較すると面白い。奝然の渡航の年代に一年の違いがあるのは、準備や出航の時と中国での滞在をまとめて記した違いであろう。なお奝然の渡航にしたがった弟子の一人が盛算である。盛算はのちに述べるように、奝然の死後にその遺志をついで清凉寺の建立を果した。よい弟子をもつことも高僧の条件である。

宋の皇帝太宗は汴京《べんきょう》（開封）で「奝然を召見し存撫すること甚だ厚く紫衣を賜い太平興国寺に館せし」めた。つまり厚遇したのである。中国へ行った他の僧と同じように、奝然は「華語に通ぜず、その風土を問えば書を以って対《こた》えて云ったという」。下手な中国語で答えるより、みごとな文字と文で書いたほうが中国人に感銘をあたえた、とぼくはみている。

太宗は日本国の国王が一姓で継ぎ伝えており、臣下も世襲の官であることを知って（中国との違いに）嘆息し、宰相に「島夷」つまり日本国の良さを「古の道」といって、理想の姿だと感想を述べている。宋の太宗が日本文化をよく理解していたことに、ぼくは驚く。それもそのはず、太宗は博学の人で、今日でいう百科全書の原稿に目を通し、書名をあたえたのが『太平御覧』である。

『宋史』では日本には中国の書籍が多くあって、奝然も「孝経」と越王の「孝経新書」をもっていった。どちらの書籍もみごとな装丁がしてあったことをも記録している。

このように考えると、奝然が太宗から厚い待遇をうけたことには、奝然の個人としての優秀さにくわえ、太宗が日本文化の長所を理解したことも大きかったとぼくはみている。

太宗は奝然の五台山へ詣ることの申し出をも許し、通過するところに食を継がせた。五台山は山西省にある霊山で、清涼山ということもある。

奝然がもたらした「王年代紀」にも、過去に五台山へ行った日本の僧の霊仙や行賀のことを書いていて、五台山行を実現させるための伏線にしていた。

奝然は帰国後に嵯峨の愛宕山を五台山にみたてて、嵯峨の地に五台山清涼寺を建立するきっかけをつくった。そのことにはもう少し先でふれることになる。

釈迦等身立像
（清涼寺、『仏像集成3』学生社刊より）

奝然は雍熙三年（九八六、日本の寛和二年）に台州（浙江省東部の臨海県など）の商人、鄭仁徳の船で大宰府に帰った。帰国にさいし

奝然の墓と伝える石幢

て摺本一切経論や霊山の釈迦等身立像、十六羅漢像を持ち帰り、二月一六日には一条天皇が御覧になっている（『扶桑略記』）。

これらの請来品《しょうらいひん》のうち、とくに釈迦の等身立像は生身《なまみ》の像として人びとを驚かせ、毎日一斗の白飯を供養したほどである。

釈迦等身立像はこのあと紫野の上品蓮台寺《じょうぼんれんだいじ》に安置され、その三年後に嵯峨の棲霞寺に移された。奝然はこの像のためのお堂を建立し、清涼寺とすることを願った。とはいえ奝然は永祚《えいそ》元年（九八九）一二月から正暦三年（九九二）までの三年間は東大寺復興のためその別当となり（『東大寺要録』）、力を東大寺に向けざるをえなかった。そのため嵯峨ではお堂の建立はできたが、清涼寺とすることは果せないまま、長和五年（一〇一六）に七九歳の生涯を終った。

清涼寺ができたのは奝然の入滅ののち、弟子の盛算によって実現したという。なお奝然の晩年に、栄転とはいえ東大寺の別当に任じられたのは、嵯峨に清涼寺のできることに反対した延暦寺側の圧力に屈した朝廷のとった苦肉の策と考えられる。

奝然は自らの眼で清涼寺を眺めることはできなかったが、奝然の墓と伝えられる石幢《せきどう》は本堂の斜め前方にある。つまり源融の墓と伝える石塔などの一番北にある。この石幢はもと寺の北東の境内飛地にあったのだが、昭和六〇年の釈迦立像が造られてから千年目となるのを記念して現在地に移された。

この石幢も部位の一部が失われ笠石も近年に補われたものではあるが、南北朝ごろの遺品で石幢としてはなかり古い。墓というよりも供養のための建立であろう。なお幢《どう》とは本来は仏堂内にかけられた六角から八角の筒形の「はた」であり、鎌倉時代から石造物として現れる。

奝然が入宋するまで

奝然の入宋は永観元年（九八三）だが、そのことを決意したのは、それより一二年前の天禄三年（九七二）にさかのぼる。このことは清凉寺にある一枚の古文書「義蔵奝然結縁手印状」からわかる。このような一枚の紙切れが今日まで清凉寺に伝わったことについては、すぐ後で述べる。

この手印状が作られたとき、奝然と弟子の義蔵とは東大寺の学僧だった。諸仏諸神に誓をたて二通の文書に連署して手印を捺し、それぞれ一通をもちあった。このうち奝然の分が今日まで残ったのである。

この手印状の冒頭に、奝然の誕生したのが元慶元年正月二四日であることと、俗姓が秦氏であることも記している。ちなみに義蔵の俗姓は多治比氏、河内の多治比氏のことであろう。

注目すべきことは、すでに愛宕山に一処の伽藍を建立し、釈迦の遺法を興隆させることを誓っている。つまり愛宕山に伽藍を建立することは、中国の五台山に詣ってから思いついたことではない。

奝然の入宋は、すでに述べたように呉越の商人の船に便乗して実現した。便乗という言葉を使うと、たまたま乗ったかのような印象をあたえるが、そうではない。入宋する前年の天元五年（九八二）には、その船に乗ることが決まっていたとみられる。

これはつぎの史料からわかる。奝然は母を慕う心が強かった。自ら慈母といっていて、その慈母が奝然の中国への旅のさ中にもし死んだら「子は他郷にあって帰れない」ことを心配して、天元五年七月一三日にあらかじめ法要をおこなう（修善）ための願文を書いている。

このときの願文は「奝然上人入唐時為レ母修レ善願文」であり、それが藤原明衡が撰した『本朝《ほんちょう》文粋《もんずい》』に収められている。

願文には「奝然天禄以降、渡海の心あり。本朝久しく貢の使を停めて遣わさず。入唐の間商売の客を待ちて渡るをえる。今その便にあいその志をとげんと欲す」の一節がある。

「天禄以降」とは前に述べた「義蔵奝然結縁手印状」にでている入宋の決意の年と一致している。「本朝久しく貢の便を停め」とは遣唐使の廃止のことである。以上のことから中国の商人の来航とか帰航は、かなりの時間をかけ日本側（おそらく貿易に従事する者）と連絡をとりながら計画、決定されたことがうかがえる。

この願文では、奝然はまず五台山に参ってから中天竺へ行って、釈迦の遺跡を礼《おが》むことを願っている。天竺とはインドのこと、壮大な希望をもっていたことがわかる。

奝然のこのような計画は、周囲からは伝教大師（最澄）や弘法大師（空海）のような「希代の器」がやるものだとして、冷たい目で見られていたらしい。奝然は「我は日本国の無才無行の一羊僧」とへり下りはしたものの、意志を貫徹させようとしたし実際に貫徹させた。

史料にはでていないが、奝然は中国の皇帝をはじめ接触の相手には相当多くの贈物を用意していったとぼくはみる。このことには秦氏の経済力があったことは充分考えられる。そうだとしても重要だったのは、奝然の学力と意志力だったことはいうまでもない。

奝然が釈迦の等身大の立像を造るまで

入宋を果してからの奝然は、宋の太宗皇帝の厚遇によって中国の滞在は三年におよび、各地の聖跡を見ている。

前に『宋史』には奝然は「華言に通ぜず」とはあるけれども、旅にさいして不自由しない程度の華言は知っていた節がある。というのは秦氏と粟田氏には代々漢語に通じた者がいて、氏《うじ》として漢語（華言）の習得をおこなっていたとみられるからである（天平二年三月二七日の条『続日本紀』）。

奝然は念願の五台山には五十余日の巡礼を果たしている。とはいえ奝然のもう一つの目的は、天竺へ渡って釈迦の遺跡を礼むことだった。だが当時の国際状況などからみて、インド行の不可能なことも実感したとみられる。

このように天竺行が果せないとすると、それに代わるものとして生前の釈迦を写したとする伝説のある釈迦像を拝み、さらにそれを模作して日本へ持ち帰ることを思うようになった。おそらく中国滞在の最終段階になっての願望とみられる。思いつくとすぐ実行に移すのは奝然の得意技である。

ぼくはインドの仏教史を勉強したことはない。だから生前の釈迦を写した像に、どれほどの歴史性があるかはわからない。とはいえ熱烈な信仰があったことは間違いない。

その伝説とは、釈迦に帰依したインドの優塡王《うてん》の造った釈迦像があるとするものである。そのような像は瑞像といわれ、それを模刻した釈迦像が東伝し、宋代には汴京《べんきょう》（開封）の宮中にある啓聖禅寺に移されていた。

奝然がこの瑞像を拝んだのは帰国の直前の雍熙二年（わが国の寛和元年）のことである。奝然は太宗の許可をえてその絵像を作り、帰国のさいの船が出航する予定の台州（浙江省、臨海の外港、寧波よりは南）の二人の工人（名前はわかる）に依頼して、約一ヶ月で優塡王の釈迦像をサクラ材を使って完成させた。田舎の港にもかなりの技をもった工人がいたことがわかる。

釈迦像の完成の直前、妙善寺の尼たち（名前わかる）が、絹で五臓六腑となるものを作り胎内に納入した。これは生きている釈迦像にふさわしく内臓まで納入し、宋代の医学の水準の高さがよくわかる。このとき胎内には先に引用した「義蔵奝然結縁手印状」や奝然の臍の緒書（母の記した字とみられる）など多くの品々を納入した。これらについては後に説明するが、奝然はその旅先までかなり多くのものを携えていた。

日本では仏教伝来の初めから釈迦像は造られた。飛鳥大仏ともいわれる飛鳥寺の丈六（二メートル七五センチ）の釈迦坐像や、法隆寺金堂の釈迦坐像などである。これにたいして奝然が携えて帰ったのは生前の釈迦の姿を写したと伝える等身の立像《りゅうぞう》であり、そのため日本の朝野は大騒ぎとなった。このことについては略す。

結局この像は、奝然の死の直後に弟子の盛算によって清凉寺の本尊としておさまり、鎌倉時代ごろから数十体の模刻像が造られ清凉寺式釈迦像といわれるようになった。京都では平等寺（因幡薬師）や三室戸寺、さらに北区西賀茂の常楽寺などにある。このうち常楽寺の像には体内に五臓六腑の納入物のある気配が認められている。このほか奈良の西大寺や唐招提寺、さらに鎌倉の極楽寺などにも清凉寺式釈迦像は分布している。

なお奝然が模刻の対象とした優填《うてん》王釈迦像が今日も中国にあるかどうか、おそらく度々の戦乱で失われたのではなかろうか。ぼくの推測では近い将来に清凉寺の釈迦像を模刻して中国へ里帰りする日もありそうである。奝然は「無才無行の一羊僧」ではなく、その業績の評価できる高僧（とともに大旅行者）だとぼくはみる。

釈迦像の江戸出開帳と本堂再建

奝然が中国の台州で模刻した釈迦立像は、日本にもたらされてから異常なほどの人気を集めた。とはいえ清凉寺がたどったその後の歴史はけっして平穏ではなく、火災や地震の被害で何度も本堂が失われた。しかしその度ごとに釈迦像は守りぬかれてきた。とくに寛永四年（一六二七）の嵯峨の大火では、本堂など主要な建物は焼失した。このときも釈迦像は無事で、境内に仮堂を造って安置された。

五代将軍徳川綱吉の母桂昌院は、仏教に篤く帰依していた。その口添えもあって、清凉寺は江戸で釈迦像の出開帳をおこない、本堂の再建の資金をつのることになった。元禄一三年（一七〇〇）のことであった。

これによって清凉寺は将軍をはじめ庶民にいたるまでの多くの喜捨をうけ、銀と銭を別にした金だけでも四六〇〇余両の収入があった。これを基金にしてその翌年に本堂は再建された。今日の本堂である。瀟洒な多宝塔もこの時の建立である。

元禄の出開帳以後、北は越後、西は九州など、各地で釈迦像の出開帳はおこなわれた。この釈迦像ほど全国を巡った仏像はないといわれるほどで、出開帳の様子を記した文学作品も少なくはない。

ぼくはこの本の執筆中にも三度、清涼寺を訪れた。いつ行っても本堂のなかの宮殿ともいわれる豪壮な厨子に収められた釈迦像を近くで拝見することができた。これほどの由緒のある仏像が、本堂に安置された形でいつでも見られる。これは奝然以来の信仰の基本方針が守られていることに加え、自信が寺にみなぎっているように感じ清々《すがすが》しかった。

この釈迦像はすでに述べたように等身大であって、仏像とはいえ壮年期の釈迦の姿を見るおもいがする。インドの王国の太子として生まれた気品がただよっているようにも見える。

その意味では人間の思考力が創りだしたさまざまの仏ではなく、紀元前五世紀に実在した歴史上の人物の肖像であるともいってよい彫像である。ぼくだけでなく、多くの人たちがこの像に惹きつけられてきた理由の一つが、その点にあるとおもう。

釈迦像胎内の納入物の発見

昭和二八年、偶然の機会に釈迦像の胎内に多数の納入物のあることがわかった。これは台州で像が完成したとき、像の胎内に納入するため背中に長方形の窓をあけて奝然が納入したものである。仏像の胎内に小さな仏像や文書を納入した例は少なくはないが、これほど重要な資（史）料が数多く見つかった例は多くない。ぼくは『洛北・上京・山科の巻』の「ペルシャのガラス碗と坂東善平さん」の項でふれたように、古代のガラス器を研究する必要のできた時期がある。その研究の過程で、釈迦像の納入物のなかに二つのガラス瓶（破砕している）のあることを知った。宋代のガラス器ひいては平安時代の日本にあったガラス器として珍しかったが、像を運搬するうちに破損して小破片となっていた。奝然は一面の鏡や九三枚の銅銭などとともに、このガラス瓶も納入物に加えたのであった。

納入物のなかに奝然が日本から持参したもの、さらにいえばいつも肌身につけていた紙切れが二つと「金光明最勝王経」一巻がある。文書のうちの一つはすでに述べた「義蔵奝然結縁手印状」で、これを釈迦像内に納めたことは結縁した目的が果せたとみたのであろう。

もう一つは奝然の臍の緒書きである。この紙切れの端には奝然の臍の緒が結んであったとみられるがそれは無くなっていた。

細長い紙切れ（もと紙縒《こよ》りか）に「承平八年正月廿四日のひつしの□のときにむまる□とこ丸」の墨書がある。奝然の母が書いたとみられ、平仮名の史料としてはたいへん古い。「義蔵奝然結縁手印状」では奝然の生まれた年月日を「天慶戊戌元年正月二四日」とあった。一見、二つの史料は食違うようではあるが、承平八年五月に天慶元年と改めたのだから、どちらもそれで正しい。それにしても現代人が、長期の旅で母親が作った臍の緒書きを持参する人はいるだろうか。奝然の母への想いの強さがここでもわかる。

納入物に「奝然入宋求法巡礼行並瑞像造立記」がある。これは奝然が宋での活動の基地とした台州の開元寺の僧がまとめたものである。これによって汴京《べんきょう》の宮中に秘蔵されていた優塡王《うてんおう》の釈迦像を模刻したのは台州であり、都の仏師によるものでないことがわかった。

納入物で注目されるのは「入瑞像五臓具記捨物注文」である。これによって納入物のなかでも肝、心、脾、肺、腎などの五臓と腸などの模造品は、生きている釈迦を創りだすうえできわめて重要であり、東洋医学の発達ぶりに驚いた。それぞれの臓器の形を造っただけでなく、錦や綾などでそれぞれの色までも示している。この五臓の模造品は昭和三一年に複製品が作られ、本堂のなかの陳列ケースに納められている。

もう一つ見逃せないのは延暦二三年（八〇四）に写された細字の「金光明最勝経」一巻で、この経は奝然が入宋にさいして携えたものとみられる。

このほか数枚の仏画があって、それらは版で刷られた版画であり、宋代の印刷技術を知るうえでも貴重である。以上釈迦像の納入物をざっと見たけれども、なお研究すべきことは多岐にわたっている。

奝然でなお知りたいこと

奝然のことを一応書き終わった。この本の執筆を岩石だらけの渓谷の船下りにたとえると、ほぼ最大の難所は通過できたようである。

奝然の「奝」は「大きい」とか「広くて行き渡った」の意味、「然」は「まさにその通り」の肯定の意味、浄土宗を開いた法然にも「然」は使われている。「大きな僧」の意味であろう。奝然自らの命名かどうか、これも気になる。

奝然については、つぎの諸点がぼくには宿題としてのこった。

① 山城の何郡何郷で生まれ育ったのか。葛野郡の人だとはおもうが史料の裏付がない。
② 出家前の氏の名は秦氏であることはわかるが、名が知りたい。
③ 父と母についても氏名が知りたい。

④ 奝然の入宋にさいして秦氏が経済的支援をしたとして、そのときの秦氏の当主（氏上《うじのかみ》）の氏名が知りたい。

⑤「結縁手印状」を連署した義蔵がその後どうなったのか。ぼくの読んだ範囲には出なかったので気になる。

以上の諸点がぼくの生きているうちにわかれば嬉しい。一点でもご存知の方があれば連絡してほしい。

品格のただよう大覚寺

嵯峨天皇と嵯峨野の関係についてはすでに随所でふれた。嵯峨天皇がまだ賀美能親王だったときに嵯峨に山荘を営み、天皇に即位してからも嵯峨院《さがのいん》といって離宮とした。晩年も皇后の橘嘉智子とともにここで暮らした。

大覚寺に接して、その北東に広大な大沢池がある。月の名所として古くから名高い。この池は嵯峨院の前からあったのではなく、嵯峨天皇が嵯峨院の庭園の池として造らせたのである。平安時代の人工の池である。

この池の北東、つまり山麓に近い個所に小さな人工の滝があった。「なこその滝」として古歌に詠まれた。『今昔物語集』巻二四にはこの滝を造ったのは百済川成だとしている。川成は平安前期の著名な画家であり、元の姓は余であった。

邸園に池を造った例としては、島の大臣といわれた蘇我馬子の邸宅跡が知られていて、池の跡が発掘されている。平安時代にも貴族の邸宅に園池を造ることは多いけれども、大沢池は抜群に大きい。

五大堂から見た御影堂（右）と寝殿、手入れがゆきとどいた庭

大沢池の西岸に五大明王を祠る五大堂がある。現在の建物は江戸期（天明年間）の再建だが、嵯峨天皇のときからあって、大覚寺となる以前からある仏堂である。

大覚寺を見学しよう。大門から入ってすぐ正面にある式台玄関で拝観の手続をすますと、寝殿、御影堂、御霊殿を通って最後にあるのが五大堂である。五大堂の観月台から大沢池を眺めると、嵯峨天皇が眺めたであろう眼の贅沢を追体験できる。それにしても今日、嵯峨院関係でのこるのは大沢池だけである。池の広大さからみて嵯峨院の壮大さの見当はつくだろう。

嵯峨院が大覚寺となるのは、嵯峨天皇の死後の貞観年間である。天皇の皇女正子《せいし》内親王（淳和《じゅんな》天皇皇后）が嵯峨離宮（院）の荒廃を憂い大覚寺とすることを計画し、大覚寺の額を賜った（『三代実録』貞観一八年二月二五日の条）。

そののち淳和天皇の皇子恒貞親王が初代の門跡《もんぜき》となり、以後、門跡寺院としての伝統がつづいた。門跡には皇族だけでなく後嵯峨、亀山、後宇多の三人の天皇（上皇）も門跡となって大覚寺に住んだので嵯峨御所ともいわれた。御所だから普通の寺のように本堂を核としての建物配置ではなく、どこかに門跡寺院としての品格がただよっている。

大覚寺の門跡となった天皇のうち亀山天皇と後宇多天皇は、のちの後醍醐天皇につながる大覚寺統であり、後深草天皇以降の持明院統と対立した。やがて大覚寺統が南朝となり持明院統が北朝となる。

このように天皇家に二つの系統ができたのは鎌倉幕府による朝廷の弱化政策であったし、室町幕府もしばらくはそれを踏襲した。建武三年（一三三六）には足利尊氏が大覚寺を攻撃し、完全に焼払ったのもこの対立に根ざしている。

大覚寺は再建されてからも、応仁の乱で兵火をうけた。現在の建物は江戸期のものが多い。古建築がないだけでなく、仏像にも平安期の密教色の強いものが多くぼくは好きではない。とはいえ境内の手入れがゆきとどいており、また建物の内部をかなり自由に見学でき、この点は好感がもてた。品格はただよっているが、ことさら威張った点は感じられない。なお寝殿の三三畳敷の部屋の襖を飾る狩野山楽の金碧《こんぺき》画は圧巻である。でも個性を感じる絵ではない。

心を磨く空間としての直指庵

大覚寺の真北の細い道を五〇〇メートルほど歩くと、直指庵《じきしあん》の質素な山門がある。受付をすませて境内を歩くと、竹やら石楠花《しゃくなげ》などが茂っている。中世には禅の大寺だったともいうが、その面影はどこにもない。

本堂といっても農家のような建物があるだけで、たしかに庵というのにふさわしい。幕末に勤皇運動をした近衛家の老女、津崎村岡（矩子《のりこ》）が安政の大獄で捕えられ江戸送りとなり、そのあ

直指庵の入口

と赦免されてから、この寺で余生をすごした。それが直指庵である。

　ぼくが訪れたときも、単身の若い女性が後をたたずにやってきていた。心の落ちつく庵であり心を磨ける空間である。村岡局《つぼね》は直指庵で次の歌を詠んだ。

窓近き　竹の林は　朝夕に
心をみがく　種とこそなれ

清原頼業と車折神社

　京都に住むようになると車《くるま》折《ざき》神社のことを耳にするようになった。『延喜式』の神名帳にのるような古社ではないのに、商売をしている人たちの信仰が篤い。不思議におもって二度でかけてみた。うち一回は一一月二三日の火焚《ひたき》祭のときだった。この祭は火をあつかう職業の人々を中心に信奉者が多いという。

　車折神社は嵯峨でも東寄りにあって、京福電車の嵐山本線の車折駅のすぐ南にある（二〇七頁地図参照）。祭神は清原頼業《よりなり》、実在の人物である。北野天満宮の祭神の菅原道真よりは後の平安後期の人で、神社に祠られるような人物にはおもえない。

清原氏を考えてみると、『日本書紀』の編纂の中心になった舎人《とねり》親王からでている。舎人親王が死後にたどった運命の激変については、『洛東の巻』の「深草と藤森神社」の項で説明した。死後の政情の影響をうけて、功績は大きかったのに、墓さえも営まれなかったのである。

清原頼業は清原家の中興の祖といわれ、そのことが車折神社の創始にかかわっているのであろう。頼業は明経道《めいぎょうどう》で知られた著名な儒者であったが、仕えた左大臣の藤原頼長が保元の乱で敗死し、そのため一時挫折したことがある。ぼくには神社の祭神になっていることが解《げ》しかねる人物である。

頼業より前の清原家の人としては、『洛北・上京・山科の巻』でふれた補陀落寺を建立した清原深養父《ふかやぶ》がいたし、『枕草子』の筆者の清少納言もでている。さらに双《ならびが》ケ丘《おか》の項でふれる予定の清原夏野などがいた。

昭和三年には昭和天皇の即位大典が京都でおこなわれたのを記念し、車折神社によって大堰川で豪華な三船祭《みふねまつり》が催され、以来、毎年五月の第三日曜に実施されている。龍首船もでるし、扇流しや謡曲の船など、平安の王朝以来の文化をつめこんだ祭であって見物人はすこぶる多い。

車折神社の地は清原家の菩提寺としての宝寿院の跡地で、頼業の廟があったという。明治時代になってから、寺に代わって神社が大きくなった。歴史は浅いが代々の宮司が積極的に取組み、今日のように有名な神社となった。なお明治時代に、画家として名高い富岡鉄斎が宮司をつとめたことがあり、鉄斎の作品がのこっている。鉄斎は明治期きっての力のある画家であり、作品を数多くのこしている。このように車折神社は京都の神社のなかでは新進の社であるが、注目すべき活動をつづけている。

嵯峨野に二つの念仏寺がある。鳥居本にある愛宕《おたぎ》念仏寺と、鳥居本でも化野《あだしの》町にあるあだしの念仏寺である。

二つの念仏寺

鳥居本はすでに述べたように愛宕山《あたごやま》の登り口にあるのだから、愛宕山の愛宕《あたご》の地名をつけているのかと思いやすいが、そうではない。京都市の東半分の愛宕群《おたぎぐん》の地名によるものである。つまり愛宕郡から移ってきた寺なのである。

愛宕念仏寺の本堂は鎌倉時代（梁《はり》の銘では文保二年（一三一八））の建立で、嵯峨野では高山寺の石水院、後に述べる太秦の広隆寺の桂宮院本堂とともに鎌倉時代の建造物である。といって愛宕念仏寺の本堂は嵯峨野で鎌倉時代に建立されたのではなく、大正一一年に東山区松原通弓矢町から移築されてきた。東山区松原通弓矢町といえば古代の葬送地として名高い鳥辺《とりべ》（部）野《の》にあって、この寺は愛宕寺ともよばれた。

愛宕念仏寺のある土地のすぐ南側が、やはり古代の葬送の地として名高い化野《あだしの》であり、そのような土地の共通点もあってこの地に移されたのであろう。この寺は一時は住職不在で荒廃していたが、仏像彫刻家として知られた西村公朝師（故人）が住職となって、寺の復興に努めた。境内には公朝師の発案で始めた一二〇〇体の羅漢の石像がぎっしりと並んでいて、それぞれの柔和な面相は見る者を楽しませる。

仁王門は江戸時代の建物だが、門の左右に立っている仁王像は鎌倉時代のもの、この時期の仁王像は京都には多くはない。この寺からはまだまだ多くの歴史がさぐれそうである。

あだし野は化野とも書く。他《あだ》し野も同じ意味であろう。人が死んだあと、遺骸を何らかの方法で処理しなければならない。空しいことではあるが重要なことで、京都のまわりにいくつかの葬送の地ができた。

『徒然草』の第七段に、

あだし野の露きゆる時なく、鳥部山の烟立ちさらでのみ住みはつるならひならば、いかにもののあはれもなからん。世はさだめなきこそいみじけれ。

とある。これは〝人は不老不死ではなく、この世が不定であるからすばらしいのだ〟とする兼好のたどりついた人生観といってよかろう。

『徒然草』の今あげた文でも、鳥部山では火葬がおこなわれていたのにたいし、化野では風葬か曝葬《ばくそう》、さらには土葬がおこなわれていたとみられ、化野の情景を詠んだ歌にはしばしば露とか白露がでていた。土中の遺骸が腐って草となり、その葉に宿る露を死者の化身とみたようである。

葬送の地には、遺骸を骨化させる土地は利用できたが、埋葬地の上に石塔や石仏を目印として持込むことは認められなかった。ところが中世になるとそのような仕来《しきた》りがくずれ、しだいに五輪塔や石仏を墓の上に置く風習があらわれ、化野一帯にはそのような五輪塔や石仏が乱立しだした。ただしそれらの石塔や石仏に、被葬者の死の年を記した年号を刻んだり、死者または供養する縁者の名は記してはいなかった。

そういう意味では、今日、あだしの念仏寺の境内に集められている八〇〇〇にも達する石塔や石仏は、供養のために置かれたとみられる。これらの石塔や石仏の大半は一抱えほどの大きさの石造物である。

今日、あだしの念仏寺に集められた石造物群は、明治時代中期ごろからの整理によるものだが、考古学や民俗学からみると元どのようにあったのか、いいかえれば埋葬地と石塔や石仏の関係が知りたい。今からでもそのことに留意しておく必要があるだろう。

無縁仏といってよいこれらの石塔や石仏に、火をともしたローソクを供える千灯供養は嵯峨野の風物詩として名高い。最近では、地蔵盆の八月二三日と二四日の夜に千灯供養はおこなわれている。

第5章　太秦・花園・御室

嵯峨野でも北東部の「野」と北部の山地の麓にかけての、東西約四キロ、南北三・五キロの範囲に分布するのが嵯峨野古墳群である。古墳群のうちでも前方後円墳は太秦《うずまさ》の広隆寺の周辺に集中しているので、それだけを太秦古墳群ということもあるが、現在ではその名称はあまり使わない。

日本列島には約二〇万基の古墳があると推定されているが、その大半は古墳群を構成していて、古墳群が歴史と対応させる場合の単位となっている。ただし四、五世紀の古墳群からは、記紀などの史料から特定できる氏族名を引出すことはむずかしい。その点、六〜七世紀の古墳で構成される嵯峨野古墳群にたいして、それをのこした氏族として秦氏を想定することはまず確実といってよかろう。

このように嵯峨野古墳群は古代史研究にとって重要ではあるが、戦後しばらく京都市の文化財行政が寺社に重点をおいたあまり、遺跡が軽視され、戦後の急速な都市化による住宅地への開発によって古墳は蚕食されつづけ、今日では分布図のうえでしか存在しなくなった古墳が多い。

それにくわえて仲野親王の墓に指定されている垂箕山《たるみやま》古墳など、研究者の立入れない古墳があるし、天塚《あまづか》古墳のように宗教団体が取りこんでいるところもあって、案内人なしには古墳めぐりはかなりむずかしい。ぼくを例にとっても、嵯峨野古墳群の案内を頼まれても現在では引受ける自信はない。

嵯峨野古墳群と秦氏

嵯峨野古墳群から考えられることがある。古墳群の在り方から、古墳群をのこした集団(秦氏)の階層が三つに区分されることである。これは全国の古墳群のなかでも珍しいことであり、秦氏

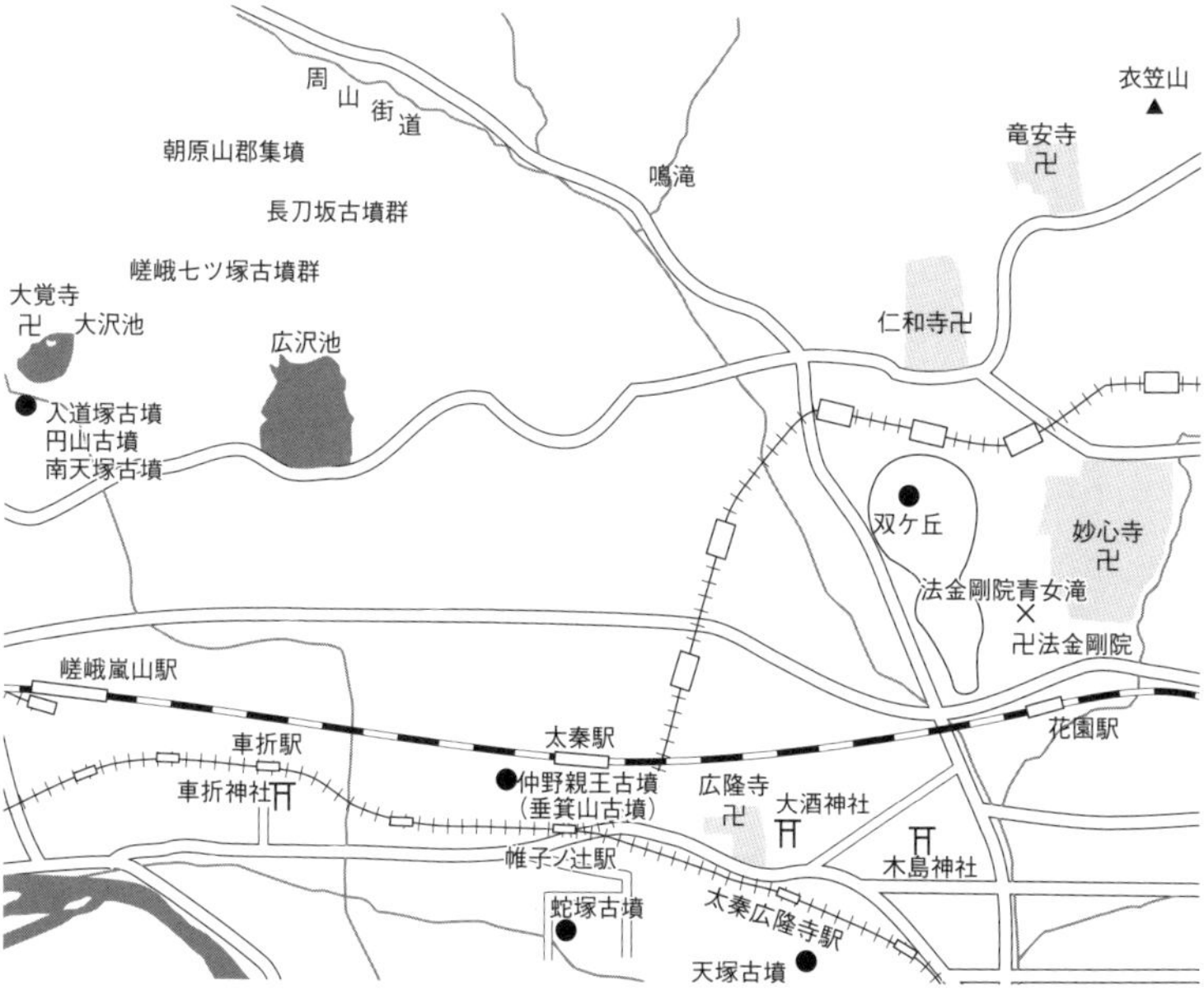

の結束の強さがあらわれている。

氏族の首長（代々の氏上《うじのかみ》）**級の古墳**――墳丘は前方後円墳からなる。埋葬施設は横穴式石室であり、六世紀代を中心に五基の古墳が累世的に形成されている（二基は消滅、他の一基も墳丘は消失）。このうち最後に造営された蛇塚《へびつか》古墳は六世紀末ないし七世紀初めの古墳で、近畿の前方後円墳としてはもっとも新しい。ちなみに大阪府を例にとると、継体天皇陵といわれる今城塚《いましろづか》古墳か太子西山古墳（敏達陵、ただし母の石姫の墓への追葬）が最後の前方後円墳である。つまり蛇塚古墳は最後まで造営された前方後円墳で、そのころの秦氏の保守性の一面が示されている。

有力な氏人級の古墳――双ケ丘の一の丘の頂上にある円墳を東端とし、広沢池南方や大沢池の南方へと東西に帯状に分布する大型円墳。このうち円山古墳と入道塚古墳は陵墓参考地となっているが、いずれも横穴式石室は壮大であり、被葬者はかなりの経済力をもっていたことがわかる。このうち南天塚《なんてんづか》古墳の横穴式石室からは、六世紀後半の須恵器に交じって、一点ではあるが舶載の新羅土器が出土していたのは珍しい。

氏人級の群集墳——北方山地の麓の尾根上に東西に分布する小型円墳で、群集墳の形態をとって構成されている。埋葬施設は横穴式石室である。このような群集墳は一一の支群にまとまっている。そのうちの朝原山群集墳は、宝亀七年（七七六）に秦忌寸箕造《いみきみのつくり》ら九七人が朝原忌寸《あさはらのいみき》となったとする『続日本紀』の記事が参考となるとみられている。

群集墳から推測すると秦氏には一一の支族があって、それぞれ古墳造営の地が異なっていた。とはいえ巨視的には嵯峨野古墳群として一つのまとまりがあった。

ぼくは昭和五六年（一九八一）に刊行された『探訪日本の古墳』西日本編（有斐閣選書）に「嵯峨野古墳群」を書いたことがあり、そのころは蛇塚古墳や天塚古墳によく行った。今回は嵯峨野古墳群について、これ以上に書く気持にならない。その理由はあまりにも保存が悪く、見学に適さないとおもうからである。

山背の石舞台・蛇塚古墳

蛇塚古墳は京福嵐山本線の帷子ノ辻《かたびらのつじ》駅から南方三五〇メートルの太秦面影町《うずまさおもかげ》にあって、松竹映画撮影所の塀からさらに南にある。前方後円墳といっても墳丘は映画撮影所の建設のころに失われたと推定され、現在は住宅地に囲まれるようにして、巨大な横穴式石室だけが露出してのこっている。その姿は奈良の飛鳥にある石舞台古墳のようであり、山背（城）の石舞台古墳ともいわれている。天塚古墳とともに国の史跡に指定されている。石室は巨石で構架され、その現状から飛鳥の石舞台古墳よりも重厚さを感じる。長さ約一八メートルあり、日本の横穴式石室では十番めの規模、同時期の天皇陵古墳にくらべても同じかそ

蛇塚古墳の石室（上：正面から、下：側面から）

れを凌駕する規模である。石室の保存状態が悪く内部へは入れない。

墳丘は現在ではまったく失われているが、長さはもと約七五メートルと推定され、天塚古墳とほぼ同規模である。戦後すぐには土地の区画に前方後円墳の形をとどめていた。前方部の西方に布目瓦の散布地があり、小規模な墓寺あるいは墓辺寺のあったことが考えられる。

造営の年代からみて秦河勝の父（名前不明）の墓とみられ、嵯峨野にのこる古墳からみて、死後の河勝には壮大な古墳が造営されなかったようである。その意味でも河勝以前の秦氏と河勝以後では、氏族としての秦氏の活動方針が激変したことが考えられる。

大夫、秦造河勝の登場

秦造《はたのみやつこ》河《かわ》（川）勝《かつ》は聖徳太子の諸大夫の一人として、『日本書紀』の推古天皇の一一年（六〇三）に初めて史料に登場する。いうまでもなく太子は推古女帝の摂政であったから、河勝は推古朝の大夫といってもよい。

大夫というのは中国の周以来の職名で、すでに三世紀の倭王、卑弥呼の宮廷では中国風のこの職名を使っていた。大夫という職名は卑弥呼の宮廷で採用されていて、魏に派遣された難升米らがその職名をなのっていた。魏のほうでもそのことを認めたとみられる。

『魏志』東夷伝倭人条では「景初二年六月、倭の女王は大夫難升米等を遣わし郡に詣り天子に詣りて朝献することを求む」という記事で大夫があらわれている。景初二年は二三八年で、そのあと難升米らは都の洛陽へ行って魏の皇帝から女王への詔書をことづかった。この詔書の原文が『魏志』に載っていて、史料価値の高い個所である。その詔書の一節にも次の一文がある。

「帯方（郡）の太守劉夏、使を遣わし汝の大夫の難升米・次使の都市牛利を送り」という文があって、詔書の文中で〝汝（卑弥呼）の大夫〟と使っているのだから、大夫という職名を承認したことがうかがえる。

『魏志』ではそのあとの記事でも、正始四年（二四三）に倭王はまた大夫の伊聲耆、掖邪狗ら八人を遣わしている。さらに卑弥呼のあとに立った女王の臺與（とよ）も「大夫率善中郎将の掖邪狗ら二十人を遣わしている」。掖邪狗は正始四年の遣使で中国の皇帝から率善中郎将の職名をもらっていて、それを肩書きに加えていたのである。なお臺與の遣使は晋が建国した翌年の泰始二年（二六六）とみられている。

『魏志』が晋になっての記事をおさめたことについては、女王国が対立していた狗奴国（のちの熊襲か）との関係の終結を書いたと前に論じた（『山野河海の列島史』の「狗奴国は南九州にあった」の項、朝日選書）のでここでは省く。

ぼくは日本史の辞典類の「大夫」の説明はきわめて不充分とみている。というのは律令制下での大夫の説明に終始したものが多く、『魏志』にあざやかにでている倭国での使われ方を忘れているからである。そこには東アジア的な日本史という視点が欠けている。

『日本書紀』では推古一一年より前にも大夫が使われている。垂仁天皇の二五年で、このとき阿倍臣《あべのおみ》遠祖《とおつおや》の武渟川別《たけぬなかわわけ》ら五人のいずれも氏の遠祖となる者の名をあげ、その五人を「五大夫」といっている。五人の大夫のなかでの和珥《わに》臣の遠祖《とおつおや》彦国葺《ひこくにぶく》は山背の豪族かともみられる。ここでの大夫は律令制のときのような下級官人という意味ではなく、最重要なブレーン、今流にいえば閣僚といってよかろう。

『日本書紀』の大夫にたいして和風の「マエツキミ」のルビをつけるのは無用のことで、『魏志』以来の中国風の職名としてみるべきであろう。長くなったが大夫としての秦造河勝についての説明は以上で果せた。

秦造河勝と聖徳太子

秦造河勝と聖徳太子との関係は、太子が用明天皇の皇子としての厩戸《うまやど》皇子のときに始まったとみられる。

用明天皇の二年（五八七、正しくは用明の死後、崇峻天皇の即位前）に、神武天皇の河内の草香での敗戦以来の宿敵であった物部の本宗家を滅ぼす事件があった。事件の発端は皇位継承問題でのこじれであり、蘇我馬子のもと泊瀬部《はつせべ》皇子（のちの崇峻天皇）、竹田皇子、厩戸皇子、さらに紀氏、巨勢《こせ》氏、葛城氏、大伴氏などの連合軍が、河内の渋川（河）にある物部守屋の家を攻めた。渋川は今日の八尾市にあって、河内、とくに中河内は物部氏の本拠地であった。守屋も稲城をかまえ大勢の兵士でよく防いだ。

『日本書紀』では、物部合戦にさいしての厩戸皇子と迹見首《とみのおびと》赤檮《いちひ》の活躍ぶりが強調されている。物部氏が敗れたあと没収した摂津国の田一万頃《しろ》を赤檮に賜ったことをも記している。どうして赤檮は破格の待遇をうけたのであろう。

迹見首《とみのおびと》については、神武東征説話での最後の強敵である長髄彦《ながすねひこ》が本拠とした〝鵄邑《とびむら》、今鳥見という〟の鳥見に関係する豪族とおもう。『古事記』では長髄彦を登美能那賀須泥毘古、あるいは登美毘古と書き、鳥見（迹見）の豪族だったことがわかる。守屋勢力から迹見の勢力を離反させられたことが、おそらく守屋側の敗北の理由だったのであろう。今回はその指摘にとめておく。

物部合戦の『日本書紀』の記述には秦造河勝はでていないが、『上宮聖徳伝補闕記』や『聖徳太子伝暦』ではこの合戦での河勝の活躍ぶりを詳述している。これらの記事をうけて『扶桑略記』では、この戦で守屋の頭を斬ったのは秦河勝だとしていて、河勝が物部合戦で厩戸皇子（のちの聖徳太子）とともに戦ったとする根強い伝承のあったことがわかる。

大阪府八尾市の渋川には飛鳥時代の瓦を出し塔の心礎ものこる渋川寺跡があって、物部氏本宗家の家の近くにあった氏寺跡とみられる。物部氏も流行にのっとって、立派な伽藍を造営していたのである。この渋川とその周辺が物部合戦の激戦地だった。

渋川のすぐ南に太子堂とよばれる集落があって、ここには守屋のものといわれる墓があり、そのすぐ近くに聖徳太子信仰に関係する三太子の一つ、下《しも》の太子としての大聖勝軍寺（勝軍寺とも）がある。

この寺の本堂の太子堂には太子植髪像があり、その像を守る四天王として蘇我馬子、小野妹子、迹見首赤檮と秦河勝の像が配置されている。四大臣像ともいわれ、かなり古い彫刻である。

このように守屋滅亡の地にできた勝軍寺に秦造河勝の伝承のあることをぼくが知ったのは、つい最近のことである。なお勝軍寺の境内には戦況が不利のとき太子がかくれたという椋《むく》の大木がある。

この木のことは、天文二二年（一五五三）に吉野詣の帰途に勝軍寺に詣った公卿の三条西公条《きんえだ》の『吉野詣記』に「これより神廟むくの木のある寺にまいりて、かの木のもとををがみ」とあって、ごく新しい伝説ではないことがわかる。

河勝の年齢の知られる史料はない。河勝が『日本書紀』にでる最後は皇極天皇三年（六四四）の東国の不盡河（富士川）のほとりで、大生部多《おおふべのおほ》という新興の宗教者をこらしめた記事で、初出より四一年後である。さらに物部合戦は推古一一年より一六年前だから、仮に皇極三年のときの河勝が七七歳とすると、物部合戦のときは二〇歳だったことになる。

いずれにしても河勝が聖徳太子の知遇をえたことは、河勝が世にでるうえで大きかったとみてよかろう。逆の立場でいえば、太子が葛野の大富豪をブレーンにしたことが、推古朝の繁栄をもたらしたのであろう。

山背国紀伊郡の深草も秦氏の有力な根拠地の一つであり、伏見稲荷大社の創始にかかわる秦伊《い》侶《ろ》具《ぐ》の説話も、深草の秦氏とかかわりがあるとみられる（『洛東の巻』の「稲荷山への信仰」の項）。欽明紀にも深草里を拠点として秦大津父《はたのおおつち》が東国との交易をおこなっていた記事がある。深草里に太子も東国との交易の拠点としての深草屯倉《みやけ》を設けたとみられる。というのは太子の死後、長子の山背大兄王《やましろのおおえのおう》が蘇我蝦夷と対立し蘇我入鹿らに攻められたとき、深草屯倉へ移って馬にのって東国に行って乳部《みぶ》（壬生部）を動員して勢力の挽回をはかる案もあるということを三輪文屋《みわのふみやの》君《きみ》がすすめたという（『日本書紀』の皇極天皇二年の条）。三輪氏はヤマトの古くからの名族である。この記事によって深草屯倉と東国の関係が暗示される。

山背大兄王が殺されたときには河勝はまだ世にいて、おそらく山背大兄王側には組しなかったのであろう。ことによると、その翌年におこった大生部多《おおふべのおほ》の事件は、山背大兄王事件に関係がある後始末かもしれない。

太子の長男の山背大兄王がその名に山背をつけていることは、深草屯倉で養育されたか、あるいは山背大兄王家にとって重要な経済源だったことがあるのではないかと考えている。いずれにせよ河勝は太子と組むことで秦氏繁栄の基礎を固めたのであろう。

蜂岡寺と太秦の広隆寺

推古天皇一一年の記事にもどる。

この年、聖徳太子が諸大夫に語ったことは、

〝我、尊き仏像を有《たも》てり。誰かこの像を得て以って恭しく拝むか〟。時に秦河勝進みて曰く。

〝臣、拝みまつらん〟。そこでこの仏像をうけて因りて蜂岡寺を造る。

とあり、この記事に対応するとみられる仏像が、広隆寺にある。アカマツ材を用いた宝冠弥勒半跏思惟像《みろくはんかしいぞう》で、彫刻としては初めて国宝に指定されている。この仏像のことを書いた本はきわめて多い。では広隆寺が蜂岡寺といえるかとなると、問題は簡単ではない。

広隆寺の所在地は右京区太秦蜂岡町だから、疑問の余地はなさそうだが、じつはそうではない。太秦蜂岡町とかその周辺の東西の蜂岡町という町名は、太秦村が昭和六年に分割されたときに生まれた新しい町名で、古典の記載から創られたのである。だからこの町名は古代を論じるさいの資料にはならない。

では蜂岡寺が広隆寺とは別の寺かといえば、それもむずかしい。『京都の地名』（勉誠出版）の「蜂岡寺」の項で、吉田金彦氏は仏教的な「蓮岡」から生まれたのではないかとする仮説をだしておられ、一つの参考になる。広隆寺がある土地には、飛鳥時代以前にも秦氏の大集落があった気配があり、仏舎的な施設のあったことは考えられる。このように蜂岡寺についての研究は未開

拓の分野といってよかろう。

ついでに太秦《うずまさ》の地名についても説明しよう。太秦は秦《はた》本宗家（葛野《かどの》の秦氏）をあらわす言葉にもなっていて、『新撰姓氏録』の諸蕃の一番目に「太秦公宿禰《うずまさのきみすくね》」をあげて、後述する予定の雄略紀一五年の秦酒公《さけのきみ》の故事を載せている。この『新撰姓氏録』の記事のなかで、秦氏の首長のことを「秦王」とも書いていて、『隋書』倭伝にみえる秦王国の記載との関係が注目される。

『新撰姓氏録』では太秦公宿禰につづいて「左京」「右京」「山城国」にわたって秦忌寸、秦造、秦人が多数でているが、いずれにも「太秦公同祖」であることから書きだしている。

「うずまさ」については『日本書紀』の雄略天皇一五年にさかのぼる。五世紀後半のころである。物語の主人公は秦造酒《はたのみやつこさけ》で、秦酒公とも書かれている。このころ秦の民は各地に分散してしまい他の有力な氏によって使役されている状況だった。秦造酒は雄略天皇の力を背景にして、一八〇種（多数の意味）の勝《すぐり》（村主《すぐり》）を率い、庸調となる絹や縑《けん（かとり）》を作って献上し、朝廷に積上げた。そこで禹臣麻佐《うずまさ》の姓を賜った。うず高く貢納品を積上げたのだからよほどの財力とみてよかろう。なお縑は水のもれないほどの細かい絹織物である。

翌年の雄略天皇一六年にも、天皇は詔をだして、桑（の栽培）によき国県に桑を植えさせ、また散っていた秦の民を遷して（移住させて）庸調を献じさせたという。庸調は律令制度下の用語で、ここでは貢納品もしくは租税の意味であろう。

欽明天皇の元年（五四〇）に戸籍ができ、秦人の戸数が七〇五三戸あって、秦氏の首長が秦伴《はたのともの》造《みやつこ》に任命されて統轄した。このとき秦氏の首長は朝廷の財を管理する大蔵掾《じょう》をしていたという。

掾は三等官、のち判官ともいわれた。それは前にでた深草里の秦大津父のことかもしれない。

秦造河勝は推古天皇一八年（六一〇）に新羅と任那から使人が来て都に入るとき、土部《はじの》（土師）連菟《むらじうさぎ》とともに新羅の導者《みちびきひと》となっていて、外交の任務にもかかわっている。

太子が亡くなった翌年の推古天皇三一年（六二三）に、新羅と任那が使を派遣してきた。このとき仏像一具と金塔や舎利、さらに大きな観頂幡《かんちょうのはた》や小幡を献上してきた。「仏像は葛野秦寺に居さしめ」、他の舎利や金具などは四天王寺に納めたと記している。葛野秦寺《かどののうずはたでら》は広隆寺のことで、広隆寺に伝わるもう一体の宝髻《ほうけい》弥勒半跏思惟像にあてる説もある。

この像はクスノキ材を用い、顔の表相から「泣き弥勒」ともよばれている。飛鳥後期の日本製とみる説もあるが、ぼくは将来仏でよいとおもう。

以上の二体の弥勒像は、どちらも『日本書紀』に朝鮮半島からの将来仏となっている仏像に該当するとみてよく、さらにいずれも太子に関係するものであり、それが今日なお広隆寺に伝えられていることは奇跡というほかない。広隆寺も他の寺々のように何度も火災の被害をうけていて、その度に仏像は運びだされたのであろう。この二体はもとは金堂にあった。現在は霊宝殿に安置されている。

広隆寺を歩く

三条通を西に向う。三条通といっても平安京域をすぎると東西の直線道ではなく、北西に向い太秦が近づくとほぼ東西の通になる。

双ケ丘の南端から南西へと延びてきた道と、三条通が合流して間もなく、道路の北側に広隆寺の南大門がある。昔の中門のあった位置である。この門は江戸前期の建物である。重厚な二層の

太秦広隆寺の石柱の台座に使われた塔心礎

建築で仁王門ともよばれている。

この門を入る手前の右側に明治三五年（一九〇二）に建てられた「太秦広隆寺」と大書した石標がある。よく見ると長径二・四メートル、短径約二メートルの大きな台石に据えられていて、この石は塔の心礎を転用している。平安時代の広隆寺には塔が建っていたのである。

平安時代には桧皮葺《ひわだぶき》の三重塔が別院にあった（貞観一五年の「広隆寺資財帳」）ことがわかるが、五重塔だったとする史料もある。心礎の大きさからは五重塔にふさわしい。

境内に足を踏みいれると掃除がゆきとどいているのを感じた。草むしりをしている男性に尋ねると答えがすぐ返ってきた。正面にまず講堂がある。この建物は永万元年（一一六五）に再建されたもので、醍醐寺の五重塔に次ぐ古さである。柱が赤くぬられていて「赤堂」ともいわれる。本尊は平安前期の阿弥陀如来坐像で、全体に美しさがただよっている。

北へ向ってさらに進むと享保一五年（一七三〇）に再建された本堂があり、今日では聖徳太子像を本尊とし、そのため上宮王院太子殿とよばれている。

この本堂は弘仁九年（八一八）に火災で焼失したあと承和一四年（八四七）に再建され、そのときの本尊が薬師如来立像だったことが寛平年間の「広隆寺資財交替実録帳」からわかる。この薬師如来が安置されると「東西京の貴賎、挙首して広隆寺に参る。人いう。寅年五月庚寅の日、薬師如来をこの堂に安置し奉るが故なり」というほど人気が集った。

その後に聖徳太子信仰がたかまるにつれて、本尊が聖徳太子像と入替った。この太子像は三三歳の太子像、つまり河勝が太子と知りあったころの太子のお姿と伝え、古くより歴代天皇の着用するような黄櫨染《はぜぞめ》の袍《ほう》を着用している。毎年一一月二二日にはご開帳されるという。

さらに北へ進むと霊宝殿があって、奥の中央に宝冠弥勒半跏思惟像が安置されていて、すぐ近くで拝することができる。

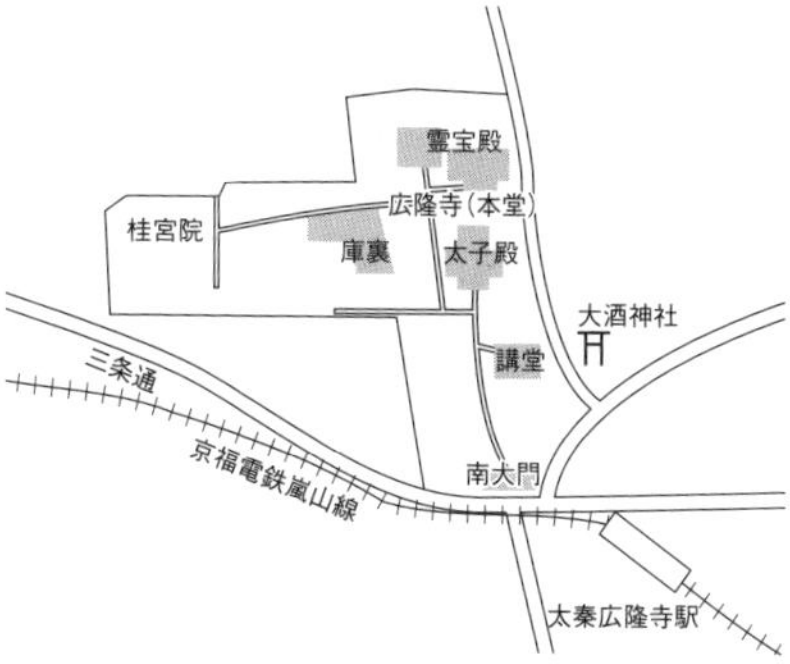

広隆寺と周辺

この仏像にたいして、昭和三五年（一九六〇）に一人の大学生が「もっていたイメージより美しくなかった」ので（八月二〇日の京都新聞）飛びつき、弥勒の指を破損したことがある。このときにその修理を担当されたのが、のちに愛宕念仏寺の住職となる仏師の西村公朝氏であった。西村氏はこのときの修理の苦労話やこの仏像の製作法などを「弥勒さんの世界」で述べておられる（『国宝への旅』2、NHK出版）。

霊宝殿には広隆寺の諸堂に伝えられてきた多数の仏像が陳列されていて、確かにみごとではある。だがぼくには文化財としての仏像をつめこんだ収蔵庫におもえ、短い時間で立去

広隆寺の南大門

った。

ぼくの感想では、宝冠弥勒半跏思惟像は小さくてもお堂のなかで、さらに欲をいえばこの一体だけを安置してほしかった。その意味もあって、広隆寺に伝わるおびただしい仏像についてはこれ以上は書かない。

昭和一八年に、京都の歴史研究者の田中重久氏は、京都府の依頼で広隆寺の寺宝の基本調査を担当された。このときの成果は三つの論文にまとまり『聖徳太子御聖跡の研究』（昭和一九年刊、全国書房）におさめられている。どの論文も重要だが、とくに「広隆寺彫刻群の年代と原所在」の論文は圧巻である。寺の仏像がもとの建物にあったかの視点はみごとであり、学問的な真摯さがよくあらわれている。広隆寺の仏像に関心のある方は、この田中論文から読むべきであろう。

七字を消された広隆寺の由緒碑

広隆寺の本堂の左手前に、昭和二五年に建てられたこの寺の由緒を記した横長の石碑がある。

「広隆寺」の三字をかかげたあと、一行めは「広隆寺は推古天皇十一年（六〇三年）聖徳太子が」とあり、二行めは最初の七字を削り取り、その部分に薄い石を嵌め、そのあと「秦河勝に尊像を授けて創建せ」「られた山城国最古の寺で」と以下長文の由緒がつづく。

　磨きあげられた石碑であるため、二行め冒頭の七字の削除は目立っている。どうしてそのようなことがあったのだろう。

　ぼくの記憶では、この部分にあったのは河勝の出自についての「秦始皇帝の子孫」の七字であった。始皇帝の子孫とまでいえるかどうかはともかく、秦氏の遠い祖先は秦の領域の王族の人で、そのあと朝鮮半島に移住して、かなりの期間をへてから日本へ渡来した、という秦氏の家伝があったのは否定できないようにおもう。物事を○×式で判断することがある。秦氏の場合、中国と朝鮮のどちらかに×をつけられるような家の伝承ではないのである。

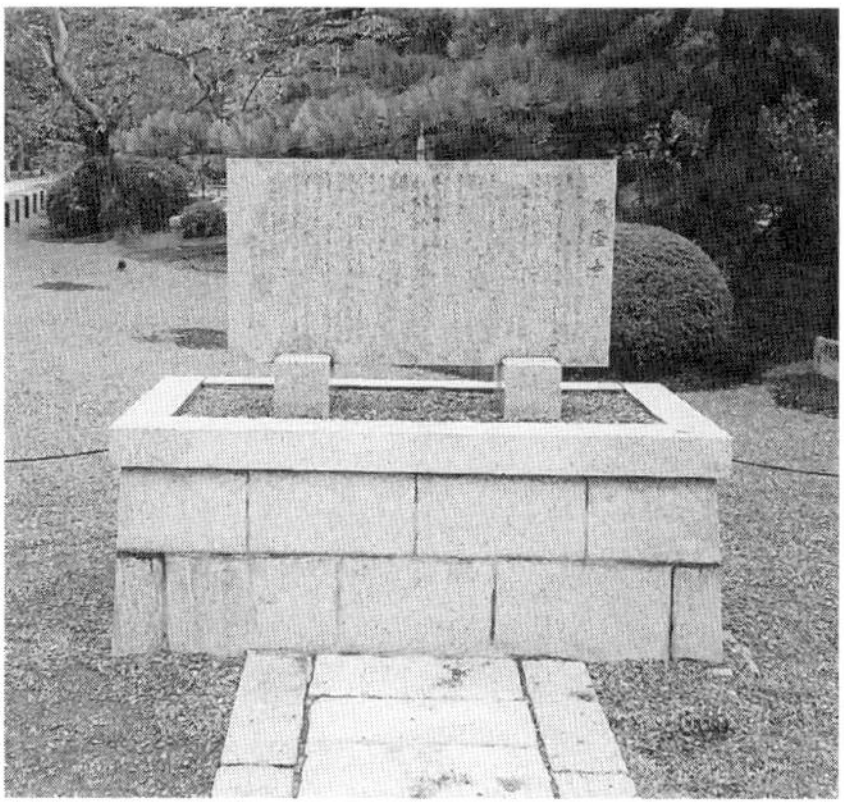

広隆寺の由緒を刻んだ石碑

　先に「葛野川から大堰（井）川へ」の章で詳述したように、秦氏が秦の治水技術を保持していて、葛野川に大堰を造るときにその技術を使ったとみられることをぼくは重視している。そのような技術は、時代によって影響をうけやすい仏像にあらわれる信仰より根強いものがあると考えている。

　広隆寺の由緒を記した石碑の削除は、たしか昭和四〇年代の後半に発生した。当時このことは新聞記事にもなったが、秦氏を朝鮮系（新羅）とするある人の学説を支持する人が、寺に押しかけ申入れた結果だった。

ぼくは由緒の古い家や寺の伝承はそれなりの歴史的価値をもつことがあるとみており、それは家伝として尊重すべきである。秦氏の氏寺の伝統のつづく寺として、石碑の変更は秦氏の家伝を否定することでもあり残念なことにおもう。

先日（二〇〇八年八月二三日）も広隆寺を散策したとき、妻からこの碑の二行めの欠字について質問され、以上のことを説明した。やはり秦氏の出自を考える場合の応用問題になりそうだから、本書に書きとどめることにした。

桂宮院の八角円堂

広隆寺の本堂を西へ進むと、塵一つ落ちていない森厳な空間がある。白塀に囲まれたなかに桧皮葺《ひわだぶき》の端正な八角円堂がある。広隆寺の奥院ともよばれるが桂宮院《けいきゅういん》《けいくういん》の名で通っている。建長三年（一二五一）の建物であり、周囲に広い濡縁がつくため一層の安定感がある。

現在は内部の須弥壇の中央に一六歳の聖徳太子像があり、左右に阿弥陀如来像と如意輪観音像が安置されている。

桂宮院はふだん公開されていない。四、五、一〇、一一月の日曜と祝日には、八角円堂のそばまで入ることができる。ぼくはたまたま五月一一日（日）に訪れたら、その日が公開日に当っており、初めて桂宮院を拝観でき、何事のおわしますかは知らないまでも厳粛な気持ちになった。不思議な空間である。

桂宮院の八角円堂

桂宮院については聖徳太子の葛野の別業の跡地ともいう。これについては「葛野大堰の設置と秦河勝」の項でもふれた。だが別業というほどの施設ではなく、太子が河勝の築いた大堰を見るため葛野へ足を運んだとき宿泊した土地、というのが実際ではないかとおもう。

聖徳太子への信仰がたかまるにつれ、法隆寺の八角円堂（夢殿）になぞらえて建立されたのではないか。法隆寺全体での夢殿の位置と、広隆寺のなかでの桂宮院のある位置に共通点があるようにぼくは感じる。

大酒神社の古名は大辟神社

桂宮院でもう一つ重要なことがある。それは今では広隆寺の東に接してある大酒《おおさけ》神社である。昔は九月一二日に京都三奇祭の一つ、牛祭《うしまつり》がおこなわれていた。この神社は明治初年の神仏分離によって現在地へ移ったのであって、それまでは桂宮院の境内に鎮守としてあった。

『延喜式』の神名帳では、葛野郡二十座の一つとして大酒神社があり、「元名大辟神《おおさけ》」と註記されている。秦氏の先祖の秦酒公が意識されて大酒神社に変わってきたのであろう。神名帳にこのような註記のあるのは珍しく、奈良時代か平安前期には大辟《おおさけ》神社だったとみてよかろう。

現在の大酒神社

嘉祥二年（八四九）には山城国葛野郡の大辟神社に従五位下を授け、その神が「しばしば霊験あり祈ると必ず応えるからである」と註記している（『続日本後紀』）。
大辟神（明神）は大裂《おおさけ》神（明神）とも書かれ、古くは河勝を祠っていたという根強い伝承がある（『雍州府志』など）。このことはさらに検討する必要はあるけれども、仮にその見方にたって元の大辟神社があったとして、桂宮院を考えてみよう。

桂宮院は本来、秦氏興隆の祖である河勝を祠っていた廟としての施設であった。ところが聖徳太子信仰のたかまりにつれ、お堂には聖徳太子を祠るようになり、境内に大辟神社として河勝が祠られたという見通しをぼくは描ける。中・近世に寺を維持するためにも、秦河勝よりも聖徳太子を前面にださざるをえなかったのであろう。

ついでにいえば、今は霊宝殿にある秦河勝とその妻のものと伝える神像も、もとは大辟神社の本殿にあったのではなかろうか。この神像は平安時代の制作とみられ、夫妻ともなかなか気品のある顔つきである。

大辟神社の「辟」について気づくことがある。神功皇后が筑前国で神田に潅漑のための溝を掘ろうとした（この神田は那珂郡にある住吉神社のものであろう）。溝の行手に横たわっている岡があり、それを取除くため剣と鏡を供えて神に祈ったところ、雷電がおちて磐《いわ》を裂いてしまい水が通ったという。そこでこの溝を裂田溝《さくたのうなで》と名づけたという（『日本書紀』神功皇后の摂政前紀）。ぼくはずっと前に裂田溝の伝承地を見に行き、「神功皇后をめぐって」（『記紀の考古学』所収）で書いたことがある。

葛野の大辟神も、河勝が堰と溝を造ったことにちなんでいわれだしたとみられ、辟は裂でもおきかえのきく字であった。

太秦の牛祭と能での河勝

ぼくには理由はよくわからないが、室町時代の世阿弥や金春禅竹《ぜんちく》などの能役者（能の作者でもある）が秦河勝を猿楽の祖とあがめ、「秦の始皇帝の再誕」として取りあげ、作品にも登場させたことである。猿楽は申楽をへて能に発展した。室町時代には太子信仰が盛んなのに河勝を復活させたことは面白い。

禅竹には秦河勝の裔《えい》、つまり子孫とする伝承があった（『雍州府志』）ようだが、禅竹が著した『明宿集』では太秦寺（広隆寺のこと）と大避神社について次のように述べている。

　当寺ヨリチト西ニ離レテ霊場アリ。桂宮院ト号ス。古今ニ桂ノ宮トアルワコレナルトカヤ。ソノ所ニ、河勝ノ御垂迹、大避大明神マシマス。コレスナワチ桂宮ナルベシ。社ノ前ニ一宇ノ小堂アリ。太子手ヅカラ槌ヲアゲ材木ヲ取テ、造リ現ワシ給エル御堂ナリ。

文中の太子手づから造った堂とは、太子堂ともよばれる桂宮院の八角円堂であるから、大辟

（禅竹は大避）神社は八角円堂の裏手にあったことがわかる。八角円堂を小堂というのだから、それなりの社殿があったと推測できる。

昭和五八年九月に、ぼくは友人らとともに兵庫県赤穂市の坂越《さこし》に泊まった。小さな旅館だった。翌朝、坂越湾の古墳を見回るうちに湾内に生島があって、この島には坂越の大避神社のお旅所や秦河勝の墓の伝承のある古墳のあることを知った。

坂越湾に臨んでいる大避神社は、今では天照大神などを祠っているが、旧祭神は秦河勝であった。坂越は瀬戸内海航海の重要な港があり、西国へ行く能楽者は必ず大避神社に詣ったという。当時のぼくは、河勝といえば太秦の人とおもいこんでいて、坂越の河勝伝説には驚いた。『兵庫県史』第一巻によると、播磨の赤穂、揖保《いぼ》、賀茂の三郡には、造《みやつこ》や公《きみ》の姓《かばね》をもつ秦氏に関する史料が多い。とくに赤穂郡の一一世紀の有年《うね》荘では、四一人の寄人《よりうど》のうち一一人が秦氏だったという。

どうやら葛野の秦氏は、同族を播磨の南西部に進出させていたのであろう。揖保郡新宮町の城《き》山《やま》では朝鮮式山城の跡が見つかり、ぼくも門の大きな礎石を見たことがある。

世阿弥の『風姿花伝《ふうしかでん》』によると〝河勝は難波の浦から空《うつろ》舟に乗って播磨の坂越の浦に着いた。浦人たちが神と崇めると国豊かになり大荒（避）大明神と名付けた〟。

坂越の大避神社の社伝《しゃでん》では、九月一二日を河勝の命日としていた（『日本の神々』山城・近江の「大酒神社」の項。大和岩雄氏執筆）。そういえば太秦の大酒神社の牛祭も元は九月一二日におこなわれていた。ことによると牛祭の起源は河勝にたいする鎮魂であったのではなかろうか。なお坂

江戸時代の牛祭（『都名所図会』より

越は『和名抄』によると赤穂郡の坂越郷であり、古くから重要な港の所在地だった。以上のように、桂宮院と大酒神社にはなお多くの課題のあることが書いてみてよくわかった。

　牛祭については残念ながら近年は途絶えていて、ぼくは見たことがない。ぼくの記憶では昭和四三年（一九六八）一〇月一〇日の夜にはおこなわれている。江戸時代には盛んで、『都名所図会』には「九月十二日の太秦牛祭」の図がのせられている。

　当時の牛祭は広隆寺の境内でおこなわれたようだが、この図に描かれた鳥居はどこにあったのかぼくはわからない。

　祭の主人公は鼻の高い奇怪な面相をした麻多羅《またら》神《じん》で、後向きに牛にまたがっている。観衆はこの主神にたいして〝お粥腹〟などと罵声をあびせる。そのあと祭文が読みあげられ麻多羅神も拝聴する。この祭文は恵信僧都の作との伝承のある古いものである。

江戸時代の牛祭と明治二〇年（一八八七）に復活した牛祭では少し違いもでていて、その原初形態の追求はむずかしい。明治二〇年の牛祭の復活には、画家の富岡鉄斎の力があったと九月二一日付の『日出新聞《ひので》』は報じている。牛祭は九月一二日におこなわれたものであろう。

広隆寺出土の瓦と資財帳の記載

広隆寺に伝来する仏像の製作年代や数からみて、創建当初からかなりの大寺であったという印象をうける。だが『朝野群載』に収められた「広隆寺縁起」では、蜂岡寺の旧寺地が狭隘となったため現寺地へ移ったとある。蜂岡寺は葛野秦寺とか秦公寺ともよばれた。その元の寺が、平野神社の南方の地下にひろがっている北野廃寺の可能性が高いことについては『北野、紫野、洛中の巻』の巻で述べた。

広隆寺の境内から、飛鳥時代に瓦葺の建物があったことを示す瓦が発掘され、蜂岡寺が移築される前にもすでに仏殿とみられる施設があったようである。だがそれと広隆寺との関係は不明である。広隆寺は太秦寺ともよばれたのは、法名と地名でよぶことの違いである。法隆寺と斑鳩寺、法興寺と飛鳥寺の関係が参考になる。

広隆寺が移転してきた寺であることは、多くの人の認めるところではあるが、移転の時期となるとむずかしい。平安前期に広隆寺ができていたとすると、なおしばらくは北野廃寺にも寺はあったらしく、百年ないし二百年は二つの寺が並立していたことになる。この関係の解明については後考をまつ。

広隆寺の創建を出土の瓦から求めようとすることは、当然おこなわれた。田中重久氏の『聖徳太子御聖跡の研究』にも「広隆寺移転の研究」の項において、飛鳥時代後期や奈良時代の瓦（丸瓦が多い）の拓本が多数掲載されている。

田中氏は慎重に、それら飛鳥時代後期などの瓦は秦氏の邸宅内の仏舎のものかもしれないとし、さらに建物の移築にともなって瓦は移動することの実例をあげて、広隆寺の移転時期を求める資料にしがたいことを述べている。

田中氏の結論は「広隆寺の移建以前から屋根に本瓦を葺いた建築物があったらしい」と、慎重な態度を貫かれた。古い瓦の破片を一つでも採集すると、その瓦の年代が示す寺があったと強弁し、地名をつけて〇〇廃寺を創る人もみかけるが、田中氏の態度はみごとである。

出土瓦から歴史的なこと、例えば寺があったなどという場合には、出土状況のわかること、しかもかなりの数の同じ文様の瓦が検出されたときに限るであろう。

前に引用した貞観一五年の「広隆寺資財帳」によると、屋根についての記載のない鐘楼を別にすると、すべての建物は桧皮葺、板葺、草葺である。このことは別院、般若院、東院の建物でも同じである。

貞観一五年の資財帳は、弘仁一〇年（八一九）の太秦公寺（広隆寺）の「堂塔遺すなし」の火災（『日本紀略』）のあとの再建の状況を示すものと考えられるので、おそらく弘仁一〇年の火災で焼失した建物にも瓦葺はなかったように考えられる。弘仁一〇年に焼失した建物とは、平安時代になって建立された広隆寺の建物群であったのであろう。もし当初が瓦葺の建物であったなら大量の焼け瓦がのこっていることになるが、今のところその気配はない。

以上のように蜂岡寺とか広隆寺は歴史上には有名であるが、創建時の状況とか太秦への移転の時期などさらに究明されねばならない点が多い。とはいえ未解明の点が多いことは、とりもなおさず由緒の古さを物語っているのであろう。

木島神社・清水と三面鳥居

木島《このしま》神社は『延喜式』神名帳には「木嶋坐《います》天照《あまてる》御魂《みたま》神社」とあって名神大社と註記されている。この神社名の表記によって木島（嶋）は太秦の一地名とみられる。なお木島神社は今日では「蚕《かいこ》の社」の名でも通っている。

鎌倉時代の承久の乱で、鎌倉の御家人三浦胤義は心ならずも後鳥羽上皇側に味方し、鎌倉から派遣されてきた幕府軍に攻められた。胤義は戦に敗れると京都での邸のある太秦へ向った。嵯峨一帯に関東の武士の邸宅のあることは珍しくはない。先に「小倉百人一首と宇都宮頼綱」の項でふれたように、下野の豪族の宇都宮氏も嵯峨に別宅をもっていて藤原定家と親交があった。胤義は妻のいる太秦の宅へは入らずに、木島神社の境内で自殺した。『吾妻鏡』はその土地を「西山木嶋」と書き、胤義の首を郎徒がとって太秦の宅へ持って向った（承久三年六月一五日）。胤義が木島神社を最後の地とした理由はさらに追求せねばならないが先へ進む。

木島神社を訪れると本殿の西側の少し奥（北）に、有名な石造りの三面鳥居が建っている。この鳥居は江戸時代の享保年間に修復されたと伝えられている。三柱鳥居とも三角鳥居ともいわれるがきわめて珍しい。

ぼくがはっと感じたことがある。三面鳥居が建つ地形を見ると、この日は水は枯れていたが泉池とも清水ともいえそうな凹地である。この凹地は一つだけあるのではなく、楕円形をした凹地が三つ連続している。連結しているといってもよい。流水を想定すると川ともいえる地形である。川というと三面鳥居の建つ凹地が一番上流つまり水源に近い。
『都名所図会』の木嶋社の項には、境内の鳥瞰図が掲載されていて、そこでは流れのある川のなかに三面鳥居が建ち、やや下流に普通の鳥居があって川に橋がかかっている。従来、三面鳥居とは何かを追求した人は多いが、それの所在する土地の様子を水とのかかわりで注意した人は少ない。ぼくは遺跡学の観点から地形を凝視した。

古態をとどめる木島の清水

ぼくは三面鳥居だけを観察するのではなく、その鳥居がもと泉池とみられる凹地の真中に建つことに注目した。さらにこの北の泉池は、括《くび》れた細い水路で次の凹地（もと泉池、中の泉池）へ連なり、さらにもう一度括れて三番めの南の泉池になっている。

このような地形全体を観察すると、仮称木島の清水は連続した三つの泉池からなり、水源は湧水であろうと流れ利用であろうと北の泉池であるから、水の多いときは三つの泉池は川のようでもあったのである。表面から見ると中の泉池と南の泉池の底には石敷があり、すでに述べたように『都名所図会』の木嶋社の図では、南の泉池のために小さな木の鳥居が建っている。

一九九〇年代に各地で水の祭祀場が発掘されだし、考古学は大きな成果をえた。代表例が御所《ごせ》市の南郷遺跡である。古墳時代中期の導水施設で、水源でえた水が木槽と木造の水路を通過することによって聖なる水となり、その水を使って禊《みそぎ》のような神事をおこなったと考えられた。その意味では導水施設というより、聖なる水を得る施設なのである。

江戸時代の木嶋社
（三面鳥居が流水のなかにたつ『都名所図会』より）

このようにして得られた聖なる水を、幕などによって周囲から遮蔽した空間を作り、そのなかで水を使っての神事がおこなわれたとみられる。

囲み形埴輪といわれた形象埴輪がある。屋根のない長方形の囲みだけの埴輪で、一時は稲城の埴輪説もでたが、南郷遺跡での遺構があらわれてから、導水施設の最終部分を埴輪として造形したものであることも知られるようになった。

東京都の野毛大塚古墳からは、さまざまな滑石製の模造品が出土していた。下駄のように役割のわかりやすい品に加え、従来、槽《ふね》とよばれていた用途不明の石製模造品があった。これも導水施設を一つの石に表現した模造品であることも知られるようになった。

木島神社の別称は蚕の社である。秦氏はすでに述べたように絹織物作りに長けていたため、秦氏との関係がいわれることもあった。しかし史料のうえからでは、木島神社と秦氏とのかかわりを解くことはできない。

今述べてきたように、木島神社の境内にある仮称木島の清水は、どうやら古墳時代中期以来の各地の首長がおこなってきた水の祭祀を示唆しているとみられ、ぼくは秦氏との関係は薄いとみている。

聖なる泉は祈雨をおこなう場でもある。貞観一七年（八七五）一一月一七日には、葛野の鋳銭所に近い宗像《むなかた》、櫟谷《いちいだに》、清水、堰、小社の五社に鋳銭所の新鋳銭を奉っている。

前に述べたように櫟谷と宗像の二社は嵐山にあるし、堰の神とは大井（堰）神社のことであり、いずれも嵯峨にある神社である。そのことからみて、清水の神とは木島神社の別の表記、つまり水の祭祀の場を強調したいい方とみられる。

貞観一三年（八七一）四月三日には、山城国の正六位上の澄水《しみず》神に従五位下を授けた。この神も清水神、つまり木島神社のことであろう。

『延喜式』巻三の「神祇」には、祈雨祭八十五座のなかに木島社がある。このほかの山城関係では賀茂別雷、賀茂御祖、松尾社、稲荷社、水主社、樺井社、羽束石社、乙訓社、和岐社、貴布禰社の計一一社があげられている。

木島神社の三面鳥居について、三つの角のうちの二つの角は稲荷山と松尾山を指しているという説（大和岩雄氏）があるのは、祈雨祭で祠る社からみても注目してよい。三角のうちのこりの一角（北）は、清水の水源となる双ケ丘を含め北の山々ではなかろうか。

三面鳥居は木島神社にしかない。対馬の豊玉町の和多都美《わたつみ》神社にあるということを最近ある本

木島神社の三面鳥居

で読んだが、ぼくが昭和五八年と五九年に訪れたときには気づかなかった。そこで対馬の歴史学者、永留久恵氏に尋ねると、一〇年ほど前に建てられたとのことで、古代を考える資料にはならない。念のため書いておく。

平安後期の今様を集めた『梁塵秘抄』に、一つの歌がのっている。

> 金の御岳は一天下、金剛蔵王釈迦弥勒、
> 稲荷も八幡も木島も、人の参らぬ時ぞなき

今日では、ぼくが訪れた日には参詣者とは一人も出会わなかった。昔日の賑いは想像するほかない。

双ケ丘と清原夏野

双《ならび》ケ《が》丘《おか》とも「ならびの岡」ともよばれた双ケ丘は右京区御室《おむろ》にある。この丘は北から一ノ丘（最高所、一一六メートル）、二ノ丘、三ノ丘とつづくが、三ノ丘は二ノ丘に連なった尾根状を呈している。

桂川をへだてた嵐山にある法輪寺の展望台から東方を眺めると、双ケ丘を側面から見ることができ、双ケ丘といわれた理由がよくわかる（一〇〇頁参照）。

全国的にいえば、このような細長い丘全体を巨大な前方後円墳に利用しかねない。山城の古墳

時代の人たちはそのような無粋なことはしなかった。

六世紀になると秦氏の一支族とみられる集団が双ケ丘を墳墓の地と定めた。一ノ丘の頂上には支族の首長（名前は不明）の大円墳を造営した。これが一ノ丘一号墳で、直径約四四メートル、高さ約六メートルあり、墳丘内に長さ約一四・六メートルの巨石を使った横穴式石室が築かれている。

ぼくは昭和四五年三月に初めてこの古墳を訪れた。石室の内部は半分ほどが土砂で埋まっていた。それでも天井石までの高さの高い石室だと感じた。後日の石室の清掃調査では高さが七・七メートルであることがわかった。

古墳の南側に、明治四五年一月に清原氏の子孫の建てた石碑があった。「右大臣贈正三位清原真人夏野公墓」と刻んであった。後に述べるが、双ケ丘の麓には清原夏野の邸があった。そのことからの推測であろうが、この古墳は六世紀後半のもの、平安前期の夏野の墓ではない。双ケ丘一号墳は仁明天皇から位を授けられた。古墳に位が授けられたことは全国的にみてもきわめて珍しい。

仁明天皇は承和一四年（八四七）一〇月一九日に「雙丘東墳に従五位下を授く。この墳は雙丘の東にあって、天皇遊猟の時に墳上に駐蹕《ちゅうひつ》し四望の地とした。故に恩あり」（『続日本後紀』）とある。駐蹕は天皇がそこに立つことである。注目されることは、九世紀にはすでにこの古墳の子孫が管理・維持していた形跡はない。

仁明天皇はその翌日、雙丘の下の大池に水鳥の大群がいたので鶴《はしたか》や隼を放って之を払ったという。そのあと左大臣源朝臣常の山荘が丘の南にあったので、天皇らはここで食事をしている。ということは、一〇月一九日には夏野の邸に泊まったのだろうか。

このように平安前期には双ケ丘は恰好の遊猟の地ではあったが、六世紀には丘全体が秦氏の一支族の奥都城《おくつき》の地であった。一ノ丘の南麓から二ノ丘の南斜面にかけて五基、三ノ丘に一三基、計一八基の小円墳が群集していた。いずれも横穴式石室を築いていた。なお各古墳は見学には適していない。

清原夏野の邸があったことは、仁明天皇の一代前の淳和天皇の天長七年（八三〇）閏一二月に「天皇北野に幸し便《すなわ》ち大納言清原真人夏野の雙岡の宅に幸する。主人親属を率い儛を拜す」（『類聚国史』天皇行幸）の記事からもわかる。

双ケ丘の東方に今日も花園《はなぞの》の地名がある。江戸時代の『雍州府志』や『山州名跡志』には、清原夏野の宅地に万花（群花とも）が種《う》（植）えてあったので、この地名がついたという。花園はのちに花園天皇の諡名にもなったし、現在では花園大学の名称も使われている。

仁明天皇が立寄った大池は双ノ池として、和歌にもしばしば詠まれたが今はない。妙心寺の西方に池上村の地名が江戸時代にはあって、この池にちなむかと考えられる。池上は今は花園に含まれている。

清原夏野について説明する。『日本書紀』編纂の中心となった舎人親王の曾孫で、宅地にちなんで双岡（比《ならび》）大臣ともよばれた。『日本後紀』や『令義解』の編纂に当った学者でもあった。

清原夏野の邸跡にある法金剛院

清原夏野は承和四年（八三七）に亡くなった。そののち双ケ丘の山荘は雙丘寺となり、さらに天安寺となった（いずれも『三代実録』）。

平安時代末の大治五年（一一三〇）に、鳥羽天皇の中宮、待賢門院《たいけんもんいん》は天安寺を復興して法金剛《ほうこんごう》院を建立した（『百練抄』）。待賢門院は深く仏教に帰依《きえ》し、晩年にはこの寺で落飾《らくしょく》している。なお法金剛院には天安寺のものとみられる地蔵菩薩立像や僧形文殊坐像も伝えられていて、拝観することができる。

法金剛院はJR嵯峨野線の花園駅のすぐ北側にあって、広大な庭園は国によって特別名勝に指定されている。庭園の北方には双ケ丘から派生した五位山があり、その山から流れ落ちる水によって青女《あおめ》の滝が造られている。この滝は岩石を二段積にしたもので、平安時代の人造の滝の遺例として重要である。硬貨をいれるとしばらく水が落下するようにしてあった。

庭園は戦後、昭和四三年に森蘊氏が平安時代の庭を発掘復元したもので、大きな池をめぐって回遊することができる。この寺は「蓮の寺」ともいわれるように、夏には蓮の花が開く。春の枝垂桜、初夏の菖蒲や紫陽花《あじさい》など、花園にある寺にふさわしい。この庭園の原形は夏野の山荘のときからあったのではないかとおもった。ぼくが京都の庭園のなかでも好きな一つである。

大治五年に造られた本尊の阿弥陀如来坐像は安定感がただよい、十一面観音坐像も豊満な面相で彫刻衰退期の作品という人もいるけれども親しみが感じられる。本堂でこれらの信仰財に対面していると、女院が情熱を打ちこんだ御願寺であることを改めて感じた。

待賢門院が亡くなると法金剛院近くの五位山の三昧堂に葬られた。花園西陵である。

巨大古墳から大寺院へ

法金剛院の庭園（上）と
青女の滝の石組（左）

最近、考え直したことが一つある。古墳時代には天皇や皇族、さらに各地の豪族が競うようにして死後の奥都城《おくつき》として壮大な古墳、つまり巨大古墳を造営した。

本来の人の墓は、土葬であっても畳一枚ほどの空間があれば充分である。ところが兆域（墓の占める範囲）が東西八町、南北八町とか東西五町、南北五町のように広大な土地を墓として占有し続け、そのために陵戸とか守戸などの墓守を配置した。

このような弊風は古墳時代終末期でかなり簡略化され、さらに火葬の採用もあって、平安時代には天皇や皇族も古墳時代ほどには墓に広大な土地を占有しなくなると考えている。だがこの考えには次の視点が欠けている。

これから述べることだが、花園法皇は自分の離宮の跡地に妙心寺を造営した。この寺は今日なお東西約四〇〇メートル、南北約五〇〇メートルの広大な寺地を占有している。

これも後で述べることだが、光孝天皇が造営を発願し、そのあと宇多法皇が寺を完成させ三〇数年間を住んだ仁和寺も、東西約三〇〇メートル、南北約四〇〇メートルの広大な寺地を占有している。

このような類例については、嵯峨天皇の離宮の跡地にできた大覚寺や亀山上皇らの亀山殿の跡地にできた天竜寺でもみたし、源融の邸の跡地にできた清涼寺、清原夏野の山荘の跡地に侍賢門院が建立した法金剛院でもみた。

このように平安時代や鎌倉時代に、天皇や皇族、さらに貴族らが広大な宅地（山荘）の跡を寺院としてしまい、生産性のない空間として占有し続けていて、古墳時代とは違った形での土地の占有がつづいているのである。

見方によって巨大古墳は山脚や独立丘陵にあるため、さほど生産性を損なってはいないのにたいし、今あげたような大寺院は平地にあることが多く、土地の生産性を奪いつづけることにもなっている。以上の点は今回ぼくが気づいたことである。

後醍醐天皇の一代前が花園天皇であり、生涯の大半を法皇として南北朝の動乱期に過ごした。和漢の学問に通じ、歴代の天皇（上皇を含む）のなかでは突出した長い期間に日記をつけつづけた（『花園天皇日記』）。

花園天皇と妙心寺

花園法皇が花園の離宮を寺としたのが妙心寺である。臨済の大寺ではあるが、五山の制には入ったことのない林下の寺である。妙心寺には花園天皇の書跡が多数伝えられていて、ぼくは昭和五二年春に京都国立博物館でおこなわれた「妙心寺の秘宝」展で拝見できた。流麗で気品のある筆跡で、人柄がしのべそうに感じた。

貞和三年（一三四七・北朝年号）七月二九日の日付のある書跡は、玉鳳院を妙心寺と混ぜないようにとの遺志をのこしたものである。法皇の死の前年の筆跡だが、力強くほれぼれする筆跡である。

玉鳳院は微笑庵《みしょうあん》ともよばれ、今日も法堂《はっとう》の東方にある。ここには室町時代に建てられた開山堂があり、その正面にはこれも室町時代に建てられた四脚門（平唐門）がある。玉鳳院のある場所は花園法皇の離宮の中心だったところで、妙心寺では大切にあつかい非公開になっている。

開山堂には開山の関山無相大師の肖像が祠られている。生涯を修禅にはげみ、物欲がなく「不立文字」を理想にかかげ、遺墨や語録をのこさなかった人柄がよくにじんでいる。禅僧としては変わった人で興味がある。

京都にある禅の大寺で、境内に所狭しと建物の群在しているのが妙心寺である。

妙心寺散策と狩野探幽の雲龍図

ぼくは昭和六一年（一九八六）三月二一日に妙心寺の東にある花園会館に泊まり、翌日は境内を歩いた。花園会館での夕飯は精進料理だと期待していたが、そうではなかったのが印象にのこっている。そのときに禅の修行僧の作務衣《さむえ》を求め、しばらく家で着ていた。

寺の南側を東西に走る妙心寺道に面して南総門がある。ここから境内へ入ると放生池、三門、仏殿、法堂《はっとう》が南から北へと一直線に並び、これらの主要な建物を囲繞するように約四六の塔頭《たっちゅう》が群在している。これらの塔頭は江戸時代には五〇ばかりあったという。このように建物が群在し中央に広い空間のないことは、東福寺や建仁寺などの大寺にくらべ、ぼくには奇異である。そのことは妙心寺の歴史に関係がありそうである。

法堂で拝観の受付をして堂内に入る。このお堂は明暦二年（一六五六）の建立で、天井いっぱいに狩野探幽の描いた直径一二メートルの雲龍図がある。金と黒で描かれ、ぼくが見た禅寺の天井に描かれた雲龍図のなかでは抜群の迫力がある。

探幽は徳川幕府の御用絵師で、京都の寺や二条城にも多くの障壁画をのこしているが、それらは上手な絵ではあるがそれほどの力が伝わってこない。それにたいしてこの雲龍図は、別人の筆かとおもうほど力がみなぎっている。

力があるだけではなく、どの方角から見てもこちらを睨んでいるように見え「八方睨《にらみ》の龍」といわれていることもうなずける。

探幽がこの絵を描きあげ瞳に点をいれ終わると、一天にわかにかき曇って風雨が起こったと伝える。さもあろう。このあと探幽は寺が用意した画料は受けとらずに立去ったという。探幽五五歳の大作だが、この絵を描きあげたとき探幽も、後世まで残せる作品ができたことに満足したのであろう。

法堂の見学のとき、裏に説明文のある一枚の紙をいただく。その表には雲龍図を紙面いっぱいにカラー印刷してある。力のわく写真である。ぼくは須田剋太さんの暴れ龍の色紙の下に画鋲でとめて毎日眺めている。

文武二年の古鐘

妙心寺にもう一つの見どころがある。「妙心寺の鐘」として知られている銅鐘である。高さ約一五〇センチ、口径八六センチ、均整の取れた美しい形の釣鐘である。

この鐘は内面に陽刻の銘文がある。陽刻の銘文は外面にあるのが普通で、これは珍しい。陽刻とは鋳型に銘文を刻みそのあと溶銅を流しこむのだから、鐘の鋳造時からある。これにたいして、外面に刻まれた銘文は鋳造時のものもあれば追刻された場合もある。

銘文の前半は次の一一字からなっている。

戊戌年四月十三日壬寅収

戊戌年とは現在では文武天皇二年（六九八）で一致している。一昔前は干支を二巡くりあげて敏達天皇七年（五七八）にあてられたこともあった。だがそれは無理である。

文武二年といえば都が藤原京にあり、考古学的には古墳時代終末期、つまり高松塚古墳の壁画が描かれたころに近い。そんな古い時代に形といい音色といい申し分のない鐘が鋳造されたのである。ではこの鐘の製作地が畿内のどこかかというとそうではない。それは銘文の後半に明記されている。

　糟屋評造春米連広国鋳鍾

糟屋《かすや》評は筑前国糟屋郡の古い表記、志賀島の南部を含み、博多湾岸の南東部。その東部に香椎宮がある。

継体・磐井戦争のあと、磐井の子、葛子が糟屋屯倉《みやけ》を差しだしており、注目すべき土地である。この戦争までは糟屋は磐井勢力の博多湾岸の海上の拠点であった。

評造は郡領とか郡司が少し後の表記で、評督《こおりのかみ》とも記された。春米連《つきめのむらじ》広国は他の史料にはでないが『新撰姓氏録』の左京神別の項に「春米宿禰。石上同祖」とある。つまり（神）饒速日《にぎはやひ》命の後の、いわゆる物部系の一支族である。継体・磐井戦争のとき継体の派遣した将軍が物部連《むらじ》麁鹿火《あらかひ》だった。

この銘文からみると、春米連広国は鐘を鋳造した工人とみるより、鐘の鋳造の発案者とぼくはおもう。想像すれば古代の有力な評《こおり》（郡）には評の寺（郡寺）を建立することが少なくはなかった。広国は自らが関係する評の寺の鐘としてこれを造らせたのであろう。

この鐘については『徒然草』の第二二〇段に興味深い一文がある。この段は「何事も辺土は、賤しく、かたくななれど」で始まり、黄鐘調《おうじきちょう》の鐘が例にあげられている。そのなかに「西園寺の鐘、黄鐘調に鋳《い》らるべしとて、あまた度《たび》鋳かへられけれども、かなはざりけるを、遠国より尋ね出されけり。浄金剛院の鐘の声、又黄鐘調なり」とある。

この個所を『京都の歴史を足元からさぐる』の今までの記述を踏まえて考えると、この西園寺とは、西園寺公経が建立につとめた北山の鹿苑寺《ろくおんじ》のもとの寺としての西園寺とみてよかろう。西園寺の鐘を黄鐘調にしようとつとめたが、何度鋳造してもうまく出来なかった。そこで〝遠国より尋ね出したのが、亀山殿の浄金剛院にある鐘なのだ〟といったとみられる。

この場合の遠国とはおそらく筑前国であろう。なお兼好は双ケ丘の麓に住んだことがあるから、西園寺といい浄金剛院といい、双ケ丘からさほど遠くない土地の知識、つまり兼好の見聞した情報によったことになる。前にふれたことだが、西園寺家は西国の各地に港のある土地を所領にもっており、情報ももっていたのである。

ぼくは妙心寺の鐘がこの寺へきた由来について調べたことはないけれども、『徒然草』のこの個所を以上のように読んでみると、ある程度解けてきたようにおもう。なおこの鐘は鐘楼にはなく、法堂のなかに置かれていて拝見することができ、テープだが音も聞ける。

もと南蛮寺のポルトガル製の鐘

妙心寺は遠方から鐘の集る寺である。日本最古の鐘は鎌倉時代ごろに筑前国(福岡県)から京都へもたらされたとみられるけれども、もう一つ、もと中京の南蛮寺で使われていたと推定される鐘も妙心寺の塔頭の春光院にある。この鐘はポルトガル製とみられるから、はるばる海を渡って運ばれてきたのである。

この鐘は高さ約六〇センチ、口径約四五センチ、裾で大きくひらいたヨーロッパでいうベルの形をしている。表面に十字架とイエズス会の紋章のＩＨＳのアルファベット、さらに西暦の一五七七が鋳造されている。この鐘は南蛮寺のためにポルトガルで作って運ばれてきたとみられる。

ぼくは『北野・紫野・洛中の巻』で述べたように、中京の南蛮寺跡の発掘をしたことがあるが、その発掘のあと春光院でこの鐘を見せてもらった。記憶では渡り廊下のようなところに釣り下げてあった。なおこの鐘は嘉永七年に春光院が入手したと伝え、南蛮寺の破却後それまでどこにあったかなど、なお不明である。

御室の仁和寺と小松宮彰仁親王

御室《おむろ》は双ケ丘の北方の地名である。大内山の南麓に西山御願寺の建立を発願したのは光孝天皇だったが、その翌年に天皇は他界した。そのあと宇多天皇が父の遺志をひきつぎ、仁和四年（八八八）八月に金堂を建立し、先帝の御斎会をおこなった（『日本紀略』）。そのときの元号をつけて仁和寺《にんなじ》というようになった。

宇多法皇は延喜四年（九〇四）に思うところがあって、仁和寺境内へ円堂つまり八角堂を建立した。建立の目的は伝えられていないが、円堂の性格上、仁和寺建立を最初に発願した先帝（であり父でもある）光孝天皇の供養があったのではないかとぼくはみている。

この円堂の屋根は瑠璃瓦で葺かれていたという寺伝があったし、この建物跡の付近だけに緑釉瓦が採集されていることを、京都の瓦研究に先鞭をつけた木村棲三郎氏（故人）が指摘されている（『造瓦と考古学』昭和五一年）。ぼくも小さな破片一つを入手したことがある。緑釉瓦は初期の平安宮では盛んに用いられたが、仁和寺円堂のころはすでに平安宮での使用は見られておらず、これより後では先に述べた藤原道長の法成寺で用いられた。

宇多天皇は即位したあと仁和寺で出家し、三〇数年間を仁和寺で過ごした。御室《おむろ》というのは法

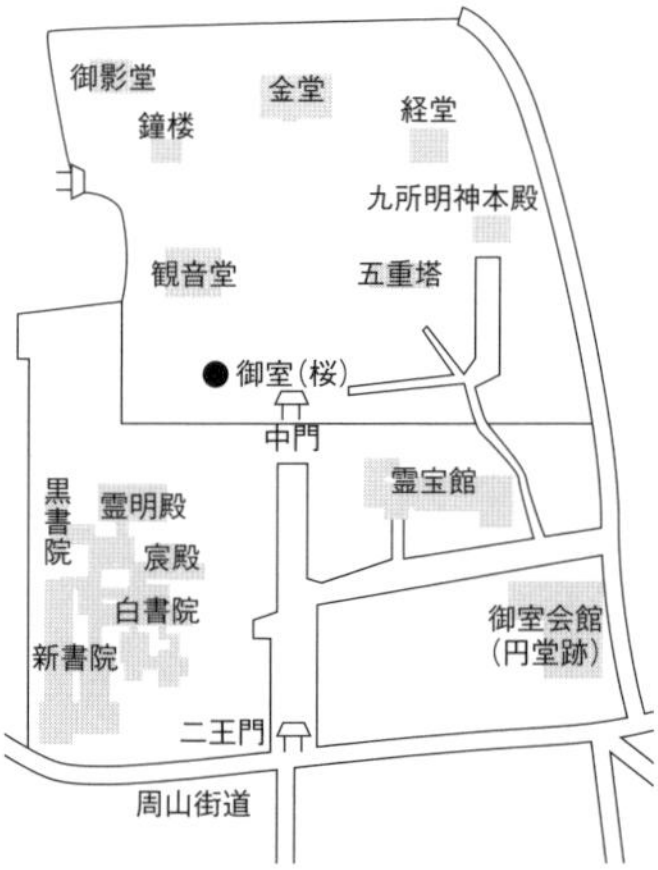

仁和寺境内

皇の御所のことで、宇多天皇以後は明治維新まで代々皇室から門跡が入った。そのためいつしか御室御所といわれるようになった。

徳川氏の時代になると、三代将軍家光は京都御所の建替えとともに仁和寺の復興をも援助した。そのさい慶長一八年（一六一三）に造営された京都御所の紫宸殿を移築して金堂にした。そういえば仁和寺の金堂には気品がただよっている。

京都御所の清涼殿の古材を用いて建てられたのが御影堂であり、このように現在の京都御所にある建物よりさらに古い建物が仁和寺にある。

京都御所からの建物の移築にあわせ、五重塔、観音堂、中門、仁王門、経蔵なども造営された。いずれも寛永年間から正保年間の建物である。このような建物群が完成した背景には、徳川幕府の援助とともに門跡寺院としての伝統も大きかったとみられる。

このように仁和寺といえば気品があって静かな空間という印象をうけるが、時には爆発的なエネルギーのでたときもある。第三〇世の門跡《もんぜき》の純仁《すみひと》法親王である。

慶応四年（一八六八）に京都を舞台として、薩摩・長州の連合軍が幕府軍と時代の運命を決する鳥羽・伏見の戦を開始した。このとき純仁法親王（仁和寺宮）は急遽還俗《げんぞく》して軍事総裁となり、翌日には征夷大将軍として錦の御旗をたてて幕府軍を圧倒し、明治新政府の誕生へと導いた。

戊辰戦争が終ると東伏見宮と改め、さらに仁和寺の地名の小松にちなんで小松宮となった。ぼくは小松宮彰仁《あきひと》親王の名でおぼえているが、日清戦争では陸軍大将として征清大総督をつとめた。仁和寺のような静寂な寺からこのような軍人が現れ、明治政府の樹立に力をつくしたことは不思議なことである。

兼好の描いた仁和寺の僧

兼好はいっとき、仁和寺の南にある双ケ丘の北東麓に居を構えたと推定されている。その関係もあって『徒然草』には仁和寺の僧についての噂話が四つ収められている。そこに取りあげられた僧とは、ひたむきに修業にはげむというより、どこか間が抜けていて親しみがわくという共通点がある。

芋頭（頭芋《かしらいも》ともいえる）を好んで食べる眞乗院の盛親僧都については、『北野・紫野・洛中の巻』の「北野のずいき祭」の項で紹介した。この僧は書や学問、さらに弁説などでは人よりすぐれていたけれども、日常の立居振舞は「よろづ自由」の人であったという。今日いう自由人であろう（第六〇段）。

兼好法師の住居跡にたつ石碑

仁和寺のある法師は、石清水八幡宮へ詣ったことがなかった。あるとき思いたって石清水へでかけ、男山の麓にある極楽寺や高良《こうら》神社を拝み、これが石清水八幡宮だと早合点して帰ってきた。

帰ってから仲間の僧に〝長年の願いだった石清水八幡宮詣りを果たしてきた。それにしても参詣人の多くが山へ登っていったのはどういうことでしょう。気にはなったけれども自分は神へ参るのが目的だったから山までは行かなかった〟といった。もちろん石清水八幡宮は男山の頂上にある。何事にも先達《せんだつ》（案内人）はあってほしいものである（第五二段）。

つぎは仁和寺の頓馬な法師の話である。この法師は酒に酔って、傍らにあった足付の鼎《かなえ》を頭に被《かぶ》ろうとした。すぐには被れなかったので無理をして頭をいれた。その姿で踊ると皆は笑った。ところが鼎をはずそうとしたが抜けない。鼎を割ろうとしたけれども被ったままでは割れない。医師へ行ったが〝それは医師の仕事ではない〟といって何もしてくれなかった。結局無理をして鼎を引き抜いたが耳と鼻とを損傷してしまい久しく病んだという（第五三段）。酔った人ならやりかねないことである。

つぎは「御室にいみじき児《ちご》のありける」で話は始まる。児とは稚児のことである。法師たちは競うようにしてこの稚児を遊に誘いだそうとした。稚児の気をひくために「風流の破子《わりご》やうのもの」を念入りに作った。風流の破子とは白木で作った組合せ箱かとおもう。あらかじめその箱を双ケ丘へ埋め紅葉の葉をかぶせて匿しておいた。

「仁和寺の御所」へ行って稚児を誘いだし、箱を埋めておいた場所で稚児が偶然に見つけるようにした。しかし紅葉をめくっても箱はなく法師たちの計画は失敗した。法師たちが箱を埋めるのを見た誰かが掘りだして持ち去ったようである。このようにむやみに面白そうなことを企むと不本意な結果となるものである（第五四段）。

それほど面白い話ではないけれども、仁和寺に稚児がいたこと、仁和寺のことを「御室」とか「御所」といっていたことがわかる。

桜見物で賑わう仁和寺

仁和寺に伝わる『医心方』と「日本図」

この寺には仏像や仏画はすこぶる多く、その代表作は霊宝館で春と秋に拝観ができる。もと金堂にあった、仁和四年に作られたとみられる阿弥陀如来坐像と観音と勢至の両脇侍も、霊宝館に移されている。ぼくが訪れたのは二〇〇八年四月一三日で、わが家の近くでは桜の花は散りかけていたのに、仁和寺の境内では花盛りの最中で、大勢の人たちで雑踏していた。御室桜は遅咲きとは聞いていたが、思わぬ眼福にあずかれた。

この寺に伝わる品々のうち『医心方《いしんぼう》』と最古の日本地図といわれている「日本図」には注目している。『医心方』は一〇世紀後半、つまり平安時代中期に丹波康頼が著した医学全書で、百済や新羅の医学書をも参考にし、それまでの中国の医学書を丹念に総合した大著である。長らく宮中に秘蔵されていたが、仁和寺と皇室との関係によって仁和寺にも伝えられ、国宝になっている（宮中のものは現在では東京国立博物館の所蔵である）。

日本では西洋医学に関心が集っているけれども、東洋医学にもっと注意する必要がある。先に述べた清凉寺の釈迦像の胎内に納入されていた五臓六腑の模型にも、東洋医学の水準の一端がうかがえる。

丹波氏は山城国の隣の丹波国の出自とおもわれるが、平安京に移住していた。『新撰姓氏録』の「左京諸蕃」に「丹波史　後漢霊帝八世孫孝白（日か）王の後」とある。後漢の霊帝といえば後漢の衰退期の皇帝である。倭国の乱のあったころの皇帝で、『太平御覧』が引く『魏志』では「漢霊帝の光和中」とされている。中国でもすでに混乱の状況が始まっていた。このように霊帝は名君とよべるような人物ではなく、その皇帝を先祖としている家伝にはかえって真実味があるようにぼくは考えている。

ぼくは子供のころから地図を見るのが好きである。見慣れている地図での日本列島は、東を右、西を左にしているから、北にある日本海は地図の上にきているし南にある太平洋は地図の下にある。これは前にふれた北野天満宮に加藤清正が奉納した「日本地図鏡」も同じである。

ところが仁和寺に伝えられてきた嘉元三年（一三〇五）に写された「日本図」は、太平洋側が上、日本海側が下にあって、当然、九州島が右、陸奥が左にきている。なお太平洋とか日本海の地名はこれらの地図にはない。

現在の日本列島図と逆さまになった仁和寺蔵の「日本図」などは、総称して「行基図」とよばれている。行基は八世紀の名僧で、和泉の人ではあるが越《こし》（この場合は越後）にも関係する伝えがあり、行動や活動が旺盛だった。行基が日本列島の地図を作ったとする事実は確認されていないが、「行基図」を作ったとする根強い伝承がある。

それはともかくとして仁和寺の「日本図」、つまり現存する最古の「行基図」には全国の名を記し、国境も表している。その地図の中心におかれたのが山城である。そのことから考えると、平安京ができてからこのような地図が作られたのではないかとおもう。

嘉元三年といえば蒙古が来襲してきた文永・弘安の役のやや後であり、日本列島を地図上で把握する必要があった時期である。

横浜市にある金沢文庫は、鎌倉幕府で評定衆を務めた金沢実時の蒐《あつ》めた膨大な数の書籍をもつ個人の文庫から出発した。鎌倉時代には京都から兼好もここを訪れて勉強したことがあった。所蔵品には書籍のほかにもさまざまな物があって、仁和寺の「日本図」とほぼ同じころに作られた「日本図」がある。

金沢文庫の「日本図」も国々の配置は「行基図」と同じではあるが、いくつかの特色がある。まず第一に日本列島を巨大な竜もしくは蛇にみたて、列島の縁には太い帯をめぐらせ、帯の内部に龍もしくは蛇をあらわす鱗文で埋めている。鱗文は北条家の家紋にもなっているし、起源は弥生時代か古墳時代にさかのぼる。

第二の特色は日本列島の隣接地である高麗や新羅、さらに唐土（中国）の一部も描いていて、異国への目配りがあらわれている。ただ残念なことは、尾張と越中を結んだ線より東が切れていて東日本のことがわからない。

これらの地図についてでは、さらに時間を見つけて自分なりに検討しよう。とにかく中世に、日本列島全体についての関心をもった人が仁和寺にいたことには注意しておく必要がある。

京都は近世になると京焼（そのうちの代表が清水焼）の産地となり、今につづいている。無数といってよいほどいた職人のなかに、近世前期から中期にかけて二人の天才的な陶工（陶芸作家）があらわれ、二人とも仁和寺の周辺で製作活動をした。その一人が野々村仁清《にんせい》（生没年不詳）である。

野々村仁清と尾形乾山

野々村仁清は丹波国桑田郡野々村（現在は京都市右京区美山町）の出身と伝え、本名は野々村清右衛門である。野々村は出身地の地名を名としたものだが、作陶活動が仁和寺の近辺だったので、仁和寺の「仁」と清右衛門の「清」の二字を合わせて、仁清の名をつけ、作品に「仁清」の銘をつけたのである。

後水尾上皇は仁清の仕事ぶりに関心をよせ、慶安三年（一六五〇）に「御室焼物師の土作仕るを後水尾上皇御叡覧せらる」と『御湯殿上日記』にでている。この日記は天皇の日常生活を仮名で記し、女房詞《ことば》も使われている。このなかの御室焼物師とは仁清のことで仁清の活躍した時期の一点がおさえられる。

仁清は軽妙な轆轤《ろくろ》の技で器を成形し、鮮やかな色彩で木の花や草の花を器面いっぱいに描いた。代表作には茶壺、茶入、香炉など茶の湯の道具が多い。

金森宗和という茶人がいた。飛騨の高山城主の子で、禁中や仁和寺にも出入りして、当時の上層階級の文化人のリーダー的存在であった。仁清は金森宗和の指導をうけたから、仁清が有名になった背景には金森宗和がいた。

仁清は陶器の花生をも作り代表作を仁和寺に納めた。仁和寺では華道が発達していて御室流とよばれ、自由な盛花《もりばな》や投入花《なげいれ》が尊ばれた。だが仁清のころ仁清の花入がどの程度用いられていたかはぼくには不明である。

中世の信楽焼《しがらき》、丹波焼、瀬戸焼、美濃焼などが、どのように仁清の作陶に取り入れられているかなど研究すべきことは多いが、いずれにしても文化サロン的な仁和寺の役割が仁清を生みだしたといってよかろう。

尾形乾山《けんざん》は幼名を権平、そののち深省と改めた。京都の有力な呉服商の三男で、兄が絵師の光琳である。乾山という名は後に述べるように鳴滝の山に窯を築いて作陶を始めるに当って、その地が都の乾《いぬい》（戌亥・北西）にあるので乾山を名にしたのである。

乾山は鳴滝に居をかまえる以前に仁和寺近辺に住み、そこで仁清から作陶の基本を伝授されたという。しかし乾山と仁清ではそれぞれの作風は異なり、乾山の独創性が発揮されている。

乾山は元禄七年（一六九四）に、公卿の二条家と仁和寺宮との援助によって仁和寺西方の鳴滝の泉谷に住居を設け、窯を築いて旺盛な製作を始めた。ここでの作品が鳴滝乾山とよばれている。今日では乾山の窯址は黄檗宗の法蔵寺の裏山になっている。乾山は晩年には江戸へ移りそこで没している。

二〇〇八年三月に京都文化博物館で「乾山の芸術と光琳」展がおこなわれ、多数の乾山の作品

鳴滝の法蔵寺入口にたつ尾形乾山陶窯跡の碑

を鑑賞できた。そのなかにオランダのデルフト焼の影響をうけた作品があり、デルフト焼の現物をも入手していたことを知り、鎖国下ではあったが、異国への関心が強かったことを知った。これらは長崎に輸入されたものであろう。

デルフト焼は中国の陶磁器や日本の伊万里焼の影響をうけているから、乾山がこれに関心をもったことは面白い。乾山がどのような契機で同時代のヨーロッパ陶器に関心をもちだしたのか知りたいことである。

感想を一つ述べる。ぼくは自分の身辺には仁清も乾山もどちらの作品をも置こうとは思わない。ぼくは丹波、備前、常滑などの無釉の陶器は好きだが、文様のあるのは織部のほかは興味がない。だが二人とも日本の文化史上に名高いので仁和寺に関連した人物としてここに収めた。なお仁清と乾山については陶芸作家の宇野三吾氏（故人）の「日本のやきもの（9・京都）」を参考にした。

石庭のある竜安寺

竜安寺は仁和寺の北東、等持院の北西にある。背後（北）すぐに衣笠山が聳え、前面（南）に広大な鏡容池《きょうようち》がひろがっている。

鏡容池は平安末期に、左大臣藤原実能《さねよし》が衣笠山の南麓に営んだ山荘の園池として設けられたのである。実能はこの山荘内に私の寺として徳大寺を建て、それにちなんで徳大寺家の祖という。一説ではこの池は円融天皇が営んだ円融寺の池ともいう。

鏡容池は徳大寺の当時を今に伝える唯一の遺産である。嵯峨天皇が嵯峨院の園池として掘った大沢池よりはやや小さいが、西園寺公経が北山殿（足利義満の金閣の前身）の園池として掘った鏡湖池よりはやや大きく、これらの三つの池の構築法（地形の利用）に共通点がある。ぼくは何度か鏡容池のまわりをゆっくり散策したことがある。「かいつぶり」の巣があるなどのびやかな池である。

室町時代になると管領の細川勝元がこの山荘をゆずりうけ、妙心寺系の寺を開いたのが竜安寺である。だが寺は応仁の乱で焼け、江戸初期に再興されたのが現在の建物である。

方丈の玄関で拝観の手続をすませ、建物の奥へと進むと前庭の石庭がある。土塀の背後には木の茂みがひろがっているが、石庭内には白砂が敷きつめられ、十五個の岩石が、七、五、三個の三群にかためて配されているだけで一本一草のない空間である。見る者は廊下に座ってこの石庭から何かを考えだすことにつとめている。禅の庭園であることは確かだが、この庭の作者に深い考えがあって作ったかどうかは定かではない（東寺観智院の五大の庭との関係も考えてよい）。

この石庭は室町時代の庭といわれているが、具体的な年代や作者については諸説がある。ぼくはこの庭に一本一草が拒否されていて、それでいて土塀越しには青々とした木々が茂っている対比が面白いし、そこにヒントがあるかも知れないとおもう。

一本一草がないという世界は、人類以前か人類以後の空間を暗示しているのではなかろうか。

応仁の乱でこの寺も焼かれているから、作者の頭にそのような考えがあったのではなかろうか。

竜安寺の裏山には横穴式石室をもつ円墳が点在している（朱山古墳群）。鏡容池の北方にも横穴式石室の残骸らしいところもあるから、かつては古墳群があったかもしれない。とはいえ石庭の石材は横穴式石室の転用ではなかろう。

第6章　桂と松尾

不老長寿の仙境・桂の里

この巻の終章として桂川（葛河、葛野川）の中流右岸にある桂と松尾《まつお》をあつかう。

桂の里は上《かみ》桂と下《しも》桂からなっている。現在の河道によれば、上桂は桂川から少し離れ農村的であるのにたいし、下桂は桂川のほとりにあって、昔は桂川の河川交通の要衝であった。さらに鵜匠のいた桂御厨《みくりや》のおかれた漁村でもあり、鵜匠は天皇に直属する供御人《くごにん》であった。

唐の月宮鐘の拓本

桂の鵜匠は保津川や宇治川の鵜づかいも認められており、活動は近江や丹波にも及んだ。桂離宮のあるのは下桂である。とはいえ九世紀以前には桂川の河道は数百メートル西にあったという説もあり、これは後に述べる。上桂にも鵜匠はいた。

桂の里でぼくの頭に浮ぶのは鵜匠の捕る鮎（年魚）と、それを加工した鮨（熟鮨《なれずし》）を京の町をはじめ各地に売り歩いた桂女《かつらめ》である。桂女は鮎や鮎鮨のほか桂飴（糖）を商ったし、その役割がたんなる販女《ひさぎめ》ではなくなることについては後で述べる。

桂の里を理解するために、古代からこの地が不老長寿（不死）の仙郷とみられていたことに触れておこう。

中国の唐代に流行した鏡に月宮鏡がある。鏡背の中央に桂の大木が立っている。木の幹をガマ

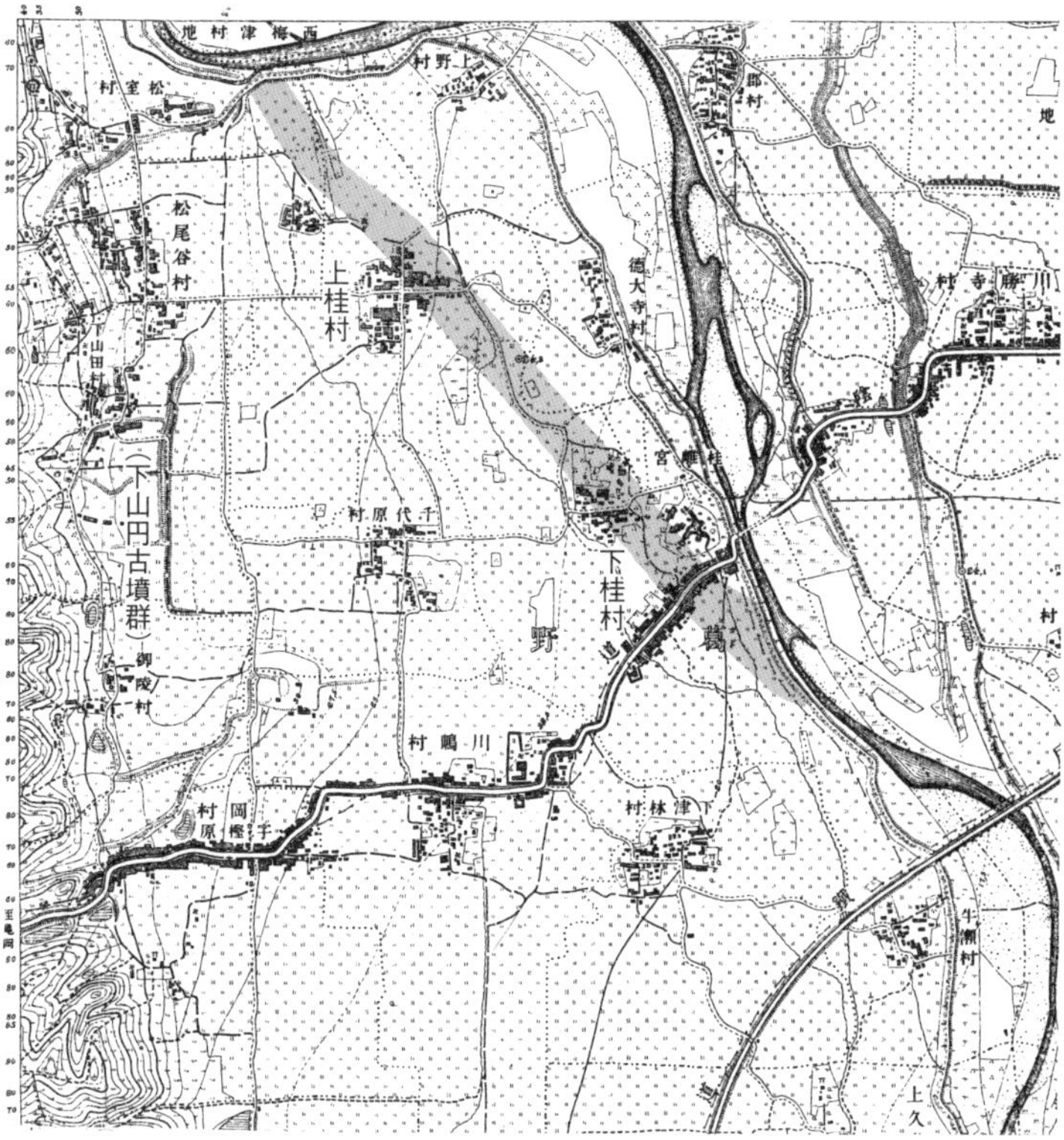

桂川の旧河道（アミ目の部分、青山宏夫氏説を参考）

ガエル（蟾蜍）が上へと登っている。桂の大木は上部で左右に葉をいっぱいつけた枝がひろがっている。桂の木の右下には杵を使って臼で仙薬を作る兎がおり、木の左下では不老長寿の薬をもつ仙女（嫦娥）が羽をひるがえして翔《と》んでいる。

山背（城）の桂の里は月宮鏡の描く不老長寿の世界、つまり仙郷（神仙界）とみられていた節がある。『山背国風土記』逸文には「湯津《ゆつ》桂の樹あり。月読尊《つきよみのみこと》、乃《すなわ》ちその樹によりて立たましき。

その樹のある所、今、桂の里と号《なづ》く」とある。

湯津桂は五百個桂とも書く。「ゆつ」は「斎」であって枝葉の繁茂した桂のこと、まさに月宮鏡に描かれた桂の大木である。桂は楓の字で表すこともある。

今日では桂の里のどこに桂の大木があったかはわからないけれども、奈良時代や平安時代以来の桂の里にたいする人びとの対応の仕方などから、桂の大木があったとみられた土地であることは疑いなかろう。

桂の里には平安中期には藤原道長や藤原経国らの貴族が別宅（山荘）を設けていた史料はあるし、そのような伝統のうえに江戸初期に桂の御所（明治一六年から離宮という）が設けられた。この御所は正親町《おおぎまち》天皇の孫の智仁《としひと》親王（八条宮、桂宮の祖）が建てたのだが、以上述べたような伝統が桂の里にあることに、ぼくは歴史的な意味を見出せるとみている。

智仁親王は寛永四年（一六二七）に一つの歌を詠んだ。それには桂の地を理想的な神仙界と考えていたことがよく示されている。

仙人の　蓬が島根　うつしをきて　千々の秋みん　池の月かな

「蓬《よも》が島」とは神仙界の理想郷としての蓬莱山《ほうらいざん》のこと、それと月を詠《よ》んでいる。

この離宮の建物や庭園の美にふれた本はすこぶる多く、今回は割愛する。嵯峨の落柿舎にくらべると人びととのふれあいの歴史は乏しく、それもあって、ぼくはこの離宮には深入りはしない。

鮎と桂女

鮎は年魚とも書く。鮎については十世紀の『和名類聚抄』で「春に生まれ、夏に長じ、秋に衰え、冬に死す。だから年魚という」と説明されている。この説明をふまえて考えると、新芽がふいて若葉になるころに鮎の稚魚が川を遡上してくる。春は草木をも含めて生き物の生命のよみがえる季節である。

平城京の二条大路遺跡で出土した木簡の一つに「葛野河年魚二百五十隻　四月十九日作」と記されている。まさに春におそらく桂の里から桂川の年魚を進上したのであろう。文末に「作」とあるから少し加工された一夜干であろうか。この場合の「隻《せき》」は個と同じ、二五〇個の加工された年魚とみられる。

年魚はどの川のものでも好まれたのではなく、不老長寿の仙郷とみられた土地を流れる川の年魚が好まれた傾向がある。吉野の年魚もその例になる。

年魚をあつかう桂の里の販女《ひさぎめ》が桂女《かつらめ》である。月宮鏡のなかの仙女を連想する女とみられた節がある。桂女はしだいにお産に立会うなど霊力をもつ女ともみられるようになる。そのような桂女が売り歩く桂川の年魚であるから、中世になると二重、三重の価値が見出された。

平安時代に桂の里の販女にどの程度、桂女という名称が使われていたかは分からない。しかしすでに桂女は平安後期の武将源頼政の和歌に詠まれている（源三位頼政集）。『今昔物語集』には鮨鮎を売り歩く販女の話がある。桂女のこととみられる。巻第三十一にある「人於大路見酔酒販婦所行語」である。

この話はよく知られていて、酒に酔った販婦（女）が鮨鮎をいれた桶のなかに反吐《へど》をはき、それを鮨の飯にまぜてしまう話である。大路でそれを見た男は、その後永く鮨鮎をくわなかったという。想像するだけでも気持ちが悪くなる。

鮨鮎のことは巻第二十八にもでていて、京の町に相当に広まっていた食物らしい。鮨鮎と書いてあるから、今日の鮎寿司のようには飯は多くはなく、近江の鮒鮨に似たものだったらしい。なお『延喜式』では鮨年魚の字を使っていて古さを感じる（「内膳司の項」）。

室町時代になると桂女は上層階級の家のお産に立会うことが増えたし、巫女となったり芸能にたずさわるなど多方面で活躍し、その霊力をかわれて合戦に従軍する者もあらわれた。

ぼくには出典は分からないが、将軍義詮の寵愛をうけて義満の母となった紀良子ももと桂女だったし、徳川家康との間に名古屋藩の徳川義直をもうけたお亀の方ももと桂女だったという（脇田晴子『女性芸能の源流』）。

桂女は着物を短く着、頭を桂包と称する白布で包み前で結んだ。この巻き方が妊婦の岩田帯の起源とする見方によって、桂女が出産の場に立会うようになった。なおこのことには桂女が神功皇后の侍女の子孫とする伝承とも関連し、それについては桂飴のところで再度ふれる。小さなことだが、日本料理で輪切にした大根を回しながら薄く剥ぐことを桂剥《む》きという。この言葉は桂包から生まれたのであろうか。

桂飴

松江重頼の『毛吹草』の山城の名物のなかに桂糖が載っている。今日では桂飴と書いている。

『雍州府志』巻六土産門の「飴・糖」の項に「桂里ノ製造、細密ニテ甘美ナリ。形竹管ノ如シ。

是ヲ桂飴ト称ス。或ハ管飴ト称ス」とある。でも昭和五〇年代の終りごろまでは、ぼくは桂飴を見たことはなかった。

民俗学の泰斗、柳田国男は大正一四年に「桂女由来記」で桂女のことに注目しているし、桂飴にもふれている。柳田は江戸時代になると上鳥羽の桂女が活躍することにもふれている。中世史研究者の網野善彦さんは「鵜飼と桂女」という論文でも桂女をとりあげている。

ぼくは縁があって小学館が企画した「日本民俗文化大系」の編集委員になり、網野さんともよく顔をあわせることになった。この企画で、ぼくは希望して『技術と民俗』上下二冊の編集を担当することになった。考古学による地域学を考えていたころで、民俗学にも地域学を応用したかったのである。そこで上巻を「海と山の生活技術誌」、下巻を「都市・町・村の生活技術誌」とした。

『技術と民族』上下二巻には、土地（地域）別に五一四の具体例を選び、約四〇〇人の研究者の協力で完成した。上巻を昭和六〇年、下巻は翌年に刊行できた。そのさい下巻に「京都の桂飴」をぼくの執筆で加えることができた。そのために桂飴の探訪にでかけたのが昭和五〇年代の終わりごろだった。

桂離宮のすぐ南西、国道九号線（旧道）に面して遠山家の経営する養老亭があって、この一軒だけが桂飴を作っている。国道九号線は昔の山陰道だから、下桂は古くからの陸上交通の要衝でもある。山陰道が桂川を渡るところには渡《わたり》と度子《わたしもり》を置いたり（延暦一八年の楓の渡）、浮橋（舟橋）を設けたり（延長六年）して、やがて橋が架けられるようになった。

遠山家の屋号の養老亭も端的に不老長寿をいいあらわしていて、桂飴がたんなる菓子としての飴ではなく、仙薬に通じるものがあることを暗示している。

桂飴の昔の原料は糯米《うるち》だったが、ぼくが訪れたころはトウモロコシが使われていた。木版刷の「桂飴の由来」によると、しるあめ、まるあめ、みつあめ、ぢわうせんの四種があるということだが、ぼくの訪れたときにはまるあめだけが売られていた。

ぼくは桂飴を買って編集委員会に持参した。どの委員も〝見るのは初めて〟と喜んで味わってくれた。

「桂飴の由来」では、まず神功皇后の懐妊と新羅出兵にふれ、神功は筑前に凱旋してから誉田天皇（のちの応神天皇）を生んだという記紀の故事から説明し、神功にあやかって桂姫が商う飴は小児を育てる乳房の味であり老をいやす長寿の飴であることを述べている。文の最後に「桂御所御用御飴所本家　養老亭遠山徳基」と記している。

神功皇后のことをさらに述べると、お腹に誉田天皇を宿しながら玄界灘をこえて新羅に出兵するのだから、神功に海神と武神の側面も見出せる。神功のお産にまつわる話は『古事記』に記しているように、妊娠中の裳にまとった石が筑紫国の伊斗村にあるという。

この石については『筑前国風土記』逸文や『万葉集』の山上憶良の歌にもでていて、憶良は「筑前国伊土郡深江村子負の原に、海に臨める丘の上に二つの石あり」と説明している（八一三）。奈良時代にも根強い伝説があったことは明らかである。この石とは妊娠中に用いる温石《おんじゃく》のこととみられる。神功が用いた石のあった伊斗（土）とは『魏志』に記された伊都国があったところ

桂飴の由来

で、伊都は女王国の都でもあった。

もう一つ記紀には神功が海を越える前に肥前国松浦県（話は唐津市周辺で展開）での釣り占《うらない》の話がある。出兵の吉凶を「アユ」を釣ることで占ったのである。だから「アユ」には鮎の字も用いられる。祇園祭にでる占出山《うらでやま》は別名を鮎釣山ともいうように、神功皇后のこの故事にちなんだものである。また船鉾《ふなぼこ》も神功皇后の出陣の船にちなんだものである。

下山田古墳群と桂川の旧河道

下桂の北西約一キロに上桂があり、上桂西方の松尾谷にあったのが、前にふれた前方後円墳の松尾穀塚古墳（今はなし）である。松尾谷の少し南方、上桂の南西にあるのがこれから述べる下山田の集落である。

ぼくは同志社大学に勤めて間もなく、理事の山口泰弘氏と知りあった。山口さんのお宅は下山田にある昔からのお屋敷だが、庭から土器（中世のもの）が出たということで、それを拝見にでかけたことがある。すると部屋に元禄一一年（一六九八）の「下山田領田地之中ニ有之分塚」と題する一枚の古文書が額にいれてあった。元禄一〇年には幕府で天皇陵探索の気運がたかまり、京都所司代が行動をおこした年であり、下山田のこの文書はそれに対応した下山田村での調べの草案とみられる。早速、学界に速報することにした。

ぼくは昭和四七年に「元禄一一年における京都市下山田の古墳調査」と題する一文を『古代学研究』六五号に掲載した。目的はこの古文書の写真の紹介だった。

この文書では八基の古墳を列挙していて、古墳の名称の下にそれぞれの略図をいれている。それによって四基の前方後円墳のあったことがわかる。八番めの「こしき塚」の下には前方後円形を描き前方部の下に「南」といれているから、主軸を南北にした前方後円墳であることがわかる。略図の下に「拾間ニ拾五間許、四方堀也、松木山なり」とあって、この古墳が松尾穀塚とみてよかろう。

このように今日では一基ものこっていないが、下山田には四基の小型前方後円墳のあったことがわかる。さらに下山田と上桂のあいだにも清水塚と天鼓の森古墳という小型前方後円墳（どちらも全壊）があって、下山田から上桂にかけて少なくとも六基の小型前方後円墳を含む古墳群のあったことがわかり、これを下山田古墳群と仮称する。

下山田古墳群は先の元禄一一年の文書にも「下山田領田地」とあって、江戸時代には古墳群が水田地形にあったことが推測される。ところがその地形は古墳造営当時も同じかどうかに問題がある。

　前に桂川の古い河道は桂の周辺では現河道より西方にあったと述べた。この復原研究は青山宏夫氏が「平安京西郊桂川の河道変化と耕地開発」（『平安京―京都、都市圏と都市構造』）で発表されたのである。

　この桂川の旧河道によると、仮称下山田古墳群は水田地形ではなく、桂川のすぐ右岸、それも川の流れの近くにあることになり、この古墳群をのこした勢力が河川交通を掌握していたことも充分考えられる（二五九頁参照）。

　このような伝統はその後もつづき、永承三年（一〇四八）には関白藤原頼通の高野詣にも桂鵜飼廿艘が供をしている（『宇治関白高野山御参詣記』）。なお上山田付近の地形は葛野大堰の開設によって桂川右岸の農地が急速に拡大され、地形が変化したことについては後でふれる。それは六、七世紀のできごとかと推測される。

秦氏の多い山田郷

　松尾谷の北西に苔寺の通称で知られている西芳寺《さいほうじ》がある。このあたり一帯は、古代には葛野郡山田郷に含まれていた。

　九世紀の山田郷の様子をうかがえる文書がある。寛平八年（八九六）二月に、山田郷の郷戸主秦忌寸《いみき》乙益が戸口の秦忌寸阿古吉に下原田の土地を寛平銭二貫文で売却したことを山田郷長の秦氏吉が作った文書である（『平安遺文』第一巻所収）。

　この一枚の文書から分かることは多い。まず土地の売却に銭（寛平大宝）が使われていること、それと買人の秦忌寸阿古吉は太皇大后宮の舎人《とねり》をしていたことが分かる。太皇大后とは天皇の祖母で后位に昇った人のことである。

この売却には九人が保証刀禰《とね》として名を列ねているが、九人ともが秦忌寸をなのっていること、さらにその九人の肩書が中宮舎人、太皇大后宮、内蔵寮、大蔵省、右近衛、鼓吹司につとめていたり、松尾社の禰宜《ねぎ》や祝《ほうり》、梅宮の祝をつとめるなどをしていたことがわかる。なお梅宮には一項目は設けないが、松尾谷の対岸、桂川左岸の梅津にあって、橘氏が奉斎した名神大社である。

それにしても九世紀になっても山田郷の一帯には秦氏が地に満ちていたこと、それと官人や松尾社や梅宮の宮司になる者の多くいたことを頭にいれておく必要がある。

苔寺としての西芳寺

松尾谷集落の北西へ進むと谷口にさしかかる。谷口の西芳寺川の北側、つまり嵐山からつづく山塊の南麓にあるのが臨済宗の西芳寺である。この寺に近づくと、溝を流れる水に勢いのあることに気づく。

西芳寺はもと西方寺といったといい、行基に関係する伝承はあるけれども、その頃のことはほとんど分からない。暦応二年（一三三九）に、室町幕府の評定衆だった摂津親秀が夢窓疎石を招じて西方寺を復興し、西芳寺と改めた。夢窓は作庭に長じていたので、もとからあった池を拡大し、さらに山からの伏流水を利用して黄金池とも心字池ともいう池を造り、回遊式の庭園をこしらえた。池のほとりに下層を瑠璃殿、上層を無縫塔という楼閣を建てた。

この楼閣は、足利義満が北山に金閣を建てるときや足利義政が東山に銀閣を建てるときのモデルになった、といわれている。

夢窓の造った西芳寺へは光厳上皇や足利義満をはじめ、朝鮮の使節も立寄っている（『老松堂日本行録』)。

このように世に知られた庭園ではあったが、寺の放漫な経営や応仁の乱、さらにその後の水害などによって寺は荒廃し、現在は庭園と慶長年間に建てられた茶室の湘南亭が古くからの遺産であって、本堂などの主要な建物は明治時代になってからの建築である。このように中世の建物は一宇もないけれども、庭園は史跡と特別名勝となり、さらに世界遺産にも登録されている。

西芳寺と裏山には群集墳がある

ぼくは昭和四〇年代に松尾穀塚古墳を見に行ったとき、苔寺へ寄ったことがある。今回もその頃のような寺だろうと寄ってみると、あらかじめ参拝の許可のある者しか立ち入れないことを知った。後日わかったことだが、往復葉書であらかじめ申しこむと、参拝時間指定の通知がくるという。それと参拝(写経共)料が高額であることも知った。

ぼくは神社とかお寺は、特別の建物や庭園のほかは境内へは自由に立入れるものと思っていた。つまり神社とかお寺は開かれた空間である。そういう常識のうえにたつと西芳寺の措置は解しかねる。交通麻痺、騒音、排気ガスのことがあれば、大型バスやマイカーで来ることを規制すればよい。世界遺産ということでやってくる遠来の人にはまことに気の毒というほかない。こういうことは禅僧の叡知を使って解決してほしいものである。

西芳寺の裏山には古墳後期の群集墳がある。京都市とその周辺にのこる古墳群として一番よく元の状態を伝えている。横穴式石室をもつ円墳からなり、秦忌寸たちの先祖の奥都城《おくつき》であろう。古墳の分布状況からみると昔は西芳寺の境内まであったとみられる。数えられる古墳は四三基、墓地域の範囲は東西約二〇〇メートル、南北一〇〇メートル、昔流にいえば東西二町、南北一町の墓地域のなかにぎっしりと古墳をこしらえたのである。

月読神社

月読《つきよみ》神社は西芳寺の北東約四〇〇メートルの松室集落の山麓にある。松室はもと上山田に属していた。月読神社の北方約四〇〇メートルに、後に述べる松尾《まつのお》大社が鎮座する。

月読神社の起源は古墳時代後期にさかのぼる。すでに『北野・紫野・洛中の巻』の「平安京と平安宮」の項で『日本書紀』を引用して詳しく述べたので、ここでは要約する。

顕宗天皇の三年に伊賀の豪族阿閉臣事代《あへのおみことしろ》が任那《みまな》へ派遣されるとき、途中の壱岐島から天皇に報告してきた。壱岐に祠られている月神《つきのかみ》が霊験あらたかであるという。そこで月神を祠る壹岐県主《あがたぬし》の先祖の押見宿禰に山背の葛野で祠らせた。天皇は月神に葛野の歌（宇太）荒樔田《あらすだ》を献じた。この月神が『延喜式』神名帳にみえる「葛野《かどの》坐《にいます》月読《つきよみ》神社」である。

『延喜式』では壱岐島の壱岐郡に月読神社が見える。壱岐の月読神社は現存しないが、国分寺

月読神社

のある国分にあったと推定されている。国分には壹岐県主、のちの壹岐直《あたえ》の本拠があったとみられ、前方後円墳や巨石の横穴式石室が多数築かれている。

葛野の月読神社は初めから現在地にあったのではなく、もとは桂川のほとりにあった。だが水の被害で社地がかじられるので、斉衡三年（八五六）に松尾の南山へ移った（『文徳実録』）。現在の月読神社であろう。

桂川のほとりにあった旧社地の候補地が桂上野《かみの》である。上野は神野のことかとみられ、ぼくの推測にすぎないが、六世紀ごろにこの地に桂の大木があって壹岐から月神が勧請され、さらに地域名や川の名としての葛野とか桂（葛）川の地名が生まれたのではなかろうか。なお桂上野は現在では桂川の右岸だが、六世紀ごろの旧河道では左岸にあったとみられる。

月読は航海の神であり農耕神としても崇められた。『雍州府志』は「月読神宮」として詳しく解説し、そのなかで境内にある月延石について次のように記している。

舒明帝二年八月、伊吉公乙等ヲ筑紫伊覩《いと》県ニ遣

月読神社の月延石

シ、神石ヲ求メ令《し》メ、一巻ノ石ヲ歌荒巣田ノ神宮ニ納ム。此ノ石ハ昔神功皇后月神ノ誨《おしえ》ニ随ツテ産月ヲ延バスニ依リ後ニ月延石ト名ヅク。

さらにその石は今なお伊覩県と壹岐島の月読の祠にあることも延べている。なおこの石は本殿の右手に祠られ、月読神社では「安産石」といって今も詣る人が多い。

今回は解くことはできなかったが、先に述べた桂の地が不老長寿の仙境とみられたこと、そのなかでの月の重要性と月読神社も関係しているようにおもう。そのことを解くためにはさらに時間をかけて考えてみよう。

松尾大社と葛野の西大溝

桂川の左岸に開ける平地は広大である。それにたいして右岸の松尾や桂では嵐山から南へと延びる山塊や山脚がつづくので、桂川とのあいだにある平地（通称、西岡の地）はそれほどは広くない。とはいえすでに述べたように、渡月橋のすぐ北に設けられた堰堤（葛野の大堰の後身）から平地へと水を引く仮称葛野の大溝は、平地の広い左岸より平地の狭い右岸のほうが溝の幅は広い。このことには注目する必要がある。

この右岸の大溝は二ノ井川ともよばれ、松尾大社の大鳥居を入った西、楼門の東にある。この水路は中世の荘園の維持のためにも改修はされているとはみられるが、原形は初期の葛野の西大

松尾大社の境内を流れる葛野の西大溝

溝の様子を伝えているとみられる。
この右岸の大溝の掘削された時期を知るのに、右岸の山一帯に築かれた群集墳を重視するとよいだろう。先に西芳寺の裏山に四三基の円墳からなる群集墳、西芳寺古墳群のあることを述べた。さらにその北方の松尾大社の裏山にも約二〇基からなる松尾山古墳群がある。松尾山古墳群と西芳寺古墳群の中間や西芳寺古墳群の西方にも、同じ時期の古墳が点在している。
このように桂川右岸の平地は広大ではないけれども、六世紀代の百基前後の古墳が築かれていて、その出現の様相は桂川左岸にある嵯峨野古墳群にも似ているといってよかろう。
桂川右岸に六世紀代の古墳が群集墳の形態をとってのこされた背景には、桂川右岸にも初期の葛野大堰の設置にともなって大溝（仮称、西大溝）が引かれ、農

地が拡大ないし安定したからとみてよかろう。

松尾大社の南東の平地で、昭和五八年と五九年に桂中学北分校の建設にともなって発掘がおこなわれた。それによって弥生中期や古墳前期の竪穴住居址のほか、古墳後期の掘立柱建物跡と古墳後期の幅約五メートル、深さ一・五メートルの大溝の跡が発掘され、松室遺跡と名づけられた。この大溝は葛野大堰にともなう構築物とみられ、桂川右岸にも葛野大堰にともなう大溝のあったことが確かめられた。

岩橋《いわせ》千塚と名草溝との類似

松尾大社は『延喜式』神名帳に葛野郡の二〇座のうちに「松尾神社二座」と記された名神大社である。松尾神社（以後はこの社名を使う）はもちろん平安遷都の当初より現在地に鎮座していたが、この地に祠られたのは古くさかのぼる。

『古事記』の上巻には神々の誕生を述べており、大山咋神《おおやまくいのかみ》について「亦の名は山末之大主神、この神は近淡海国《ちかつあふみのくに》の日枝山《ひえのやま》に坐《ま》し、亦葛野の松尾に坐して鳴鏑《なりかぶら》を用《も》つ神ぞ」とある。このなかの日枝山は近江国の日吉（枝）大社の神体山としての牛尾山（小比叡）である。

このように葛野の松尾神は『古事記』の成立の時には知られており、後に述べるこの神社の創始についての古伝を参考にすると、七世紀後半か八世紀初めには松尾の神として世に知られていたのは確実とみてよかろう。

由緒のある神社の社地の至近（あるいは一部）を歴史的に知られる大溝が通る例として、和歌山市の名草の溝をぼくは想起する。この溝は和歌山県最大の古墳群である岩橋《いわせ》千塚の総合調査の過程で判明したのである。

宮井川とよばれるこの大溝は、紀ノ川の中流左岸から水を引き、岩橋千塚が分布する千塚山塊の麓を通って名草盆地まで到達し、盆地のあちこちに給水する。この溝口が古代には紀伊国造家が奉斎した日前《ひのくま》神社、国懸《くにかかす》神社（社地は同一）の至近の地にある。しかも毎年の取水にさいしては、この神社の宮司（紀氏）が祭祀にかかわっていた。

松尾大社の鳥居の背後にある松尾山

この大溝については、文献班を担当された薗田香融氏が最澄の「長講法華経願文」のなかに「名草溝口神」としてでていることを見出し、『岩橋千塚』のなかで「名草溝口神」の項で指摘された。

このように紀伊最大の古墳群である岩橋千塚の成立に、紀ノ川から取水する名草溝の存在が深くかかわり、さらに紀伊の一宮である日前神社、国懸神社の鎮座にも関係のあることがわかったのである。このことは葛野（桂）川の水を葛野の大堰を設けて取水した仮称葛野の西大溝、つまり二ノ井川の存在と松尾大社の関係にも類似しているとみられる。

すでに述べたように西大溝が通る山田郷には秦忌寸の一族が群居していたから、おそらく西大溝の開発にも秦氏がかかわっていたとみられる。

松尾神社の祭神・大山咋神と市杵嶋姫神

松尾神社の祭神は『延喜式』によると二座とある。その一座とは前に述べたように大山咋《おおやまくい》神である。この神の父は記紀神話によると、スサノヲ（素戔嗚）命の子の大年神であるから、大山咋神はスサノヲの孫である。スサノヲの後裔だから出雲系の神ともいえる。

大山咋神の亦の名は山末之大主神とあるように、山を支配する神とみられ、その神の鎮座するのが松尾山（海抜二二三メートル）である。土地の人は松尾山のことを「おやま」とよんで崇めている。

松尾山を訪れて気づくのは、奈良の三輪山にたいする大神《おおみわ》神社、あるいは稲荷山にたいする伏見稲荷大社と、松尾山にたいする松尾神社の位置関係に共通点のあることである。

さらに注意してよいのは山麓にある本殿や拝殿のある現在の松尾神社のある場所は、この神社の創始期には松尾山にたいする遥拝《ようはい》場的な場所であったと推測でき、山頂に近い大杉谷の上部にある巨岩の露頭する磐座《いわくら》が神の憑る神座《かみくら》であったとみられる。この磐座のあるのは本殿の裏山ではなく、裏山のすぐ北方により高く聳える山であって、神社に申込むと磐座まで登ることができる（片道約三〇分）。

松尾山のこの山頂を、古くは「松崎日尾」または「日崎岑《ひさきのみね》」といったらしことについては後でも述べる。

松尾神社のもう一神は市杵《いちき》（寸）嶋姫《しまひめ》神である。この神は記紀神話によると天照大神がスサノヲ命と誓約《うけい》をしたとき、天照がスサノヲの十握剣《とつかのけん》をかみ砕いて天眞名井《あまのまない》にふりすすいだとき、霧のなかから生まれたいわゆる宗像三女神の最後に生まれたのが市杵嶋姫である。

宗像三女神は九州島側の玄海町にある辺津宮《へつ》、玄界灘に浮ぶ大島にある中津宮、さらに沖合遠くに浮ぶ沖ノ島にある沖津宮《おきつ》の三つの社に祠られていて、どの女神がどの社と組合わさるのかは記紀や紀の一書などで諸説に分かれる。だが宗像神社では昭和三二年に辺津宮が市杵嶋姫神の社と決定した。

辺津宮近くの神湊《こうのみなと》から大島をへて沖ノ島を通過し、さらに対馬の北東にある比田勝《ひたかつ》港を経由して朝鮮半島の南部に至る海の道は海北道中（『日本書紀』の一書の言葉）とよばれ、ヤマト政権にとっても大陸へ行く場合の最重要航路であった。宗像三女神はその航路を守る海の神であり、市杵嶋姫神は三女神を代表する神ともなった。宗像は古くは胸形（肩）とも書くところから、昔の宗像の海人は胸に入墨（竜の文様か）をしていたと推定されている。

すでにみたように葛野《かどの》の地には対馬島からは日神、壹岐島からは月神が勧請《かんじょう》され、松尾にも出雲からスサノヲ系の神、さらに筑紫の玄界地域からは海の守護神としての宗像の女神が勧請されたのである。ここに

盤座のある松尾山（中央右寄り）と松尾大社の本殿

は山背《やましろ》の土地で生まれた神がなく、遠来の神ばかりであるが、それらの奉斎には何らかの形で渡来系の秦氏が関与していて、そのことは秦氏の深慮遠謀によるとぼくはみている。

小さなことだが松尾大社が発行している由緒書「松尾さん」（二〇〇八年五月入手）では「中津島姫命は市杵嶋姫命の別名」としているが、今日では辺津宮に市杵嶋姫命は鎮座しているのだから、市杵嶋姫命の名を使うほうがよいとおもう。

秦忌寸都理と秦忌寸知麻留女

「秦氏が造った葛野大堰」の項で、『政治要略』に引用された「秦氏本系帳」の内容を参考にした。これとは別に、『本朝月令』にも「秦氏本系帳」は引用され、そのなかに「正一位勲一等松尾大明神」（松尾神社のこと）の御社の創始についての文がある。

余談になるが「秦氏本系帳」が引用の形でも今日に伝えられたことについては、元慶五年（八八一）の三月二六日に「五畿七道諸国の諸神社の祝部《はふりたち》と氏人をして本系帳を三年に一たび進めしめき」（『三代実録』）のことと関係があるだろう。このときに松尾神社の祝たちと秦氏があわせ作製し提出したのが「秦氏本系帳」とみられる。

「秦氏本系帳」では松尾神社の祭神を「筑紫胸形坐中部大神」とし「戊辰の年三月三日、松崎日尾に天下りましき。（その土地を）日埼岑という」（もと漢文）とある。

ここでまず注意してよいのは、松尾神社の祭神を〝胸形に坐す中部大神〟としていることである。これは『古事記』で「胸形之中津宮」に坐す神として市杵嶋姫をあげていることを参考にしたとみられる。戊辰の年とは天智天皇の七年（六六八）とみられる。

戊辰の年に市杵嶋姫神が天下った日埼岑とは先に述べた松尾山の山頂近くにある磐座と推定さ

れる。「秦氏本系帳」はさらにつづけて、

大宝元年、川辺腹の男、秦忌寸都理《とり》、日埼岑より松尾に請《すす》め奉る。また田口腹の女、秦忌寸知麻留女《ちまるめ》がはじめて御阿礼《みあれ》を立てた。知麻留女の子、秦忌寸都駕布《とかふ》、戊午の年より祝となり、子孫相承ける。それより以降、元慶三年に至るまで二百三十四年

とある。

この文によって大宝元年（七〇一）に松尾山の日埼岑より山麓の松尾（現在の社地）に勧進したとみられる。おそらく社殿を建てたのであろう。さらに秦忌寸知麻留女が初めて神事としての御阿礼《みあれ》をおこない、知麻留女の子の秦忌寸都駕布が戊午年（七一八）に祝となり、そのことを秦氏の子孫がうけついだのである。

川辺腹と田口腹

今述べたように松尾神社の創始には川辺腹の秦忌寸都理がかかわり、実際の神社の祭祀には田口腹の秦忌寸知麻留女という女性がかかわった。ところでその文中の「川辺腹男秦忌寸都理」と「田口腹女秦忌寸知麻留女」の意味のとり方で先人は苦心したらしく、ひどい例では川辺腹男を一人の人名とみた人もいる。

この場合の「腹」を、女の腹、つまり出生のこととみたのは江戸後期の若狭小浜の国学者伴信友である（『瀬見小河』）。ぼくも三河湾のある島での土地の人たちとの会話で〝あの女は二腹とか三腹〟というのを聞いて意味を確かめたことがある。それは二人の男の子を生んだら二腹、三人の男の子を生んだら三腹というらしく、古典にでている「腹」の参考になったことがある。

『北野・紫野・洛中の巻』の「菅原の家の誕生」で述べたことだが、桓武天皇の母の高野新笠

の母の土師眞妹について「土師四腹のうちの毛受腹」という表記がある（『続日本紀』）。
『新撰姓氏録』の「山城諸蕃」の筆頭に「秦忌寸」をあげ、詳しく家伝を掲載した最後に「秦氏等一祖子孫、或就居住、或依行吏、別為数腹」とある。意訳すると、〝秦氏のように一祖からでた子孫は居住や仕事（の違い）によって、分かれて数腹となる〟。このような例からみて川辺腹と田口腹は秦氏の支族のこととみられる。

川辺は桂川のほとりの地名とみられ、『和名類聚抄』の葛野郡に川辺郷がある。史料によっては嵯峨にも川辺郷はひろがっていたようだが、川辺腹男を〝川辺の秦氏の女から生まれた男〟とみるならば、秦忌寸都理は山田郷に群居していた秦忌寸の族長のようにぼくはみる。なお田口腹については今は手懸りはないが、秦氏の一支族であることは間違いなかろう。

松尾神社の三神像、さらに秦造酒

松尾神社の宝物館に三体の等身大の神像がある。神像とはいえ仏像とは違って、ぼくには実在の人間の肖像のようにおもえる。平安前期に作られたとみられ、坐像の男神二体と坐像の女神一体である。男神は一体が老齢、もう一体が壮年の表情にしている。

神社ではこの老年の男神像を大山咋神、壮年の男神像を摂社の月読神社の祭神の月読尊と推定している。月読は男神なのである。結髪した女神像は市杵嶋姫神とみられている。どの神像も気品と迫力に満ちた表現をしていて、各地にのこる神像のなかでも代表的な信仰財とみられる。なお製作年の平安前期とは先に述べた「秦氏本系帳」の作られたころに近い。これらの彫刻を見るうちに、ふと秦忌寸都理《とり》、秦忌寸都駕布《とかふ》それと秦忌寸知麻留女《ちまるめ》の肖像ではないかという思いが頭をかすめた。

ぼくはこの神社が最近こしらえた「上古の庭」には感心しなかったが、三体の神像に相対したとき、朝廷がこの神社を皇都守護の神として崇めていたことが理解できるように思った。

松尾大社に奉納された各地の酒

室町時代の天文年間に建てられた本殿に詣ったあと神輿庫までくると、全国の酒造家から奉献された薦をかぶせた酒樽が山のように積んであった。そういえば雄略紀には秦酒公《はたのさけのきみ》がでている。この人物は秦造酒《みやつこさけ》と書かれることがあり（雄略紀一五年の条）、〝はたのみやつこさけ〟の下の二字が〝造酒〟とみえることも、この神社が酒作りによいという伝承を生んだのであろうか。

社務所で松尾の御神酒の酒粕をいれて造った飴が売られていた。キンシ正宗の製品である。一袋を求め、楼門近くの茶店で「みたらし団子」を味わったあと一粒かみしめてみた。確かに酒の味がする。そのあと境内の出口近く（南）にあるお酒の資料館へ寄ってみた。昔はよく酒を嗜んだぼくは、懐かしさをかみしめながら松尾神社をあとにした。

あとがき

〝千里の道も一歩から〟という諺がある。『京都の歴史を足元からさぐる』の一冊めを書きだしたときの一枚めには、前途の峻しさを覚悟した。でも原稿が五枚でき十枚でき百枚に達し、いつしか四冊めの刊行となった。考えてみると原稿用紙の数は二千枚をこした。予想したよりも迅速な進捗ぶりだった。病気をかかえながらの執筆だから、まずは満足してよかろう。

最後の一冊は「宇治・筒木・南山城の巻」である。この地域は一見目立たないようではあるが、しばしば日本歴史の画期となる事件の舞台となった。

初国《はつくに》知らしし天皇《すめらみこと》といわれた崇神天皇と南山背の武埴安彦《たけはにやすひこ》の戦い、九州からの幼い応神天皇を擁しての神功皇后軍の山背の菟道河《うじがわ》での勝利、これには山背の和爾《わに》氏の援助が大きかった。新王朝の祖といわれる継体天皇の筒城宮での治世、ずっと下っては徳川幕府の終焉を告げるための鳥羽・伏見の戦いなど、これらは〝足元からさぐる歴史〟としては大物にすぎる。大物すぎるとはいえ自分なりに取組むつもりである。

このように宇治、筒木、南山城に臨むためには、今までのような土地に重点をおいての展開だけでは書けない部分がでそうで、少し構成を考えてみるつもりである。ぼくも気持ちを引きしめて最後の巻の執筆にとりかかろう。

この校正を終える段階で、最後の五巻も第四章までの執筆が終わった。今までに親しみの多い地域だから案外スムーズに筆が動いた。

二〇〇九年三月二〇日

【索　引】

人名・神名・文献・絵画資料

地名・遺跡・陵墓・神社・寺院

【著者略歴】

一九二八年大阪府生まれ。同志社大学大学院修士課程修了。考古学者。同志社大学名誉教授。和泉黄金塚古墳の発掘調査など多くの遺跡を調査。学生のころから、古代学を提唱。二〇一三年逝去。
主な編著書に、『対論　銅鐸』『対論　日本人の考古学』『三世紀の考古学』『唐古・鍵遺跡の考古学』『三輪山の考古学』『古代史を解くキーワード』『「東海学」事始め』（以上学生社）、『山野河海の列島史』『僕の古代史発掘』『記紀の考古学』『食の体験文化史』『考古学と古代日本』『古代史おさらい帖』『日本の深層文化』『倭人伝を読みなおす』など多数。

本書は2009年4月に刊行した初版の
新装版として刊行するものである。

2009年　4月20日　　初版発行
2019年　1月25日　新装版発行

【新装版】
京都の歴史を足元からさぐる
［嵯峨・嵐山・花園・松尾の巻］

著　者　森《もり》　浩《こう》一《いち》
発行者　宮田哲男

発行所　株式会社　学生社
〒102-0071　東京都千代田区富士見2-6-9
TEL 03-6261-1474／FAX 03-6261-1475
印刷・製本／株式会社ティーケー出版印刷

ISBN 978-4-311-80104-4　C0021
N.D.C.216　296p　19㎝